新一轮
市场化改革

"十二五"金融改革热点探讨

Study on Key Issues of Financial Reform
during the 12th Five-year Plan Period

中国银行国际金融研究所课题组 著

人民出版社

责任编辑:郑海燕　姜　玮
封面设计:张　谦
责任校对:张杰丽

图书在版编目(CIP)数据

新一轮市场化改革——"十二五"金融改革热点探讨/中国银行
　国际金融研究所课题组　著. -北京:人民出版社,2010.11
ISBN 978－7－01－009394－9

Ⅰ.①新… Ⅱ.①中… Ⅲ.①金融体制-经济体制改革-研究
　-中国-2011~2015 Ⅳ.①F832.1

中国版本图书馆 CIP 数据核字(2010)第 212294 号

新一轮市场化改革

XINYILUN SHICHANGHUA GAIGE

——"十二五"金融改革热点探讨

中国银行国际金融研究所课题组　著

人民出版社 出版发行
(100706　北京朝阳门内大街 166 号)

北京龙之冉印务有限公司印刷　新华书店经销

2010 年 11 月第 1 版　2010 年 11 月北京第 1 次印刷
开本:710 毫米×1000 毫米 1/16　印张:22.5
字数:301 千字　印数:0,001-6,000 册

ISBN 978－7－01－009394－9　定价:47.00 元

邮购地址 100706　北京朝阳门内大街 166 号
人民东方图书销售中心　电话 (010)65250042　65289539

序

1978 年,中国金融业开启了改革开放的大幕。

三十多年来,金融改革始终坚持渐进式、市场化方向,坚持政府主导,以服务实体经济发展为使命,走出了一条有中国特色的金融发展道路。特别是"十一五"期间,中国金融业履行加入世界贸易组织的承诺,全面向外资开放;改革和完善"一行三会"的专业化监管架构;大型银行股份制改造和资本市场股权分置改革取得全面成功,金融基础设施建设加快推进,书写了中国金融业改革发展新篇章,不仅推动了中国经济的持续快速增长,而且经受住了多次国际金融危机的重大考验。

特别在百年一遇的 2008 年全球金融危机中,西方国家经济大幅衰退,金融业深陷危机,中国金融业平稳发展,以亮丽的业绩在全球独树一帜。银行机构持续稳健运营,大型银行的盈利规模与股票市值名列前茅。股票市场波澜不惊,沪深两市的融资规模、市场交易量和股票市值稳居世界前列。中国金融业在危机中逆流而上,各项指标跃居金融大国行列。

不过,我们必须清醒地看到,中国依然不是金融强国。一个经济强国需要一个发达的、富有活力的、高效安全运行的金融体系作为支撑。

中国金融业服务于实体经济可持续发展的能力尚待提高,特别是针对中小企业的金融产品、针对改善国计民生的金融服务以及促进经济结构转型与经济发展方式转变的金融方略等方面相对薄弱。

中国金融业服务于中国整体竞争力提升的能力依然不足,服务水平与效率有待进一步提高。金融业与国际先进同业的差距仍然很大,还需要努力追赶。

中国金融业要努力提升管控金融风险的能力。银行业是一个风险行业，金融风险始终存在，如何提高金融机构风险管理能力，控制系统性风险，阻隔国际风险的传染，是关系我国金融业持续健康发展的关键。

面对新的挑战，中国金融业只有不断革除弊端，才能永葆活力。与此同时，国际经济与金融格局正在发生重大变化，特别是全球经济失衡格局开始调整，各国经济发展方式将会出现重大转变。"十二五"期间，为更好地支持中国经济结构转型和持续较快发展，支持中国企业更好地参与国际竞争，中国金融业必须进一步深化市场化改革。

深化金融市场化改革，就是要从根本上解决如下问题：其一，进一步理顺利率等关键的价格变量，使金融资源更加有效地反映供求关系，推动经济结构的优化调整。其二，进一步理顺政府与市场、监管与创新的关系，既要提高市场化程度，也要防范金融风险。其三，进一步拓展资本市场与债券市场的深度，优化直接融资与间接融资的比例关系，提高资金配置效率。其四，进一步规划金融发展战略布局，适应金融机构更广泛地参与国际市场竞争的要求。其五，进一步加强与完善金融基础设施与配套措施建设，包括评级体系、征信体系、支付体系、会计与法律服务等，为金融发展创造良好的市场环境。

要系统地规划中国金融发展的最佳路径，针对每个重大改革课题提出最佳方案，显然不可能一蹴而就。金融市场化改革必须一步一个脚印、稳打稳扎地持续推进，优先关注那些最为迫切而且能够见到实效的领域。

为了深入探讨"十二五"期间我国金融改革问题，我请中国银行国际金融研究所的有关同志组成课题研究组，吸引了一批思想活跃、具有国际视野又勇于探索的年青研究人员参加，拟定研究课题，提出研究要点，明确研究范围与方法，对当前若干热点、难点改革问题展开了一系列调研活动。研究内容主要集中在以下四个方面：

第一，关于深化国有金融资产管理体制改革

要不要成立金融国资委？目前国有金融资产管理仍不规范，多个部门既行使公共管理职能，还履行出资人职能，政资不分，目标多元。借鉴国际经验，我们可探索成立"金融国资委"，实现政府管理与市场运作相结合，理顺多个部门多头管理的关系，改变谁都负责谁也负不了责的状况。

如何推进金融混业经营？混业经营已成国际金融业普遍发展趋势。从本次金融危机看，混业经营并非大银行陷入困境的根本原因，相反是推动众多大银行渡过难关的重要选择。我国大银行混业经营试点已经取得了良好业绩，积累了经验。今后，深化混业经营，需要解决好"大而不能倒"、风险跨行业传染等难题；要加强宏观审慎监管，完善监管法规；要选择恰当的经营模式，加强公司治理，设定符合自身风险管控能力的业务组合。

如何规范产融结合？近几年，伴随资本市场的蓬勃发展，众多企业集团纷纷涉足金融领域。产融结合对单个投资企业具有一定的协同效应，但也蕴涵着潜在的系统性金融风险。目前，我国产融结合的发展方向还在探索，监管与风险管理体制不健全。"十二五"期间，可坚持"顺应发展、加强监管"的原则，对既有机构加强规范整改，强化公司治理机制建设，实施严格的风险管理措施。

第二，关于金融市场体系改革

纵向比较，我国金融市场体系已经涵盖银行间市场、股票市场、债券市场、保险市场、外汇市场与大宗商品市场等领域，与十几年前不可同日而语。但与发达国家相比，我国金融市场体系的建设依然任重道远。特别是公司债券、资产证券化、外汇交易等市场的规模小，大宗商品市场缺乏国际定价权和影响力，制约了金融发展深度，不利于提高资金配置效率和保障金融平稳运行，"十二五"期间应当加大金融市场体系的改革力度。

如何加快我国债券市场的发展？1997年建立银行间债券市场以

来,我国债券市场发展较快。但是,由于市场监管不统一,债券发行、交易和托管等环节严重分割,企业债和证券化发展滞后。借鉴国际经验,应把各主管部门的债券审批与监管职能独立出来,统一监管债券市场的发行与交易工作,同时加快建立统一、跨市场的托管与结算体系,促进债券在场外交易与场内交易市场的自由流动。

如何深化资本市场的发展?推进商业银行参与融资融券业务是一项选择。融资融券作为一种证券信用交易,已成为海外普遍实施的成熟交易制度,是证券市场基本职能发挥作用的重要基础。借鉴商业银行参与融资融券业务模式的国际经验,参照国外证券金融公司运作的市场结构、股权构成、收入来源、资金来源以及所受监管等情况,我国商业银行可进一步探索参与融资融券业务的路径。

第三,关于构建地方政府的融资模式

近几年来,地方政府为推动基础设施建设,融资需求旺盛,银行信贷规模快速扩张,相关金融风险不容忽视。同时,房地产价格上涨过快,中低阶层收入者住房保障难题凸显。

如何规范地方融资平台?随着我国城镇化和工业化进程的加快,在今后较长时期内城市基础设施建设需求依然庞大。为努力化解地方融资平台风险,为未来基础设施建设融资开辟良性循环通道,通过借鉴国际成熟经验,可构建适合我国国情的地方融资模式。在化解当前地方融资平台的风险时,要避免一刀切和急刹车;要对融资平台实施区别管理,适时启动地方市政债券,构建多层次融资渠道,同时加强地方政府外部约束与监督机制,大力提高透明度。

如何突破中低收入者住房融资困境?当前,我国房价飙升远远超出中低收入阶层的承受能力。如能充分发挥金融支持作用,帮助中低收入阶层突破住房困境,将助推中国经济向消费为主导的发展模式转型。由于中低收入阶层首付资金和定期还贷能力不足,商业银行没有足够动力开展相关业务。借鉴国际经验,充分总结在本次金融危机中暴露的问题,我国可以尝试建立政府支持的房贷承购机构,在降低商业

银行资本占用和风险分摊的同时,促进保障型住房建设资金的筹措,降低中低收入阶层的资金压力和利息负担。

第四,关于金融监管改革

本次金融危机教训深刻,充分暴露了西方金融发展中的诸多弊端。对此,各国与国际机构都在对金融监管开展全面、深刻反思,启动了新一轮金融监管改革。我国应全面深入评估其影响,从我国实际出发,完善我国金融监管体制。

历史表明,一国金融要实现稳健、可持续发展,需要在金融发展与实体经济之间达到较为适宜的比例,在市场调节与政府管理之间取得动态平衡,在金融安全和金融效率之间把握适当尺度。我国金融发展在实施严格监管的同时,需要进一步推进市场化改革,鼓励金融创新,释放金融产业发展的潜力。这就需要系统总结金融监管的经验教训,深刻剖析国际金融监管改革对全球金融市场和对我国经济金融带来的影响,为搭建适应市场化发展的金融监管新框架提供参考。

总之,"十二五"期间,中国金融业新一轮的市场化改革应及早谋划,深入探讨。我行课题研究组的同志对以上课题的研究成果,曾分别以《全球经济金融问题研究》内刊的形式发送党政领导机关、监管者、业界同仁和专业研究人士参阅,得到了很多意见反馈,给予了我们很大的鼓励与鞭策。我们决定以这些报告为基础,进一步整理集结成书,以求教于读者。

参与本书的研究人员主要来自中国银行国际金融研究所,我们也充分利用中国银行全球调研资源,特别邀请了纽约、卢森堡等海外分行和中银香港的研究人员参与相关问题的研究。具体分工如下:边卫红博士和廖淑萍博士主写第一章;张兆杰博士和陆晓明博士主写第二章;钟红、李建军博士和邵科博士主写第三章;温彬博士、张友先和汪川博士主写第四章;边卫红博士主写第五章;周景彤博士、张友先、陆晓明博士、王延明博士和李佩伽博士主写第六章;陈卫东博士、张友先和朱爱萍博士主写第七章;边卫红博士、陆晓明博士、廖淑萍博士和武金泉主写第八章。中国银行国际金融研究所陈卫东副所长负责本书全部课题的组织与报告修订，宗良副所长参与了部分课题的讨论，钟红主管负责课题的具体落实和出版事宜。对每个课题，我都与研究人员一起进行了讨论，对有些篇章做了反复研究修改，对一些有分歧的问题，大家各抒己见，共同探讨，提出解决方案。

本书是我行研究人员对全球经济与金融问题进行全面思考的一个展示，也是对中国未来金融市场化改革的一个初步探索。在写作过程中课题组进行了广泛的走访和实地调研，得到了相关部门和单位的大力支持以及有关人士的宝贵意见，在此谨表示衷心的感谢！本书的出版得到了人民出版社的信赖和支持，特别感谢郑海燕女士对本书出版付出的巨大辛劳！

由于各个研究课题属于学术探讨范畴，研究人员受知识、经验局限与资料收集的困难，书中难免有不当之处，敬请读者批评指正。

中国银行董事长

2010 年 10 月

目　　录

序 …………………………………………………………… 肖钢 1

第一章　要不要成立金融国资委 …………………………………… 1

　一、我国国有金融资产管理中存在的问题 …………………………… 1

　二、国有金融资产管理国际比较与借鉴 ……………………………… 4

　三、新型国有金融资产管理体制的方案设计 ……………………… 17

第二章　中国金融混业经营之路 ………………………………… 24

　一、中国金融混业经营的现状、特点、客观必然性和

　　　主要风险 ……………………………………………………… 24

　二、金融危机后全球金融混业经营发展趋势 …………………… 42

　三、中国金融混业经营中的几个主要问题 ……………………… 60

　四、防范中国金融混业经营风险的对策 ………………………… 64

　附录：花旗混业经营的案例研究 ………………………………… 69

第三章　如何规范产业投资金融 ………………………………… 79

　一、我国产业投资金融的发展状况 ……………………………… 79

　二、国外产业投资金融的比较分析 ……………………………… 92

　三、我国产业投资金融未来发展的方向 ………………………… 98

　四、政策建议 …………………………………………………… 102

　五、结语 ………………………………………………………… 111

　附录 …………………………………………………………… 113

第四章　加快债券市场发展的关键举措⋯⋯⋯⋯⋯⋯⋯⋯129

　　一、我国债券市场的现状⋯⋯⋯⋯⋯⋯⋯⋯⋯⋯⋯130

　　二、我国债券市场分割的主要问题⋯⋯⋯⋯⋯⋯⋯⋯136

　　三、债券市场国际经验⋯⋯⋯⋯⋯⋯⋯⋯⋯⋯⋯⋯141

　　四、我国债券市场实行统一监管的必要性和可行性

　　　　研究⋯⋯⋯⋯⋯⋯⋯⋯⋯⋯⋯⋯⋯⋯⋯⋯⋯154

　　五、政策建议⋯⋯⋯⋯⋯⋯⋯⋯⋯⋯⋯⋯⋯⋯⋯155

　　六、结语⋯⋯⋯⋯⋯⋯⋯⋯⋯⋯⋯⋯⋯⋯⋯⋯⋯163

第五章　商业银行与融资融券业务⋯⋯⋯⋯⋯⋯⋯⋯⋯⋯164

　　一、国际上开展融资融券业务的市场功能⋯⋯⋯⋯⋯164

　　二、商业银行参与融资融券业务模式的国际比较⋯⋯167

　　三、我国商业银行参与融资融券业务的启示与借鉴⋯172

第六章　中低收入者住房困境破局⋯⋯⋯⋯⋯⋯⋯⋯⋯⋯184

　　一、中低收入者的住房困境:现状与成因⋯⋯⋯⋯⋯184

　　二、破局之路:从国外经验借鉴到中国的现实选择⋯191

第七章　构建地方政府基础设施建设的融资模式⋯⋯⋯⋯216

　　一、我国地方政府融资平台的现状⋯⋯⋯⋯⋯⋯⋯217

　　二、我国地方政府融资平台存在的主要问题⋯⋯⋯⋯220

　　三、未来城市基础设施建设需求仍然庞大⋯⋯⋯⋯⋯225

　　四、各国城市基础设施建设融资模式:变迁与经验⋯⋯227

　　五、政策建议⋯⋯⋯⋯⋯⋯⋯⋯⋯⋯⋯⋯⋯⋯⋯267

第八章　欧美金融监管改革对中国的影响⋯⋯⋯⋯⋯⋯⋯282

　　一、全球金融监管的外部环境变化⋯⋯⋯⋯⋯⋯⋯⋯282

　　二、欧盟金融监管改革的主要内容⋯⋯⋯⋯⋯⋯⋯⋯284

　　三、美国金融监管改革法案的核心内容⋯⋯⋯⋯⋯⋯291

　　四、欧美金融监管改革存在诸多争议⋯⋯⋯⋯⋯⋯⋯296

　　五、欧美金融监管改革对全球金融市场发展趋势的

　　　　影响⋯⋯⋯⋯⋯⋯⋯⋯⋯⋯⋯⋯⋯⋯⋯⋯⋯300

六、欧美金融监管改革可能给我国带来的四大风险…………… 309

七、欧美金融监管改革对中国金融监管的启示…………… 315

附录：金融危机监测指标体系研究 …………………… 324

参考文献………………………………………………… 345

第一章　要不要成立金融国资委

　　随着我国国有金融资产规模迅速增长,有关"谁来掌握国有金融资本"的争论日益激烈。2008 年 10 月 28 日,我国通过了《中华人民共和国企业国有资产法》,该法第 76 条规定"金融企业国有资产的管理与监督,法律、行政法规另有规定,依照其规定",这意味着对于金融国资的管理仍处于不明确状态。我国国有金融资产管理领域,多部委在行使公共管理职能的同时履行出资人职能,政资不分,目标多元。借鉴国际国有金融资产管理经验,结合我国国情,我国目前迫切需要建立政府管理与市场运作相结合的新型国有金融资产管理体制,新设国有金融资产管理委员会(简称金融国资委)代表国家统一行使出资人的职能,通过立法明确出资人的权利和义务,建立对其监管约束机制,以实现国有金融资产的保值增值,保障国家金融安全。

一、我国国有金融资产管理中存在的问题

　　目前,金融国资的多头治理、分散治理的模式引发了诸多矛盾。具体而言主要体现为:

(一)没有一个部门完整行使所有者权利,国有金融资本缺乏战略布局

　　金融国有资产的所有者权利包括人事管理权、收益权、资产处置权等多个方面,但是在我国却没有一个部门能完整地行使所有者权利。

目前,出资人的人事、财务、业绩考核、员工劳动和社会保障等职能非常分散,涉及中组部、财政部、发改委、人民银行、人力资源与社会保障部、国资委、银监会、证监会、保监会和中投公司等多个部门与机构,形成"谁都管"的局面。

管理分散化导致缺乏一个部门对国有金融资产进行系统化的监督管理。从宏观上看,现行的管理体制不利于形成国有金融资产的总体发展战略和科学布局,使得国家很难甚至无法真正从全局出发算清大账,统筹考虑金融国有资产布局和发展规划等重大问题,这在一定程度上制约了我国国有金融资产的长远战略发展,不利于国家作为所有者来有效维护金融的稳定与安全。从微观角度来看,一方面分散的管理体制可能导致管理的真空,不利于金融风险控制;另一方面容易形成管理交叉重复,降低管理效率,加剧银行经营发展和国有金融资产保值增值中的道德风险。

(二)公共管理职能与所有者职能交叉重叠,导致委托—代理机制的行政化

目前,由于我国履行国有金融资产出资人职能的部门均同时执行着公共行政管理职能,公共管理部门集"裁判员和球员"于一身,导致国有金融资产的委托—代理关系更多地体现为一种行政性的上下级关系,政资不分现象严重。在我国现行体制下,出资人职能与公共管理职能互相掣肘的结果,要么会抑制国有金融资产保值和增值目标的实现,要么会影响公共管理目标的实现。

财政部、人民银行等现有承担国有金融资产出资人职能的部门还同时履行着公共行政管理的职能,二者之间在现行条件下根本难以构筑有效的防火墙。目前,中央组织部管理着三家政策性银行、五大商业银行、中信集团、光大集团等机构的领导班子;银监会、保监会、证监会分别行使对其所监管国有金融机构的人事任命权和对一些财务及经营管理人员行为进行监督的权利(不是指由执行公共管理职能所派生出来的有关外在监管权利,如任职资格审查)。四大资产管理公司、招行、民生、中央国债登记结算公司、中煤信托等机构的领导班子由银监会党委管理;民族证券、科技证券等证券公司的领导班子由证监会党委管理;人保、人寿、中保集团、出口信用保险、民生人寿等保险公司的领导班子则由保监会党委管理。中国银河金融控股有限责任公司及其控股单位——银河证券、中国再保险(集团)等机构的领导班子由中投管理。新华人寿的人事权则由汇金公司管理。所有者与监管者职能的混淆不仅不利于国有金融资产的有效管理,而且还将损害监管者的决策权威,影响金融监管当局对金融安全与稳健目标的追求。

(三)目标多元,不利于国有金融资产保值增值

一般而言,作为国家行政部门行使公共管理职能,其管理目标主要侧重于社会目标、宏观调控目标和公益目标;作为经营性国有资产的所有者行使出资人职能,其管理目标除了包括一定的社会目标外,更多关注的是经济目标,通过所有权管理实现资本回报的最大化。在我国现行的国有金融资产管理体制下,多个国家职能部门同时履行公共管理和出资人职能的"一身二任"角色,在实践中会容易出现目标多元化。多元目标带来的后果是承担出资人职能的国家行政管理部门经常要在社会目标和盈利目标这一天平的两端进行摇摆和平衡,一定程度制约了国有金融资产保值增值目标的实现。

(四)授权经营制度不健全,容易造成内部人控制现象

由于缺乏明确的出资人,授权经营制度不健全,金融机构的经营者比较容易越位代为行使出资人职责,往往自行做出一些可能有违政府股东意愿的重大决策。国有金融企业实施股份制改革后,尽管建立了董事会、监事会和高管层的新型治理架构,但这并不意味着已经实现了有效的公司治理。在实际运行中,以党委会为核心的传统治理模式仍然发挥着重要的作用,新老治理框架之间需要进一步探索、协调和磨

合。在此过程中，难免出现一些冲突，甚至方便内部人利用内部治理不到位实施控制。当内部人控制现象较为严重时，会削弱国家作为金融国有资本所有者的权利，造成国有金融机构利益的内部化与损失的外部化。

面对重重矛盾，金融国资到底如何来进行管理，要不要成立金融国资委，国内理论界和实务工作者对"国有金融资产管理体制"提出了几种可能方案，目前主要有四种观点：一是政府部门直接所有，如财政部或者中国人民银行。这将混淆政府部门的公共管理和出资人职能，不利于政资分开。二是将金融资产作为国资委管理全部国有资产的一部分。而这依然无法明晰产权关系，硬化约束，而且国资委集管理非金融及金融国有资产于一身也会软化企业的债权债务约束，容易引发关联交易和指令性贷款。三是成立国有金融资产控股公司。这种方案面临着党管干部原则和出资人选择经营者的原则如何有效结合、谁来管理国有金融资产控股公司以及国有金融资产控股公司混业经营对当前的监管体制带来的挑战等诸多难题。四是专门成立金融国资委。金融是市场经济条件下国民经济的命脉，要充分发挥国有金融在整个金融体系中的主导作用，必须对数量巨大的国有金融资产进行统一管理，这对确保我国金融安全具有重要的战略意义。

二、国有金融资产管理国际比较与借鉴

从国际经验来看，根据政府是否直接作为国有金融资产的出资人行使所有权的角度可以区分不同的国有金融资产管理模式。具体来说有以下几种：

（一）财政部或行业主管部门——金融企业

在日本、德国、法国等国家，国有金融机构一般归财政部直接所有，由财政部直接代表国有股的股东参与金融机构董事会，决定金融机构

的重大事项,但财政部并不直接管理具体的企业经营事务。而瑞典的国有金融机构最早也是由财政部管理,后这一职能被整合在隶属于企业能源和交通部的国有企业局之内。

1. 日本

日本的国有资产主要分布在铁路、邮政、基础设施以及金融、烟草等行业。国有企业的组织形式分为三类:直营事业(由政府地方公共团体投资兴建并直接经营的国有企业)、特殊法人(由国家投资,并由国家依照特别法律设立的特殊法人企业)和第三部门(由中央政府、地方公共团体、私人企业共同投资采取股份制形式经营的企业)。

亚洲金融危机之后,日本金融机构经过整改,已经逐步偿还了政府资金,完全进入民营化阶段。2008 年,在金融领域,日本政府出资或控股的特殊法人有 13 家(包括政策银行、金融公库、金库、特殊公司),2009 年通过合并、民营化后减少为 6 家,分别为日本政策银行(负责日本大型企业的金融援助)、日本政策金融公库(负责日本中小企业金融援助)、冲绳振兴开发金融公库(负责冲绳地区经济建设)、商工组合中央金库(负责工商业企业)、农林中央(负责林业和工业)和住宅金融支援机构(负责对收入水平在一定程度之下国民的住宅问题)。上述几家金融机构中,日本政策银行已经准备进入民营化。

日本政府在大藏省内设理财局,作为专门管理国有资产有关事务的行政机构,并按照不同类型的微观组织形式,对直营事业、特殊法人和第三部门的国有资产实施不同的管理办法,由政府有关部门实施归口管理。其管理方式是:(1)管人:在进行民营化改革前,日本国有企业实行的是行政机关直接经营的组织形式。政府主管部门决定企业的人事任命,国有企业的工作人员受国家公务员法的约束;(2)管事:日本政府制定了专门法案管理政府金融机构。大藏省、日本银行和金融厅有权对政府金融机构进行检查,但对其经营决策并没有影响;(3)管资产:各级政府主管部门和大藏省是直接执行国有资产管理的事务机关。同时,国有资产中央审议会和地方审议会作为咨询机关,负责回答执行询问并提出建议。另外,还设立检察机关对国有资产的运营、处置、管理等方面进行监督。

2. 德国

在德国,国有金融机构分为三个层次:州属各市(主要是储蓄银行)、各联邦州(主要是各州银行和地区发展银行)和国家(政策性开发银行)。公立银行(Pubilc Banks)是构成德国银行体系的三大支柱之一(其他两个支柱是合作银行部门和私有银行)。在德国的约2300家银行中,约460家可以被视为公立银行。公立银行在公共机构的融资中起到了举足轻重的作用:在市一级层面,公立银行提供了50%的贷款供应;在州一级层面,由州立银行和储蓄银行发放的贷款,占到了1/3。如果将公立开发银行对基础项目建设的融资计算在内,公立银行在市和州一级层面公共机构资金供给中的比例还会更高。

德国财政部是德意志联邦共和国所拥有资产的指定管理者。它领导着联邦金融监管局(BaFin)和德国复兴信贷银行集团(政策性开发银行)。财政部授权德国复兴信贷银行集团代表联邦政府持有德国政府所拥有的国有企业中的政府股权。德国复兴信贷银行是由联邦政府和各州政府一起建立的政策性银行。在外部治理结构上,它并不受德国中央银行和金融监管委员会管理,不受德国《银行法》监管,而是设立了专门的《德国复兴信贷银行促进法》确定其法律地位和作用,直接下属于德国财政部。在内部治理结构上,德国复兴信贷银行由监事会负责监督,联邦内阁的8位部长是监事会的成员,德国联邦财政部部长是监事会主席,副主席由联邦经济和劳动部长来担任。具体业务由董事会所掌控和决定,实行行长负责制,不受监事会干预。

作为一家公共法(Public Law)下的机构,德国复兴信贷银行代表共和国/各州政府,扮演联邦政府政策的战略伙伴和顾问的角色。此外,德国复兴信贷银行通过其"控股模式"(Holding Model),管理联邦政府所拥有的产业。这一模式作为国有资产私有化的工具,曾参与德国邮政股份公司和德国电信股份公司的私有化。德国复兴信贷银行本身不参与国有企业的运营。财政部门作为综合管理部门,负责对国有企业的"管人、管事、管资产"。一般情况下,财政部不参加企业经营管理,而是按投资比例派遣监事机构代表,随时了解企业的运转情况,如政府作为大股东则决定监事会主席人选。同时,财政部制定投资及私有化政策,对项目的成立、解散、合并、购买与出售股份等重大事项进行审批。行业主管部门管理所在领域的企业,在投资、出售股权、增资前,征求财政部门意见,并向财政部门报送项目状况。财政部门出台年度参股投资报告,对整体运营情况进行分析评估。

3. 法国

与德国相比,法国国有企业历史更久、数量更多、资产规模更加庞大,在整个国民经济中占有举足轻重的地位。2007 年法国国有企业资产达 5351 亿欧元(约占 GDP 的 25%),其中国有金融机构掌握了全国 90% 的存款、81% 的贷款、97.2% 的国际金融业务。

法国政府以国有资产的所有者身份行使国家股东职能,最早是通过多个政府部门共同实施的,主要有经济财政部、工业贸易部、运输部、邮电部、能源部、国防部和计划总署等。其中,经济财政部拥有较大的权力,在每个国有企业的董事会中,都有该部的代表,它是国有资产管理的核心部门。该部门国库司下设股权处,代表国家对国有金融机构进行管理。2003 年 7 月,法国在经济财政部股权处和经济政策司的基础上成立了国家参股局(APE,行政上还隶属于国库司),将原来分散在能源、交通、财政等部门的国有资产管理职能集中起来,不论是金融性资产还是非金融性资产统一由国家参股局代表政府行使国有资产出资人的权利。

法国国家参股局对国有企业的管理包括:(1)管人:在国家完全或部分控股的企业,法国国家参股局委派出国家代表(向每个企业委派 1—3 人)作为代理人组成代理处,与其他股东一起出席股东大会,行使股东权益。负责对控股公司的董事会实施考核和制定薪酬制度,其中对国有和国有控股企业董事会的考核主要采用签订经营目标合同的方式进行,通过合同来确定企业经营目标。目标合同完成的好坏,直接同企业董事会成员的任免和薪酬挂钩。同时设立专门的薪酬委员会,负责确定董事会成员的薪酬水平;(2)管事:在送交董事会批准同意之前,负责对企业治理部门提出的发展方案进行审核并在此后保证该计划的实施;起草制定公共服务合同之时,由有经验和能力的管理人员负责;定期跟踪国有企业战略执行情况,尤其是业绩指标和警戒门槛;(3)管资产:负责国有资产重大战略决策性方案的起草制定,如对国有企业的投资或私有化、国有企业的兼并收购;对国有企业发行债券、投资收益以及股权转让收益的管理;促进国有企业建立公正、透明的会计制度。法国国家参股局确保其股权管理活动适应国家在各个企业中的资产投资比率,也与企业向市场竞争的开放程度相符合。

4. 瑞典

在瑞典,国有企业所有权由议会拥有,议会授权政府管理。根据宪法,议会决定管理和处置国有资产的基本原则,瑞典政府据此处置国家资产。但政府在实质性变更公司的经营方向、稀释所有权、增资以及购买和出售股份都需获得议会批准。1998 年,瑞典政府在工业部内部设立了一个专门行使所有者职能的国有企业局。当时,国有企业局负责管理 34 家企业,这些企业占国有企业总价值的 85%。卫生与社会事务部、文化部、环境部、外交部、教育和科学部管理着 12 家国有企业,财政部直接管理着几家金融机构和房地产公司。但在涉及国有企业所有权政策和董事会任命方面,由工业部统一负责。2003 年瑞典政府整合了国有资产管理的资源,将管理权交给企业能源和交通部(原工业部、劳工部、交通部等数个部门整合而来)进行管理,国有企业局下属于该部门。

截至 2007 年,国有企业局已经在 55 家国有企业拥有全部或部分所有权,管理资产规模达 12294 亿瑞典克朗,包括 Nordea 银行、OMX AB 证券交易所、SEK 银行、SBAB 抵押贷款公司、Venantius 贷款公司等金融机构均在国有企业局管辖范围之内。

瑞典对国有企业的管理包括:(1)管人:企业能源与交通部长有权提名国有公司的董事人选,国有企业局组成工作小组负责具体执行。工作小组将分析国有公司的经营状况,进而确定公司需要具有何种能力的董事,制定出提名董事的标准,然后按照标准从人员库中挑选出适合的候选人,提名过程结束后,结果将向社会公开;(2)管事:瑞典政府在《国有企业财务报告指南》中明确规定,国有企业必须按照斯德哥尔摩证券交易所推荐条例,提交年度报告、季度报告和经营报告,包含完整环境分析、财务目标、社会责任目标、机会均等政策,并在网上公布。国有企业局还会结合企业类别制定特定的利润指标。一类是担负特殊社会职能的国有企业,政府的要求是以最小的成本完成其社会职能,经济增加值(Economic Value Added,EVA)不能小于零。另一类是没有承担特殊社会职能的企业,须在竞争性市场的同一平台上运作,政府要求其追求价值最大化,经济增加值必须大于零;(3)管资产:由于瑞典国家较小,国有企业相对较少,国有资产的数量不大,因此实行了集中管理,重大事项由国会决策的方式。重大事项是指投资权、收购股权、收益权、出让权等。遇有上述事项时,先由管理部门建议,逐级上报经首相同意后,提交国会,经过辩论最后投票表决。

(二)财政部——控股公司——金融企业

新加坡和意大利等国则采取了三级的国有资产管理模式,国有资产管理机构是以公司形式存在的。其中新加坡的淡马锡模式最具有代表性。

1. 新加坡

淡马锡公司是新加坡财政部全资拥有的政府控股公司,是政府管理和市场运作相结合的典型模式。一方面,政府在重要的人事权上拥有直接管控的权力,淡马锡公司的董事会成员及总裁任免须经民选总统的批准(见图1-1)。另一方面,淡马锡公司具体由财政部的投资司来负责监督它的运营和操作,但不直接参与它的决策过程。淡马锡基本自主地负责国有资产的保值增值,同时每年定期报送经审计的财务报表供财政部审阅,使财政部随时了解淡马锡的经营状况。

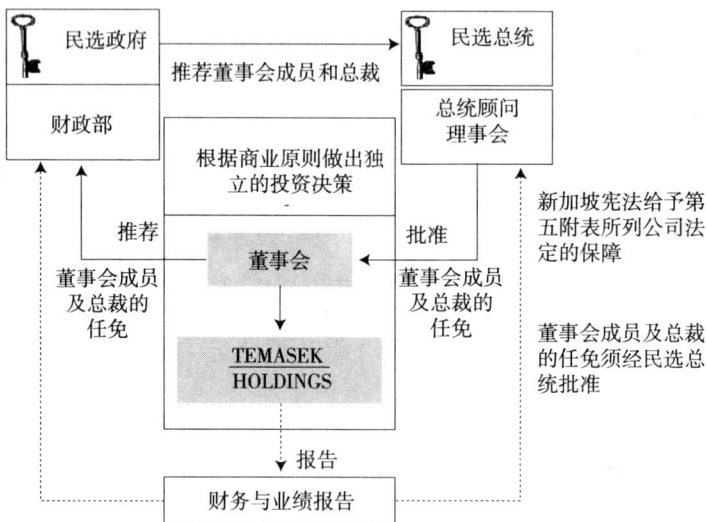

图 1－1　淡马锡公司与股东及民选总统的关系

资料来源:淡马锡公司。

淡马锡公司经营完全遵照新加坡的《公司法》以及其他适用于新加坡公司的法律和规定。在这样的法律规章框架内,在董事会的指导下,淡马锡可凭借自己的商业判断力和灵活性来进行运营。根据新加坡的法律,淡马锡公司不能直接从事金融业务,但是可以参股和控股相关的金融企业。目前,淡马锡旗下拥有新加坡最大的国有商业银行——星展银行 28％的股份。淡马锡产权结构组织体系是一种从政府到母公司、子公司、分公司等多层次、宝塔型的结构(多达 6 个组织层次)(见图 1－2)。

淡马锡对下属子公司的产权管理基本采用市场化的运作方式,主要体现在:(1)管人:对子公司的管理按照《公司法》和一般商业公司的模式派出股东,负责审查与委任下属子公司的董事会成员及董事局主席,从而代表新加坡政府行使其股东权益;(2)管事:督促下属子公司将

```
          ┌──────────┐
          │  财政部   │
          └────┬─────┘
               │
        ┌──────┴───────┐
        │ 淡马锡控股公司 │
        └──────┬───────┘
               │
   ┌───────────┴─────────────┐
   │ 淡联企业（投资组合公司）  │
   └───────────┬─────────────┘
```

金融服务	电信与传媒	交通与物流	房地产	基础设施、工业与工程	能源与资源	......
如星展银行、印尼金融银行、渣打银行等8家企业	如新加坡电信等5家企业	如海皇轮船等4家企业	凯德置地、丰树投资	如吉宝企业等4家企业	新加坡能源	

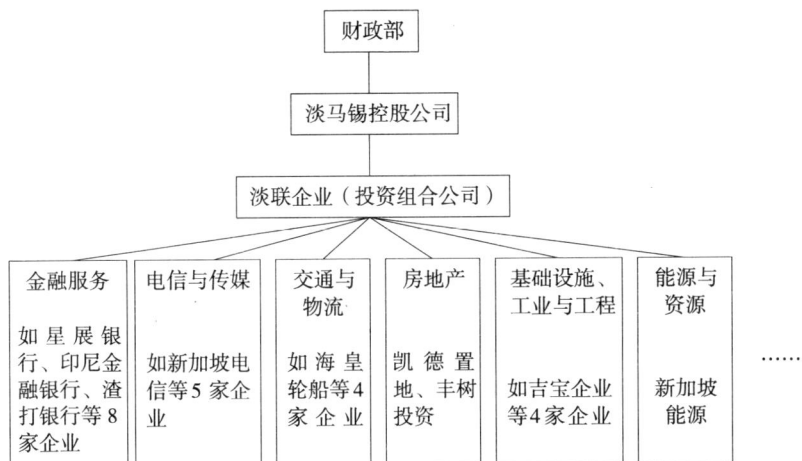

图1-2　淡马锡公司产权组织体系

资料来源：根据淡马锡公司2009年年报整理。

良好的公司治理实践制度化，以提升他们管理行为的透明度和责任的落实程度。淡马锡要求下属子公司在开拓新的业务时，必须经过充分的论证和总公司的审核批准，否则将被视为违纪。它还会根据企业的财务报告，每年至少进行两次业绩分析，并要实地抽查。对业绩好的企业经营者进行奖励，业绩差的，要帮助他们分析原因，提出对策；（3）管资产：对下属子公司的经营活动负有监督管理以保证资产增值的责任。它有权通过国有资本的扩张、送股和售股以及按股权回报率来调整股权结构，有权审定直属子公司股息分配方案等。

　　作为政府控股公司的典范，淡马锡在资产管理、资本运营、公司治理等方面都取得了突出的业绩。自1974年成立以来，淡马锡公司一直与新加坡的经济一起成长，公司每年以股东权益计算的股东总回报率都维持在16％以上的稳健水平，远远高于欧美的一些国际投资公司。截至2009年3月，淡马锡管理的资产规模从最初的1.34亿美元增长到1200亿美元，行业涉及金融服务、房地产、基础设施、能源等多个领域，其中在金融服务业管理的资产占总资产的比重达到33％。

2. 意大利

意大利国有企业管理采用国家参与制的形式。国家参与制管理模式分为三个层次(见图1-3):第一层是国家管理层,第二层是国家控股公司,第三层是直接生产企业,基层参与制企业。国家参与制即国有企业的股份被国家组建的各级控股公司逐级控制。

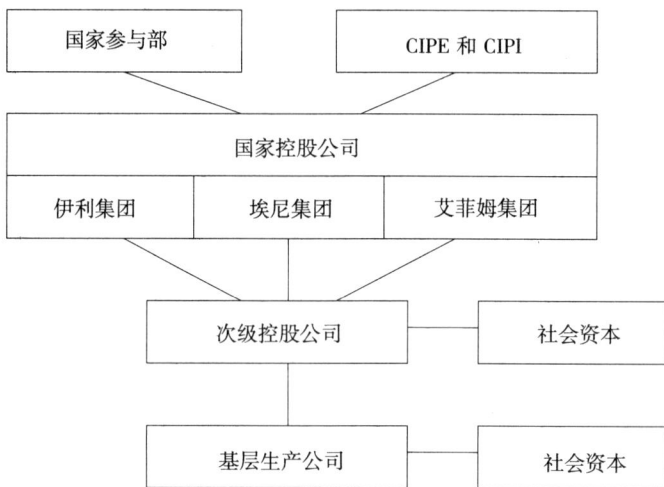

图1-3 意大利国有控股公司的组织结构

资料来源:钟成、周永平:《国外国有控股公司概况及其有益启示》,《中国发展》2006年第2期。

意大利政府于1956年专门成立了国家参与部,下设常务委员会,负责解决有关国家参与制企业自身的重大问题。常务委员会的成员有政府总理、国家参与部部长、预算和经济计划部部长、国库部部长、工商手工业部部长和劳工与社会福利部部长。另外,政府还建立了两个部际委员会(CIPE和CIPI),负责制定国家参与制企业的方针和重大决策,负责协调参与部和其他部门的关系。1992年意大利政府撤销了国家参与部,交由国库部、工业部和预算部,分别行使"管人、管事、管资产"的职能,其中国库部是国有企业的股东,与国有企业的关系仅仅是产权关系和民事法律关系,依据股权比例向企业派出董事,不干涉企业的日常经营活动;

工业部决定国有企业的战略方针;预算部则负责对国有企业监督。

国有控股公司本身呈多层次性:第一层是控股公司本部,第二层是次级控股公司,第三层是基层生产企业。第一层控股公司主要有伊利集团、埃尼集团、艾菲姆集团三家,属于大型财团性质,依照议会通过的专门法令建立,其资本全部是国家的,是专门从事资本经营活动的金融性投资公司,不直接从事生产经营活动。第二层级控股公司是一些专业性较强、规模相对较小的企业集团(次级控股公司)。第三层基层生产企业是直接从事生产经营活动、可以发行股票的股份公司,大部分企业以国有资本为主,少数企业以私人资本为主,还有少数企业是国家独资。次级控股公司和基层生产经营企业受民法约束,与普通的私营企业一样,按市场规则运行。

3. 马来西亚

马来西亚的国有企业分为两类:一类是由财政部投资的国有企业(GOC),财政部下设一个公司(MOF INC.),代表财政部管理国有企业。目前该类企业共有 81 家,其中独资企业 32 家,主要是研究开发类企业和资本投入较大的企业;控股 50％以上的企业 9 家,主要是金融、运输及通讯企业;控股 1％的企业 31 家,主要是公用事业和服务性企业,以便政府进行政策性控制。另一类是由代表联邦和州政府的各种基金管理投资机构投资的企业,亦称为官联企业(GLC),由马来西亚国库控股公司(KHAZANAH)负责管理。此类企业以营利为目的,投资方式以资本运作为主,分布在石油、交通、港口、机场、通讯、污水处理、高技术开发等领域。

马来西亚的财政部投资公司(MOF INC.)可以说是借鉴了新加坡的淡马锡模式,两者都是国有资产经营公司,既具有政府色彩,执行政府意图,又按照市场规则运营,以资本运作为主要方式追求利益最大化,这种国资管理模式具有较强的伸缩性,为国有经济发展壮大创造了较大的空间。

(三)中央银行——金融企业,如印度、俄罗斯

目前世界上只有印度和俄罗斯等极少数国家采取这种模式,中央

银行既制定货币政策,又拥有国有金融资产的所有权。

1. 印度

在印度,政府对企业(金融和非金融)的介入比较深。其中,国有银行包括印度国家银行(SBI,为印度最大的银行)及其 7 家联营银行,以及其他 19 家政府银行,约占印度整个银行业份额的 3/4。印度政府持有国有银行的大部分股份。其中,印度储备银行是印度中央银行,它拥有印度国家银行 59.41% 的股份,同时在基础设施发展金融公司(IDFC)、印度证券交易公司(STCI)、贴现和金融公司(DFHI)中拥有少数股份。

印度财政部银行司通过产业金融处负责所有金融机构的人事权,包括金融机构总经理人选的任命。中央银行可向旗下银行的董事会派驻代表履行部分所有者职能。

2. 俄罗斯

在俄罗斯,政府控制着 23 家信用机构,其合计占据了俄罗斯金融资产总量的 1/3。俄罗斯中央银行在两家银行中拥有股权,其中在俄罗斯最大的商业银行——俄罗斯储蓄银行拥有 57.6% 的股权,在俄罗斯对外贸易银行则拥有 99.9% 的股权。此外俄罗斯在海外成立的一些银行的权益也由俄罗斯中央银行持有。

近年来俄罗斯有明显的去国有化行为,政府计划在 2010 年对 3337 家国有企业中的 449 家进行私有化,从中计划获得 180 亿卢布的资金,并计划继续通过私有化行为在 2011 年和 2012 年分别获得 60 亿卢布和 50 亿卢布。在 2010 年国家拟出售的国有企业中,金融保险企业占 6%。

根据 2008 年 5 月 12 日第 724 号总统令,俄罗斯联邦国有资产管理委员会对上述国有资产变更进行管理。该机构是俄罗斯联邦经济发展部直属的四个委员会之一,被赋予管理、出售和收购国有资产以及处理不良资产的职能,还包括对国有企业高管的任命权。

(四)金融危机背景下的临时性安排

在金融危机的情况下,国家维护金融安全与稳定的公共职能会使国家被动地持有金融资产,拥有或控制金融机构。因此,除上述三种模式以外,国家有时会对有关国有金融资产的管理做出一些临时性安排。

例如,1997年东南亚金融危机后,泰国、印度尼西亚、韩国出现了商业银行重新国有化的现象(如韩国17家商业银行中的8家再次被国有化),从而使各国政府持有的金融资产被动上升。由于持有的目的是为了最终将其归还市场,因此这些国家均做出了一些临时性安排,以管理这些资产。印度尼西亚成立了印度尼西亚银行重组机构接管了18家国有银行(其中11家是危机后被国有化);韩国则借韩国存款保险公司向问题银行注资,并管理这些国有金融资产,在17家全国和区域性的国有商业银行中,韩国存款保险公司持股的有9家,其中6家全资控制。此外,韩国政府还发起成立了友利金融控股公司,管理4家银行和他们的9家子公司,以及1家投资银行。

在2008年全球金融危机中,爱尔兰房地产由于受到直接打击曾陷入债务危机。为此,2009年10月爱尔兰专门设立了国有资产管理局(National Asset Management Agency,NAMA)作为"坏账银行",购买有毒住房贷款。国有资产管理局作为一个独立机构,是爱尔兰国库的下属机构,具有独立发债的职权。国有资产管理局于2010年3月收购爱尔兰前十大房地产商的贷款。待房地产市场好转后,国有资产管理局将卖出此类资产以便资金回笼。

同样在危机中对金融机构进行国有化的还有美国和德国。2008年10月,美国财政部、美联储(Fed)和联邦存款保险公司(FDIC)向遭受巨额损失的华尔街银行业联合注资2500亿美元,使其免遭破产命运。美国财政部以其中的半数分别入股9家大型银行,包括:花旗集团、摩根大通公司、美国银行、美林银行、富国银行、高盛集团、摩根士丹利、纽约银行和道富银行。其资金分配是:向花旗集团和摩根大通公司分别注资250亿美元;向美国银行和富国银行分别注资200亿美元;向高盛集团和摩根士丹利分别注资100亿美元;向纽约银行和道富银行分别注资20亿和30亿美元。此外,由于富国银行和美国银行分别收购了美联银行和美林公司,政府将再向这两家银行分别注资50亿美元。除了银行等金融机构外,美国政府也对政府资助的企业(GSE)——房地美和房利美采取了部分国有化措施。

但美国政府向银行注资往往附加一些条件,包括高管薪资限制、3年内不得派息等要求。因而在危机好转后,从2009年第二季度开始,这些机构开始逐渐偿还部分资金,力图摆脱政府股份。例如10家得到政府注资的大银行在2009年6月获准向TARP偿还了680亿美元。2010年3月29日,美国财政部宣布将出售所拥有的花旗股份,结束对其国有化。

2008年10月,德国成立了金融市场平准特别基金,为银行提供资本和担保。该基金最初由财政部发起,现由德国联邦金融市场稳定局管理。金融市场平准特别基金通过为金融企业提供担保、重新资本化或承接风险资产,对这些企业进行救助。在金融市场平准特别基金的各项救援计划中,有两个救援专门为州立银行创建。第一项措施允许将州立银行分隔成两个实体——"好银行"和"坏银行"。第二项措施是在各州政府的压力下推出的。各州政府担心金融市场平准特别基金对州立银行的影响,会限制其自身对其所有的州立银行业务的影响。这项措施允许各州为其州立银行建立从各州政府获得担保的"坏银行"。截至2010年4月,该基金已发放了280亿欧元的资本救助,提供了1457亿欧元的担保。私人银行Hypo Real Estate(地产融资专业银行)、德国商业银行在金融危机浪潮的冲击下被国有化(前者被完全国有化,后者被部分国有化)。该基金最后一笔事务截至2009年12月31日,任何援助都将在2014年12月31日之前到期。政府希望一旦银行恢复稳定,并且市场条件允许,将出售这些股份。

(五)对我国国有金融资产管理的启示

通过对国有金融资产管理模式国际经验的分析,我们可以得到如下启示：

第一，由于各国政治体制、经济体制乃至社会习惯等方面不同，国有金融资产的规模也不尽相同，各国对国有金融资产进行管理的方式也有很大差别。例如采用"财政部—金融企业"模式的法国、德国、日本都是发达国家，拥有大量实力强劲的私有化金融企业，国有金融资本处于从属地位，因此由财政部作为出资人的管理模式也是可行的。而面对国际大型跨国集团的竞争，新加坡政府采取了可以赋予企业更多自主权的"财政部—控股公司—金融企业"模式，最早成立了政府控股公司，履行国有资本出资人职能，最大程度地使国有金融资本稳健高效运作。总体而言，国际上并没有完全成熟的模式可供我国借鉴；

第二，从技术上看，各国对国有金融资产的管理会实现"管人、管事、管资产"的相对统一，这样比较有利于提升管理效率；

第三，比较而言，采取公司形式控股国有金融资产可以规避不合理的行政干预，有利于实现国有金融资产的市场化运作；

第四，各国因为政体或执政党的不同，往往会改变国有金融资产的持有情况，特别是在危机时期，往往会强化对国有金融资产的持有或实施政府救助，这体现了国有金融资产在维护社会稳定和社会持续发展中的作用，也说明对国有金融资产的控制和管理是弥补市场缺陷不可或缺的因素。

三、新型国有金融资产管理体制的方案设计

借鉴国际国有金融资产管理各种方案的利弊分析，我们认为，目前我国金融国资管理改革的方向是建立中国特色的"淡马锡"——金融国资委，代表国家统一行使出资人的职能，通过立法明确出资人的权利和义务，建立对其监管约束机制，实现政府管理与市场化运作相结合，努力探索一条政府与市场有机结合的新型国有金融资产管理模式，以实

现国有金融资产的保值增值,保障国家金融安全。

(一)我国建立政府管理与市场化运作相结合的新型管理体制的必要性

1. 新型管理体制必须坚决走市场化的路子

如果金融国资委依然按照传统的行政化模式进行国有金融资产管理,无疑会成为金融企业的"新婆婆",加上一行三会,金融机构比一般国有企业将受到更多层次的管理与监督,企业活力可能因此受到削弱。从国际经验来看,无论是由谁作为国有金融资产的出资人行使所有者职能,主要是通过建立合理的治理结构来实现对国有金融机构的监督和管理,而不是通过行政干预。国际经验表明,公司化运行比行政化管理更符合市场规律,更具效率优势。公司化模式对于解决国有出资人缺位问题更行之有效:国有出资人代表的公司化运作,对于有效解决出资人自身的激励约束问题,减少委托代理风险,具有积极的作用。因此,有必要引入市场化的运作模式,以市场化的方式管理国有金融股权,这有利于管理机构更好地履行职责,避免所有者职能和公共财政等政府管理职能之间的矛盾和冲突。

2. 我国的国情决定不能够完全照搬金融资产管理公司模式

与西方国家不同,我国国有金融机构资产规模庞大,对于保障金融系统稳定与经济安全意义重大。在中国国有金融资产管理部门如果没有行政级别比较难于协调与其他政府部门的关系,金融资产管理公司对于庞大的国有商业银行来说权威性不足。单独设立具有行政级别的金融国资委代表国家行使出资人角色可以避免前述国有金融资产管理机构内设于某个部门的缺点,避免了公共管理职能和出资人职能之间的交叉,而且可以规避国有金融机构之间的关联交易问题。但是根据我国国情,如果金融国资委完全将管人、管事、管资产的职权统一,将导致金融资产实际上的部门所有,权力过大,因此在"管人"方面的制度设计中应当引入分权制衡管理理念,依然有必要坚持党管干部的原则,国有金融资产管理机构及重要金融机构的"一把手"任命方面要突出政府的主导作用。

3. 借鉴淡马锡经验，探讨政府管理与市场运作相结合的模式

淡马锡公司构建了一个具有开创性的国有企业经营管理框架，它在管理体制、公司治理、股东回报等方面取得的优秀成绩，证明了国有企业同样可以发挥良好的资本效率。在淡马锡的管理框架中，政府控制和市场化运作实现了有机结合，为我国新型国有金融资产管理提供了可资借鉴的成功经验。

（1）政府控制人事权。在淡马锡，政府作为股东和出资人，牢牢地控制着公司的人事权，体现了政府在国有金融资产管理中的主导作用。淡马锡母公司总裁和董事会成员的任免必须经过总统的批准。子公司董事会的构成中，大约有一半为政府公务员，代表政府体现出资人的利益。

（2）制定体现政府意图并具有前瞻性的国有资本发展战略。淡马锡建立了一个国有资产公司化运营和国有资本战略性投资运作的平台，采用纯粹的市场运作和结构合理的管理制度。淡马锡的发展紧紧与国家战略联系在一起，它对于各个行业的进入与退出，都反映出那一阶段新加坡产业结构调整政策及世界产业发展方向。

（3）在日常经营中追求市场化的原则，政府不直接干预公司的决策。

第一，规范化的治理结构。淡马锡按照公司法和现代企业制度的要求，建立了较为规范的公司治理结构。股东、董事、经营者各司其责，相互监督制约，责权边界清晰。董事会建设是整个淡马锡控股公司治理的核心，在淡马锡控股系统内外上下承接起到了关键作用。

第二，科学的绩效考核体系和激励约束机制。在激励机制方面，淡马锡建立了企业规模、经营业绩与国际市场相匹配的绩效考核奖励机制。淡马锡及其控股公司建立了市场化的薪酬激励机制，使得管理层的报酬和为股东创造的价值相一致，主要管理层成员的可变动奖金延迟发放,并与未来的业绩挂钩。

第三,灵活性的运行机制。淡马锡建立了决策、用人、监督等较为完善的运行机制,保证企业运行的科学、稳健和高效。对于人才的选聘,在淡马锡本身的董事会层面,除1—2名执行董事外,其余都是独立董事,因而可以有效防止内部人控制,保证淡马锡董事会有独立客观的决策过程。由于淡马锡具有招聘全球人才的吸引力,所选用人才是各领域、各行业世界一级人才。

(二)中国特色的方案设计

1. 明确出资人制度,由金融国资委代表政府统一管理国有金融资产

金融类国有资产体制包括三个层面,即国有资产出资人制度、国有资产运营制度和国有企业治理制度等。而在这三个层面中,出资人制度又是核心,只有从制度上明确出资人及其权利义务关系,才能构造出资人与运营主体之间的"代理"、"授权"等具体运营方式的法律关系。从微观机制上讲,出资人制度也是企业治理机制发挥效果的"外部治理"环境。

(1)设立金融国资委。全球金融危机及我国国有金融资产分散管理的现状让我们意识到,统一国有金融资产管理迫切而且意义重大。当前我国最为关键的一步是统一国有金融资产管理机构的职能和权限,建立金融国资委作为出资人代表,解决国有金融资产由谁来管的问题。金融国资委可以作为国务院直属特设机构,对中央级国有金融资产统一管理,实现管人、管事、管资产的有机统一。

(2)明确金融国资委的职能。金融国资委应以出资额为限代表国家依法对国有重点金融企业行使出资人权利和履行出资人义务。金融国资委要统筹研究和认真规划国有金融资本的战略布局,确定国有金融资本未来一定时期内的进退原则、范围和程度。根据我国实体经济发展的需要,调整和优化国有金融资产规模分布、地域分布、行业分布

以及股权结构等,加强政府对国有金融资产的管理和引导,提升我国金融机构的国际竞争力,在提高国有金融资产运行效率的同时,更好地实现国家金融安全和金融稳定的战略目标。

(3)确立金融国资委人员聘任方式。根据党管干部原则,在金融国资委设立党委,管理层人员由中央决定,其他人员均采用市场化公开招聘,引入公平竞争机制,并进行市场化的绩效考核。

(4)划清金融国资委与汇金、公共行政管理部门之间的职能边界,将社会管理职能与国有资产管理职能分离。在新型国有金融资产管理模式下,各个部门的职能边界需要进一步清晰、明确,主要体现为:

第一,财政部、汇金所持中央级国有金融资产划拨至金融国资委。考虑到目前财政部仍然负责部分国有金融资产的产权、收益和费用的控制,借鉴国外的经验,应处理好财政部与金融国资委的关系,理顺职能分工。可以考虑将财政部所持中央级国有金融机构的股份划拨至金融国资委,财政部逐步剥离国有出资人职能,避免公共行政管理职能与出资人职能的冲突。将汇金所持有的国有金融资产划拨至金融国资委,这不仅有利于统一国有金融资产管理,也有助于使中投作为主权财富基金的角色定位更加清晰。

第二,理顺金融国资委与人民银行之间的关系。央行的主要职责应是制定货币政策和稳定金融体系,应当使央行逐步从管理出资人职责及部分金融监管职责中退出,以保持其货币政策的独立性。

第三,剥离金融监管机构履行的出资人职能。银监会、保监会及证监会应当从出资人角色中逐步退出,集中行使金融监管职能,尤其应当尽快将"三会"的人事权划拨至金融国资委。

2. 以市场化方式为主导运营国有金融资产

金融资源配置模式的市场化是整个金融体制改革的基本方向。在商业化管理模式下,所有者代表才可能真正关注国有金融资产的保值增值。因此金融国资委在国有金融资产运作过程中应以市场化方式为主导。

　　建议明确金融国资委主要通过股东大会和对董事会部分成员的管理来行使国有股东的权利,对国有金融企业的经营绩效和国有资本运用情况进行评估和有效监督。为了避免重走行政干预的老路,金融国资委在运行中可以借鉴淡马锡实行"积极股东"的管理手法,即"通过影响下属公司的战略方向来行使股东权利,但不具体插手其日常商业运作"。金融国资委应严格按照市场规则,监督下属企业,不直接参与被投资公司的投资、运营决策,而是由其各自的管理团队来制定,并由各自的董事会监管。

　　第一,市场化的财务监管权。主要包括:一是结合银行经营情况,对国有商业银行的经营利润分配提出意见;二是完善信息披露,对银行财务报表的可靠性和真实性进行审查。

　　第二,市场化的绩效考核和激励约束机制。金融国资委要建立科学化、市场化的考核体系,完善激励约束机制,具体包括:一是制定有效的考核评价体系,建立和完善国有金融企业资产保值增值指标体系,拟订考核标准,对国有金融资本的保值增值情况进行考核;二是对银行董事会和高层管理者的职责履行情况和经营业绩进行评价和考核,对难以胜任职位要求者及时予以调整和更换;三是完善银行的薪酬制度,建立市场化的薪酬激励机制。

　　第三,市场化人才招聘机制。建立健全透明的、市场化的董事、经理人选聘制度。金融国资委派出的董事应按照市场化方式管理,使具有专业视野的优秀董事脱颖而出。

　　保留汇金公司作为金融国资委市场化股权投资运作的平台。为了便于市场化运作,可将汇金公司保留,归新设的金融国资委管理,成为金融国资委股权投资运作的平台,中投成为单纯的主权财富基金,不再行使出资人职责。为促进国有金融资本合理布局和结构优化,提高运作效率,一方面,金融国资委可以将一些规模小、资产质量差的金融企业划入汇金公司,实行资产处置和运营;另一方面,金融国资委可以授权委托汇金公司,着眼于增量国有金融资本的投资。

3. 建立政府管理与市场运作相结合的协调机制

实现新型国有金融资产管理体制的有效运作,政府管理与市场化运作能否有机结合至关重要,因此需要注意协调以下几个方面的问题:

(1)发挥董事会在政府管理与市场运作中承上启下的关键作用。金融国资委通过董事会隔断政府对国有金融机构过多的行政干预,划清各自管理边界,起到稳定的保护作用。金融国资委不直接介入下属企业的经营决策,而是通过加强董事会建设来实现对其有效监管,采取以商业化运作及价值化管理两大标准进行控制,促进企业在金融国资委确定的战略方向上稳健经营;下属企业享有充分的经营自主权,按照商业原则运作,日常业务由各公司管理层负责,并受到各自董事会监管。

(2)政府统一管理与坚持以产权为纽带运作相结合。一方面,明确金融国资委是政府国有金融资产的唯一出资人代表;另一方面,金融国资委应当依靠产权纽带运作国有金融资产,实行"积极股东"的管理手法。国有金融机构在投资决策和资金使用等方面应享有充分的自主权,按照市场方式经营。政府通过审阅国有金融机构的财务报表,讨论公司经营绩效和投资计划等,把握企业发展方向,并通过直接投资、管理投资以及割让投资等方式,确保国有资产在实行统一管理的同时实现保值增值。

(3)在金融国资委和汇金、国有金融机构之间建立唯一的所有权联系,由金融国资委对国有金融资产管理公司行使出资人权利,减少国有金融机构的"婆婆",以确保其市场化运作。

第二章　中国金融混业经营之路

在经历了数年的分业经营之后,我国于 2006 年提出"稳步推进金融业综合经营试点",取得了一定成效,也面临一些挑战,如何看待试点的效果,我国应该坚持分业经营还是推行混业经营,成为必须解决的问题。从国外的实践来看,在经历了次贷危机引发的金融危机以后,国外监管当局开始反思混业经营模式的利弊,目前尚无定论。美国的"沃尔克规则"主张对金融机构的准入领域予以限制,而欧盟则坚持全能银行导向。我们认为,尽管国外大型银行在本次金融危机中遭受重创,但混业经营是大势所趋,我国金融业要主动适应这种趋势。但是,混业经营也存在一些问题,例如金融机构"大而不能倒"、风险跨行业传染等,因此,做好风险防范工作是深化混业经营的前提条件,包括稳步推进、加强宏观审慎监管、完善金融监管法规等,与此同时,金融机构要选择恰当的混业经营模式,设定符合自身风险管控能力的地域和业务组合,不断加强公司治理。

一、中国金融混业经营的现状、特点、客观必然性和主要风险

我国名义上实行"分业经营,分业监管",但混业经营的金融集团雏形已经出现,主要有以下四种形式:

第一种是"银行母公司、非银行子公司"的银行控股集团。银行通过并购或新设的形式拥有基金、金融租赁、信托等非银行子公司,银行

本身从事业务,且银行业务在集团中占据绝对主体地位。混业经营试点以后,国内银行的混业经营大都因循这个路径,目前五大国有商业银行和国开行均已开展某种程度的混业经营。

第二种是纯粹的金融控股公司①。主要有光大集团、中信集团、招商局集团,以及平安保险,集团大部分或所有收入来源于金融业务,但集团本身并不从事具体的金融活动,主要负责监督管理、协调内部资源以及投资评价、收购兼并等,金融业务分别由旗下的子公司开展。

第三种是非金融机构主导的控股公司②。以中石油、国电电力、新希望等为代表,以实业为主业,金融为辅业,财务公司作为二者之间的纽带。

第四种是区域性的金融控股集团。区域性的金融控股集团是我国地方政府为了有效整合金融资源而在区域性商业银行、证券公司、保险公司等金融机构基础上组建的金融控股公司,如上海国际集团、天津泰达投资控股有限公司、山东省鲁信投资控股有限公司等。③ 它们有的是纯粹的金融控股集团,有的从事某种类型的金融或产业业务。本书主要讨论前两种混业经营的类型,无论从规模还是成熟度上,都是我国金融业混业经营的主体,代表我国混业经营的方向。

(一)中国金融业混业经营的现状和特点
1. 商业银行混业经营的现状和特点

我国 1995 年制定、2003 年修订的《商业银行法》第四十三条规定

---

① 与之相对应,将从事具体金融业务的控股公司称为"经营型金融控股公司"。

② 国内将产业资本进入金融业称为"产融结合",具体内容请见本书第三章"如何规范产业投资金融"。

③ 其中以上海国际集团最为典型,它是上海浦东发展银行、上海农村商业银行、国泰君安证券的第一大股东,控股上海国际信托、上海证券。发起设立华安基金管理公司,在香港注册并上市共同基金"沪光基金",与 JP 摩根合资成立上投摩根基金管理公司,与英国国惠集团德利万邦有限公司合资成立我国首家货币经纪公司——上海国利货币经纪有限公司,发起设立并控股长江养老保险有限公司,发起成立上海注册资本最大的上海国盛典当有限公司等。它还参股申银万国证券、太平洋保险集团、交通银行等10 余家金融企业。集团公司的金融资产占集团总资产 65% 以上。

"商业银行在中华人民共和国境内不得从事信托投资和证券经营业务，不得向非自用不动产投资或者向非银行金融机构和企业投资"，奠定了我国金融分业经营的法制基础，但该条同时规定"国家另有规定的除外"，亦为国内银行突破分业经营的原则预留了空间。自1995年以来，我国商业银行混业经营可以分为两个阶段：第一阶段结束于2006年，特征是"境内分业，境外混业"；第二阶段始于2006年，当年通过的"十一五"规划纲要，和2007年的全国金融工作会议均提出"稳步推进金融业综合经营试点"，国内开始逐步放开银行混业经营的限制。

混业经营试点开始至2009年年底（见表2-1和表2-2），除了境外成立的机构，境内有8家银行投资设立了基金管理公司，2家银行获准成为投资入股保险公司的试点机构，7家银行设立或投资入股金融租赁公司，2家商业银行投资入股信托公司。

表 2-1　截至 2009 年年底国有商业银行混业经营情况

		工商银行	建设银行	中国银行	农业银行	交通银行		国家开发银行
基金管理公司	公司名称	工银瑞信	建信基金	中银基金	农银汇理	交银施罗德		—
	所持股份	55%	65%	83.5%	51.67%	65%		—
	成立时间	2005.6	2005.9	2004.8	2008.3	2005.8		—
	注册资本	2亿元人民币	2亿元人民币	1亿元人民币	2亿元人民币	2亿元人民币		—
证券公司	公司名称	工银国际	建银国际	中银国际	农银国际	交银国际		国开证券
	所持股份	100%	100%	100%	100%	100%		100%
	成立时间	2008.9	2004.1	1979	2009.11	2007.5		2010.2
	注册资本	2.8亿港元	6.01亿美元	4.45亿美元	18亿港币	10亿港币		11.5亿元人民币
保险公司	公司名称	太平保险	—	中银集团保险、中银保险		交银康联	交银保险	—
	所持股份	12.45%		100%		51%	100%	
	成立时间	1929.11		1992、2005		2010.1	2000.11	
	注册资本	10亿元人民币		30.45亿港币、20亿港币		2亿人民币	4亿港币	

续表

		工商银行	建设银行	中国银行	农业银行	交通银行	国家开发银行
信托公司	公司名称	—	建信信托	—	—	交银国际信托	—
	所持股份	—	67%	—	—	85%	—
	成立时间	—	2008 年	—	—	2007.6	—
	注册资本	—	15.27 亿元人民币	—	—	12 亿元人民币	—
金融租赁公司	公司名称	工银金融租赁	建信金融租赁	中银航空租赁	—	交银金融租赁	国银金融租赁
	所持股份	100%	75.1%	100%	—	100%	88.95%
	成立时间	2007.11	2007.12	2006 年收购	—	2007.12	2008.5
	注册资本	50 亿元人民币	45 亿元人民币	9.65 亿美元	—	20 亿元人民币	80 亿元人民币

资料来源:作者根据公开信息整理。

表 2-2　截至 2009 年年底股份制商业银行混业经营情况

（单位:亿元人民币;%）

		民生银行	浦发银行	招商银行	北京银行
基金管理公司	公司名称	民生加银	浦银安盛	招商基金	—
	所持股份	60	45	33.3	—
	成立时间	2008.11	2007.8	2002.12	—
	注册资本	2	2	2.1	—
保险公司	公司名称	—	—	—	首创安泰
	所持股份	—	—	—	50
	成立时间	—	—	—	2002.12
	注册资本	—	—	—	9
金融租赁公司	公司名称	民生金融租赁		招银金融租赁	—
	所持股份	81.25		100	—
	成立时间	2008.4		2008.4	—
	注册资本	32		20	—

资料来源:作者根据公开信息整理。

我国商业银行的混业经营表现出以下几个特点：

第一，大型银行对于混业经营比较重视，混业经营已经成为银行发展战略的组成部分之一，涉及基金、证券、信托和保险等业务。大型银行一般均在总行设有相关部门负责推进混业经营。

中国银行是国内最早开展混业经营的银行之一，业务平台比较全面，非银行业务盈利能力较强，对集团的利润贡献较大（见图 2-1）。其在发展战略中提出"按照统一战略、统一品牌、统一客户、统一渠道的要求，发挥多元化服务的比较竞争优势，大力发展投行、基金、保险、投资、租赁等业务，发挥多元化平台的协同效应，为客户提供全面优质的金融服务"[1]。

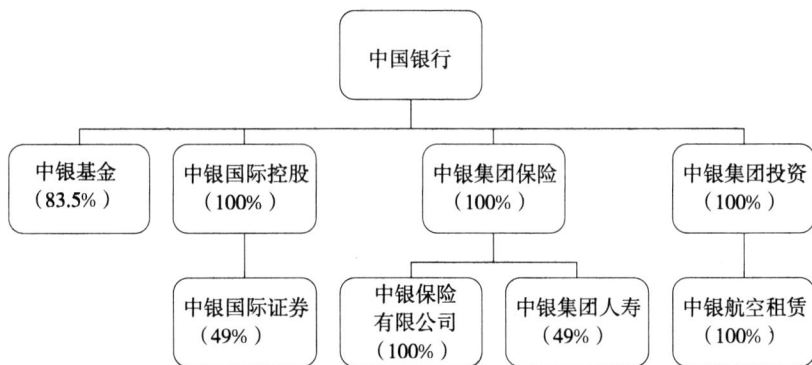

图 2-1　中国银行混业经营架构

中国工商银行提出，"实施混业化、国际化工程。积极审慎推进混业化经营和国际化发展，逐步把工商银行打造成一家全功能、全球化的大型金融集团"[2]（见图 2-2）。在组织保障方面，工行在总行成立了"战略管理与投资者关系部"，负责境内非商业银行业务和境外收购业务。

---

① 请见《中国银行 2009 年报》，第 5 页。
② 请见《遒墨劲书，金铭之略——中国工商银行 2009—2011 年发展战略规划主要内容》，载于《中国城市金融》2009 第 6 期（总第 273 期）。

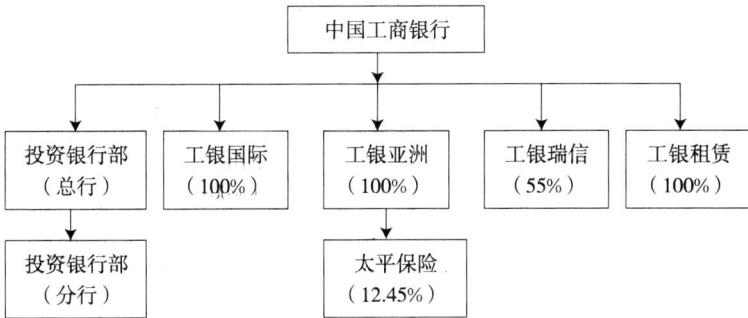

图 2 - 2 中国工商银行混业经营架构

中国建设银行于 2008 年年底在总行成立了"股权投资与战略合作部",专门致力于推进非商业银行业务的发展,是旗下基金公司、租赁公司、信托公司和村镇银行等的牵头管理部门,负责新的非银行平台的搭建(见图 2 - 3)。

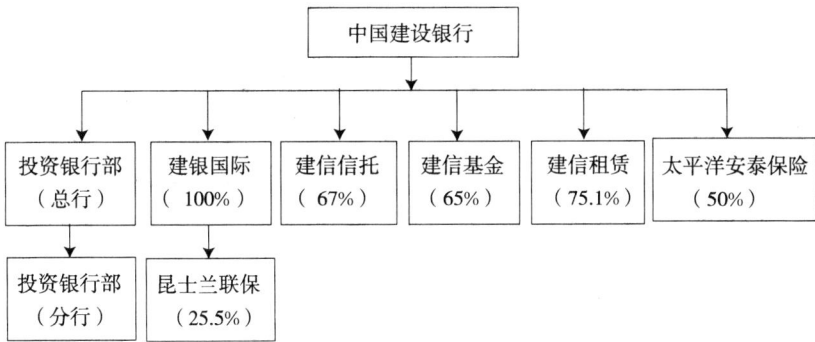

图 2 - 3 中国建设银行混业经营架构

交通银行从诞生之日起就对混业经营十分重视(见图 2 - 4)。1988 年 9 月,交通银行在其证券部的基础上成立了上海海通证券公司,是新中国最早的证券公司之一。1994 年 1 月,海通证券改制为全国性证券公司,为交行控股子公司,交行总部及各分支行一律不再经营证券业务。1991 年,交通银行获准筹建太平洋保险公司,其总管理处和 50 家分行共持有太平洋保险 83% 左右的股权,并一直保持控股地位。1999年8月,根据我国分业经营的法律要求,交通银行将其持有的海通证券和太平洋保险股权转让给上海市政府,只在香港保留了证券和保险业务的平台。

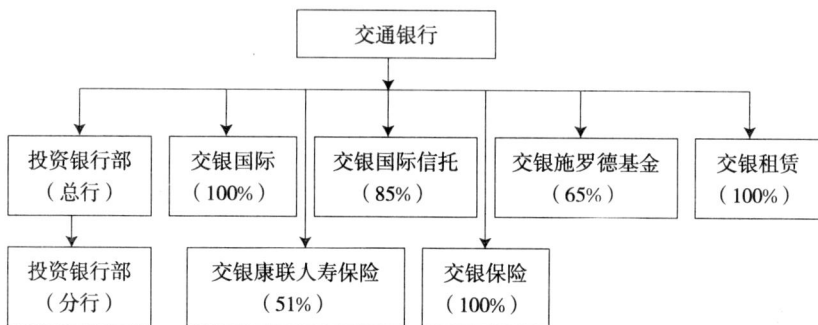

图2-4 交通银行混业经营架构

混业经营试点以后,交通银行四面出击,已经获得了所有金融业务牌照,并在战略中明确表示"走国际化、混业化道路,建设以财富管理为特色的一流公众持股银行"(即所谓的"两化一行")。交行在总行成立了"股权投资部",职责之一就是推进混业经营。

国家开发银行在国务院批复的总体改革方案中就有"一拖二"架构,即母公司是商业银行,下有证券公司和投资公司(见图2-5)。目前旗下有国开证券有限责任公司(2009年8月收购航空证券后改制而成)、国开金融有限公司(以私募股权投资为主业)和国银金融租赁公司。

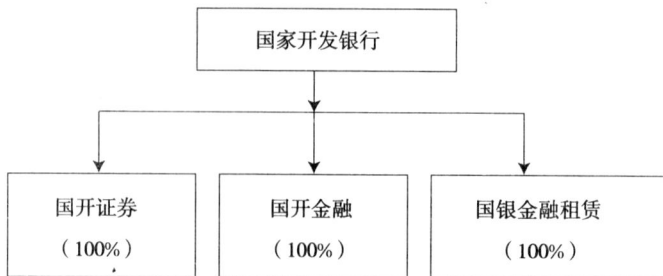

图2-5 国家开发银行混业经营架构

第二，从业务范围来看，以商业银行为主体的混业经营已经涉及投资银行、基金、保险、金融租赁、信托等领域。尽管投资银行是国内限制最严格的，但各商业银行对投资银行业务最热心。目前，工商银行、建设银行、农业银行和交通银行均在香港成立投资银行业务平台。工、农、建、交、招商、光大和北京银行均在总行成立了投资银行部，主要开展非牌照类投资银行业务，这几年发展飞速（见表2-3）。

表2-3 工商银行、建设银行境内投资银行业务收入

（单位：亿元）

年份	2004	2005	2006	2007	2008	2009
工商银行	12	20	31	45	80	125.39
建设银行	—	—	—	24.9	66.1	97.99

注：虽然两行在年报中均使用"投资银行"字眼，但其含义不完全一致，工商银行的投资银行业务包括：投融资顾问、债务融资工具承销、银团贷款安排等；建设银行的投资银行业务包括：财务顾问、债务融资工具承销、理财业务和资产证券化等。
资料来源：工商银行、建设银行年报。

中国银行开展投资银行业务的平台是中银国际控股有限公司（"中银国际控股"），其前身可以追溯到1979年在香港成立的中国建设财务（香港）有限公司。2002年2月，中银国际控股发起与中国石油天然气集团公司、国家开发投资公司、玉溪红塔烟草（集团）有限责任公司、中国通用技术（集团）控股有限责任公司以及上海国有资产经营有限公司共同出资，在上海注册成立了中银国际证券有限责任公司（"中银国际证券"），注册资本15亿元人民币，成为内地首家获得人民币普通股票（A股）综合类证券牌照的中外合资证券公司。同年10月，中银国际证券获准整体受让原港澳信托下属的20家证券营业部。

1998年，工商银行联合东亚银行收购了英国西敏寺银行所属的西敏寺（亚洲）证券公司，创办工商东亚金融控股有限公司（"工商东亚"）。工商东亚注册于英属维尔京群岛，工商银行与东亚银行分别持有75%和25%的股权。2008年9月，工商银行在香港的另一个全资子公司工

商国际金融有限公司("工商国际")转让商业银行业务资产,并获得香港证监会颁发的投资银行业务牌照,并正式更名为工银国际控股有限公司("工银国际"),成为工商银行在香港的投资银行业务旗舰。2010年年初,工商银行出售工商东亚股权,至此,工银国际成为它在香港的唯一投资银行平台。

在境内,2002年工商银行在总行成立了投资银行部,境内分行均设有投资银行业务部门。主要业务包括发展常年财务顾问、企业信息服务、投融资顾问等传统投资银行业务,以及在重组并购、股权融资、企业债券承销、信托理财等领域的营销。2009年投资银行业务收入为125.39亿元,同比增长超过50%。

2004年进行股份制改革时,建设银行剥离了旗下从事投资银行业务的旗舰——中国国际金融有限公司("中金公司",建行拥有42.5%的控股权),但它一直对投资银行业务恋恋不舍,遂于2004年1月在香港成立建银国际(控股)有限公司("建银国际"),开展投资银行业务。建银国际成立时间较晚,除了曾承销建设银行在香港IPO时的股份外,并无骄人业绩,另外,它没有国内业务的牌照,发展受到限制。但建设银行对其颇为重视,2007年增资3亿美元。

第三,从股权结构来看,大型商业银行倾向于以独资形式设立非银行公司或者持有最大股份比例。尽管商业银行在这些非银行领域缺乏经验和人才,但较高的持股比例显示它们并不想赚"快钱"或者浅尝辄止,而是有长远的战略考虑。

第四,非银行业务的资产占比较小,利润贡献度较低。除中行外,其他几大银行的非银行子公司的资产不足集团资产的5%,利润占比不足2%。在目前情况下,商业银行开展混业经营更多的是名义上的,而非实质上的。

第五,从投资回报来说,各类非银行业务参差不一,基金管理公司有着较高的回报率,远远高于商业银行业务的水平。但大部分银行系基金管理公司的投资回报水平仅达到行业的平均水平,和最优秀的基金管理公司有明显的差距。由于银行从事金融租赁和信托业务的时间不长,目前这些业务的回报率较低,尤其是金融租赁。

第六,对母体集团的依赖性较高。在销售方面,非银行子公司主要依托母体集团的网点,以母体集团原有的庞大客户群体为主要营销对象。在管理人才方面,非银行子公司的大部分董事和高管来自母体集团。一些银行的高管直接担任子公司的董事,这为开展业务带来了极大的便利。在资金方面,非银行子公司主要依赖母体集团提供临时和大额资金,银行通常是旗下子公司的主办银行。

第七,银行的非银行子公司的业务带有"类信贷"的特征。以银行进入程度最深的金融租赁为例,目前我国的金融租赁行业中,经营性租赁和融资性租赁的占比约为2∶8,后者的性质更接近银行贷款。在融资租赁中,直接租赁不到20%,售后回租等形式的业务超过80%,售后回租在运作中为"准贷款"。

2. 非银行金融机构混业经营的现状和特点

在非银行金融机构中,目前国内比较具有规模的金融集团包括:中国中信集团公司(中信集团)、中国光大集团总公司、招商局集团,以及平安保险公司(见表2-4)。

表2-4 截至2009年年底我国非银行金融机构混业经营情况

(单位:亿元人民币;%)

		中信集团	光大集团	招商局集团	平安保险集团	
商业银行	公司名称	中信银行	光大银行	招商银行	平安银行	深发展
	所持股份	67.26	6.40	18.10	100	21.44
	注册资本	390	282	191	55	31
基金管理公司	公司名称	华夏基金	光大保德信	招商基金	博时基金	—
	所持股份	100	45	招商银行、招商证券各33.3	49	—
	注册资本	2.38	1.6	2.1	1	—

续表

		中信集团		光大集团		招商局集团	平安保险集团
证券公司	公司名称	中信证券		光大证券	申银万国	招商证券	平安证券
	所持股份	24.48		52.08	12.51	51.65	100
	注册资本	66		34	67	36	18
保险公司	公司名称	信诚人寿保险	天安保险	光大永明人寿		招商信诺保险	平安财险、寿险、养老险、健康险
	所持股份	50	27.62	80		100	100
	注册资本	21	21	15		3.6	60、238、27、5
信托公司	公司名称	中信信托		—		—	平安信托
	所持股份	100		—		—	100
	注册资本	12		—		—	70

资料来源:作者根据公开信息整理。

中信集团的前身是始创于 1979 年的中国国际信托投资有限公司,截至 2009 年年底,旗下拥有 22 家合资子公司、6 家控股公司、5 家上市公司和 8 家境外子公司及 3 个境外代表机构,业务和资产主要集中在金融业、实业和服务业三个领域(见图 2-6)。金融业是集团重点发展的业务,约占集团总资产的 80%(但只占集团净资本的 1/3),控股或拥有的子公司涉及银行(中信银行、中信嘉华银行)、证券(中信证券)、保险(信诚人寿保险等)、信托投资(中信信托)等。

通常所称的中国光大集团是指中国光大集团有限公司和中国光大集团总公司,前者于 1983 年 5 月在香港以民间形式注册成立,注册资本为 5 亿港元,主营投资控股,主要开展港澳、东南亚及海外其他地区的业务,同时也在国内进行经营活动[①];后者于 1990 年在北京成立,主

---

① 光大集团有限公司的主要金融资产是通过其全资子公司 Datten Investments Limited 的全资子公司 Honorich Holding Limited 间接持有光大控股 54.46% 股份。光大控股是一家在香港联交所上市的公司,法定股本为 20 亿港元,主要业务是直接投资、资产管理、经纪业务、投资银行及产业投资等,并持有光大银行 5.26%(公开发行前)的股权,光大证券 33.3% 的股权。

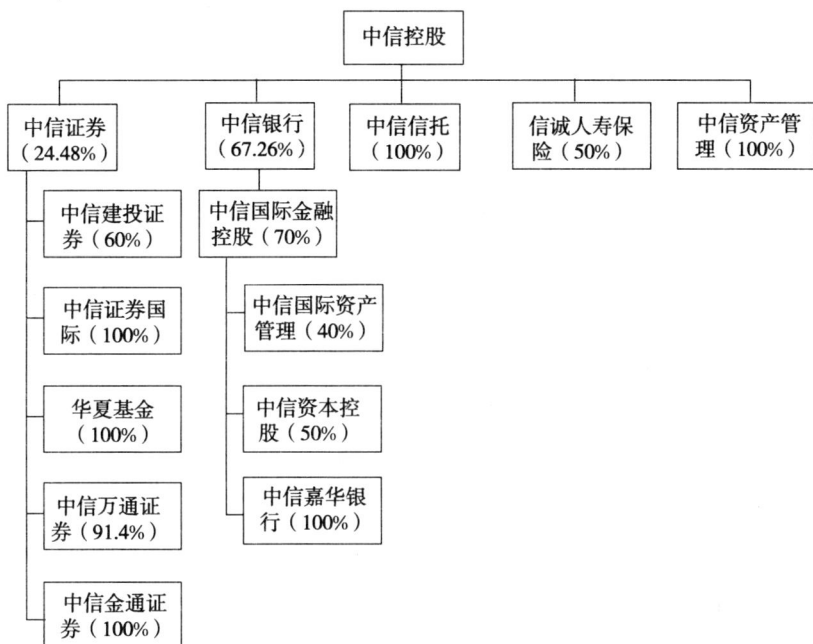

图 2-6　中信集团混业经营架构

营国内业务(见图 2-7)。根据国务院审批同意的重组计划,光大集团

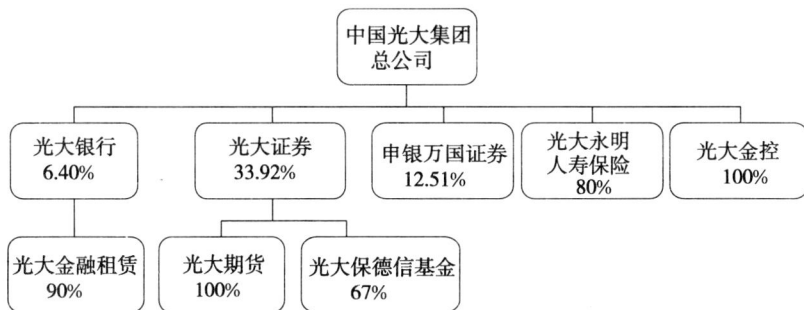

图 2-7　中国光大集团总公司混业经营架构①

————————

　　① 至本文截稿时,光大银行正在筹划公开上市,因此,上市完成后,光大集团总公司对光大银行的股权比例可能进一步降低。

总公司将转变为纯粹的金融控股公司,下属子公司包括光大证券、光大永明人寿等,同时拥有申银万国证券 12.51% 的股权。2007 年 11 月 30 日,光大集团总公司与光大实业签署了资产负债划转协议,将与实业有关的资产负债划转到光大实业。

招商局集团创立于 1872 年,是中国民族工商业的先驱,现为国家驻港大型企业集团、香港四大中资企业之一,总部设于香港,主要经营活动分布于香港、内地、东南亚等。它目前共拥有金融企业 9 家,涵盖银行、证券、保险和保险经纪、基金和基金管理等四大领域,金融业已发展成为核心产业之一和重要利润来源(见图 2-8)。

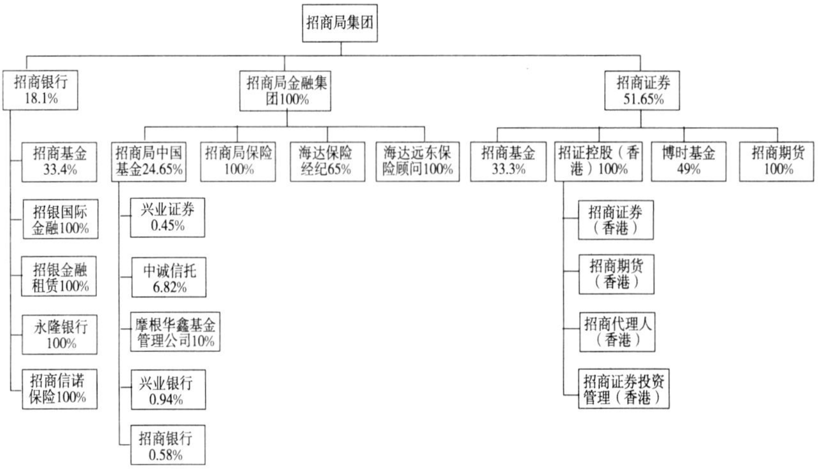

图 2-8 招商局集团混业经营架构

以保险公司名义注册的中国平安保险(集团)股份公司成立于 1988 年 3 月,是中国首家股份制保险公司,总部在深圳。根据《保险法》关于"同一保险人不得同时兼营财产保险业务和人身保险业务",它于 2002 年转变为一家控股公司,通过旗下控股子公司,即平安寿险、平安产险、平安信托、平安证券、平安银行、平安养老险、平安健康险、平安资产管理及平安海外(控股)等,以统一的品牌向客户提供保险、信托、证券、银行等多种金融产品和服务(见图2-9)。

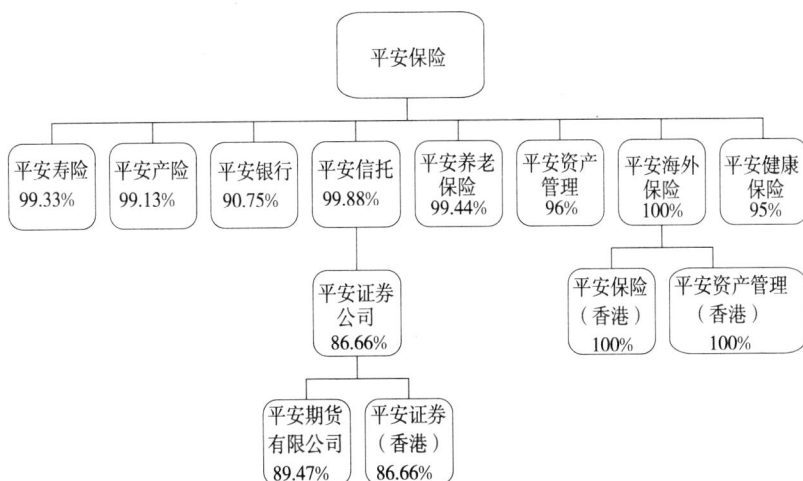

图2-9　中国平安保险混业经营架构

非银行金融机构在混业经营方面具有如下特点:

第一,我国上述纯粹型金融控股公司的形成背景比较复杂,事先并没有统一的规划,也没有恰当的法律予以规范,是以个案的形式形成的,在名称中更多地使用"集团",而无"金融控股公司"的字样。

中信集团和中信控股公司成立于2002年,中国国际信托投资公司(即中信集团的前身)在改制时上报的方案中提出成立"中信金融控股公司",但国务院在批复时将"金融"删去。在监管上,中信控股不是一级被监管的机构,旗下分业经营的金融子公司各自接受现有的金融监管机构如银监会、证监会、保监会等的相应监管。

光大集团在成立初期以贸易和实业为主要经营方向,1990年之后,光大集团开始调整发展战略,转向金融。1999年7月,光大集团采取了"砍实业、保金融"的措施,收购了申银万国证券12.51%的股权,金融业在光大集团的比重进一步提升。

2007年8月5日,国务院正式批准了光大集团改革重组方案,主脉络是分成三条线同步推开:改革重组光大集团,成立中国光大金融控股集团公司,持有金融类资产;改革重组光大实业,成立中国光大实业集团公司,持有非金融类资产;改革重组光大银行,完善公司治理,适时引入战略投资者,择机公开发行上市。按照光大改革的三条线,汇金向光大银行注资200亿元人民币,汇金旗下的全资子公司建银投资则对光大集团注资50亿元,用于整合光大集团旗下所有的非金融类资产,包括环保、会展、石油、饭店、旅游和物业管理等实业企业。

第二,控股公司本身并不直接开展金融业务,主要职责是对旗下的金融机构进行统一的管理,包括建立统一的数据库和信息中心,建立风险控制系统和协调交叉销售等。

第三,股权结构较商业银行的混业经营复杂得多,多层次持股的特点比较明显。上述几家控股公司旗下有多家上市公司,股权非常分散,控股公司只(直接或间接)拥有相对控股地位。例如,招商局集团只拥有招商银行18%的股权,经过重组后,光大集团只持有光大银行不足10%的股份,已经失去了控股地位。

第四,在人事安排上,控股公司的高管多在附属公司出任董事或者参与经营管理,这一特点也从侧面印证了控股公司并不直接经营具体的业务,而只进行管理。以中信集团为例,它旗下主要的金融机构(包括中信银行、中信证券、中信嘉华、信诚保险、中信信托、华夏基金等)的董事长均为集团董事会成员,也就是说,中信集团董事会成员中大部分出任旗下金融机构的董事或高管。中信银行作为集团最大的利润来源,董事会成员大多由集团董事兼任。

第五,交叉销售是金融控股公司的优势之一,各金融控股公司均不遗余力地推进交叉销售,然而,交叉销售的动力主要来自于控股公司旗下子公司自发的努力,而非控股公司层面的推动。目前的主要成效体现在保险公司和证券公司借助银行的渠道和客户资源销售自己的产品,保险公司和证券公司销售银行产品的情形较少。

第六,较为依赖个别业务,除平安保险外,银行业务和证券业务是主要的收入来源,其他业务利润贡献度较低。尽管中信、光大和招商局金融业务平台全面,但利润贡献度却相差较大,最主要的收入来自于银行和证券,甚至连信托业务起家的中信集团,目前也以银行和证券业务为主(见表2-5和表2-6)。

表2-5　2008年中信集团收入来源

	营业收入(亿元)	占比(%)	净利润(亿元)	占比(%)
集团金融业务	154491	100	25850	100
银行业务	40155	26.0	13320	51.5
证券业务	17708	11.5	7305	28.3

资料来源:中信集团年报。

表2-6　光大集团的资产和利润结构(2009年)

	集团持股比例(%)	总资产	占比(%)	税前利润	占比(%)
集团	100	1.3万亿	100	208亿	100
光大银行	11.66	1.2万亿	92.3	105亿	50.5
光大证券	67.25	602亿	4.63	39亿	18.8

资料来源:光大集团年报。

(二)中国金融混业经营的客观必然性

1. 混业经营是金融发展到一定阶段的必然要求

历史上,部分国家或地区金融监管当局对金融混业经营曾经采取过遏制政策,但混业经营终似"野火烧不尽",现在OECD国家均不再对金融机构的经营范围和业务组合加以限制。这是因为混业经营作为一种制度安排代表的是先进生产力,是金融发展到一定阶段的必然要求。

第一,混业经营的银行比单纯的商业银行和投资银行更加具有竞争力。混业经营可以使银行提供更加全面丰富的产品种类,可以降低服务客户的成本。对客户来讲,与一家混业经营的银行建立关系可以使它根据市场状况、利差大小很方便地在信贷和证券融资之间"切换",

从而可以更有效地降低运营成本和抓住机会。

和单纯的投资银行比较起来,混业经营的银行具有更广泛的客户基础。许多企业和银行的联系非常紧密,包括短期信贷和日常清算活动等,因而,信贷和清算业务关系是混业经营的银行继续开发证券业务的优势条件。许多大型银行的经历表明,通过发放贷款而与企业结下的长期关系,可使自己更容易在资本市场业务上和投资银行竞争胜出。

第二,混业经营使银行具有更强的抗周期性,更稳定持续的盈利能力。混业经营使银行具有更均衡的业务组合、这些业务各自具有不同的周期波动特征和不同的相关性。实行混业经营的大型银行之所以在危机中相对稳健,多元化业务模式再次起到关键作用。

利息收入和非利息收入具有不同的稳定性,呈现负相关或弱相关。我国银行对利息收入的依赖性较高,最近几年虽然非利息收入的增长速度远远快于利息收入,但和国际领先银行比较起来,还有较大差距。过度依赖利息收入一方面要消耗银行大量的资本,另一方面也使银行的资产更易受到经济周期的影响。证券、保险、资产管理和信托等业务可以给银行带来非利息收入,对于多样化业务组合、稳定收入来源具有较大积极意义。

2. 实行混业经营有利于满足客户日益多元化、一体化的金融需求

就企业客户而言,国内企业面临前所未有的谋求国际化发展的历史机遇,它们迫切需要银行提供与业务流程和经营策略相配套的一揽子金融服务,比如,专业化的风险管理服务,良好的资产及财富管理服务,咨询顾问、兼并重组、发行上市等投行服务。这些都是单一的商业银行或投资银行难以完全满足的。

就个人客户而言,随着中国经济持续快速健康发展,国内形成了一个中高收入群体,他们规模快速扩大,财富迅速增加,已经不再满足于传统的存贷汇等商业银行服务,投资理财需求迅猛增长。

目前,国内大多数金融机构在当前的经营模式下所提供的服务和产品无法完全满足企业和个人客户的需求,迫切需要通过混业经营来扩展业务种类、丰富产品品种,以适应市场需求。

3. 鼓励部分金融机构开展混业经营是我国金融业提升国际竞争力的必然选择

国外大型银行无一例外开展混业经营，当前，外资银行加速在我国进行投资布点和业务扩张，本土化程度显著增强，外资银行在获取人民币业务牌照后，依托母公司的混业经营平台，通过"前台分业，后台混业"的办法，为客户提供融合银行、投资及保险等多元金融产品的"一站式"服务。同时，它们还通过合资设立、兼并收购及参股等方式积极抢滩内地非银行金融市场，快速拓展在内地市场的业务与客户平台。随着经济全球化进程的加快，我国的金融机构也积极推进国际化发展，不断融入到世界经济金融市场中。鼓励部分有条件的金融机构开展混业经营，可以提升其国际竞争力。这是我国做大做强金融业的重要选择。

(三)中国金融混业经营的主要风险

1. 混业经营各子公司/业务自身的风险

由于业务性质不同，银行、证券、保险和信托公司面临的风险不尽相同(如表2-7所示)，混业经营的机构首先将面临其所涉足金融行业相关领域的风险。

表2-7　金融业部分业务领域面临的风险类别

商业银行	证券公司	保险公司	信托公司
信用风险、市场风险、利率风险、流动性风险、操作风险、法律风险、声誉风险、战略风险	市场风险、信用风险、流动性风险、操作风险、法律风险和系统风险	保险风险、市场风险、信用风险、操作风险	市场风险、信用风险、操作风险

注：证券公司的风险分类依据：1998年5月，国际证券委员会组织(IOSCO)下属的技术委员会提交的《证券公司及其监管者的风险管理和控制指引》研究报告。保险公司的风险分类依据：中国保监会2007年4月颁布的《保险公司风险管理指引(试行)》。信托公司的风险分类：目前国际组织和国内的监管机构均未明确指出信托公司面临哪些风险，上述分类主要参考国内信托公司在年报中披露的信息。

2. 混业经营特有的风险

除相关业务领域的风险外,混业经营将不同金融业务置于共同控制之下,因而面临一些特有的风险。

(1)关联交易风险。混业经营的机构内存在大量的关联交易,使母公司和子公司之间的经营状况相互影响,不同金融业务所引致的风险可能会在公司内部传递。市场上,投资者和相关利益主体将混业经营的机构看做一个整体,即便在公司内部建立了防火墙,也无法消除市场的疑虑。此外,混业经营机构的各子公司之间难免存在利益冲突,如果不能有效地加以解决,可能发生损害客户利益,并最终损害公司利益的事件。

(2)资本重复计算风险。混业经营后,资本方面的风险主要来自于资本重复计算,即有限的资本要承担多倍于自身的风险,导致控股公司的实际偿付能力远低于控股公司成员名义偿付能力之和。资本重复计算主要来自两方面,一是母子公司之间的资本重复计算。二是交叉持股和兄弟公司之间相互投资导致的资本重复计算。

(3)系统性风险。混业经营可能因一个或几个子公司/业务发生局部风险而形成连锁反应,导致整个公司处于多米诺骨牌效应的系统性风险中。混业经营的大型公司组织结构复杂、业务种类繁多、地域广阔,管理的半径大,要求高,单个子公司/业务出现失败在所难免,如果公司内部未能建立起有效的防火墙和应急处理机制,就可能发生雪崩式的连锁反应,严重的甚至会导致公司倒闭。

二、金融危机后全球金融混业经营发展趋势

(一)商业银行和投资银行的融合情况

传统上,商业银行是间接投融资活动的中介组织,而投资银行则是直接投融资活动的中介组织,同为投融资活动的中介,二者之间有着天然的孪生关系。在金融市场发展的早期,投融资服务并不能清晰地划

分为商业银行业务和投资银行业务。欧美著名的老牌家族财团如巴林（Baring）和摩根（Morgan）都曾是商业银行与投资银行的巨型混合体。在 1933 年美国颁布著名的《格拉斯—斯蒂格尔法案》（Glass-Steagall Act）后，独立的现代商业银行体系和投资银行体系才正式确立。但在行业竞争、技术进步、管制解除及经济发展的驱动下，商业银行与投资银行的混业经营已经成为金融业发展的必然趋势，二者之间的界限正在逐渐变得模糊。1986 年英国、1997 年日本以及 1999 年美国相继通过法规条例的改变来确立本国的混业经营制度，正式解除商业银行介入证券、保险领域的法律障碍。实际上，在这些法规尚未颁布之前，商业银行通过金融创新绕开管制，已在实际操作层面发展出了大量的银证、银保之间的工具复合和业务交叉，再通过产权渗透的方式控股或购并证券公司和保险公司，全方位介入证券、保险行业，推动一国金融系统向更具效率的层次发展。

当前世界上大部分大型金融集团都重新发展成为商业银行与投资银行的混合体。所剩无几的大型"纯粹"商业银行和投资银行也试图将触角伸向对方的领域。金融业"自然分业—自然混业—现代分业—现代混业"的发展趋势日渐清晰。

这种投资银行与商业银行的融合从世界范围来看是一种必然趋势。金融脱媒导致商业银行业务份额趋于萎缩，为拓展新的业务，突破分业限制成为商业银行必然的选择。信息技术的发展、频繁的金融创新使投资银行与商业银行之间的界限越来越模糊。监管制度和技术的成熟和完善也为混业经营提供了必要条件。

1. 国外对于混业经营的管制和解除管制

金融业混业经营起源于 19 世纪末的德国、荷兰、卢森堡等欧洲国家，其中德国最为典型，以"混业经营"与"全能银行"为特征的德国金融体制被认为是与德国工业化迅速发展相辅相成的结果。第二次世界大战使德国金融体系惨遭破坏，战后，在美、英、法占领区被迫采用美式分业经营模式。到 20 世纪 50 年代左右，重建后的联邦德国金融业开始恢复战前的混业经营模式,通过 1948 年的货币改革和 1957 年的《德意志联邦银行法》建立了比较健全的混业金融制度。90 年代初,德国的统一促使前民主德国地区也进行金融体制改革,全面恢复混业经营的金融体制。

从 1983 年开始,英国政府启动了以混业经营和鼓励竞争为核心的金融自由化改革,1986 年,英国率先推出了被称为金融大爆炸(Big Bang)的《金融服务法》(The Financial Services Act 1986),放松了对混业经营的限制,同年 10 月 27 日,伦敦证券交易所允许银行或保险公司、甚至外国公司 100% 地持有交易所会员公司的股份,英国也进入了混业时期。1992 年,欧共体全面推广全能银行体制。

日本的金融制度是第二次世界大战以后借鉴美国建立起来的,长期实行分业经营。到了 20 世纪 80 年代,由于国际上金融创新和金融自由化的潮流,日本金融业也开始了业务的交叉。1993 年 4 月 1 日实施的《金融制度改革法》允许银行、证券、信托以"异业子公司"的方式相互渗透。1996 年 11 月 11 日,日本出台了被称为"日本式大爆炸"的《我国金融制度的改革——2001 年东京市场的复兴》的改革方案,允许各金融机构通过直接扩大主营业务范围的方式或通过控股子公司间接参与的方式,实现业务相互渗透。1998 年,日本议会通过了《关于金融体系改革相关法律的调整等事宜的法律》(也称《金融体系改革法》),全面改革日本的金融体系,实行全能银行体制。

美国在 20 世纪 80 年代就放宽了银行经营的一些限制,1987 年以来,美国联邦储备委员会先后批准了一些银行控股公司经营证券业务,1989 年批准花旗等五家银行直接包销企业债券和股票,这使得美国金融制度向混业制度迈出了重要的一步。进入 90 年代以后,美国金融制度向混业转变的步伐进一步加快。1991 年美国通过了《1991 年联邦存款保险公司改进法》,允许商业银行持有相当于其自有资本 100% 的普通股和优先股。1994 年美国又通过了《1994 年跨州银行法》,允许商业银行充当保险和退休基金的经纪人,这表明商业银行涉足保险业的限制被突破。1995 年,国会通过《州际银行及其分支机构效益法》,保证所有从事银行、证券和保险业务的机构享有平等的待遇。1999 年美国国会通过了《金融服务现代化法案》,正式废止了象征分业经营体制的《格拉斯—斯蒂格尔法案》,完成了从分业经营到混业经营的转变。到目前为止,几乎所有主要的金融业发达国家或地区都已转变为混业经营体制。

2. 现代大型商业银行发展投资银行业务的过程

早在各国正式解除混业经营的限制以前,许多银行,尤其是大型银行就通过各种渠道开展某些种类的投资银行业务,在监管当局正式解除混业经营的限制以后,大型银行更是蜂拥而入,全球掀起了一股商业银行与投资银行合并的浪潮,比较著名的包括 JP 摩根和大通银行的合并、德意志银行和 Banker's Trust 的合并、USB 和华宝的合并、瑞士信贷和第一波士顿的合并等。在金融危机后,又发生了美国银行收购美林、JP 摩根大通银行收购贝尔斯登的事件。

表 2-8 列举了 10 家国际大型商业银行发展投资银行业务的经历,这 10 家银行都位列英国《银行家》(The Banker)杂志 2009 世界 1000 大银行的前 30 位。无一例外地,它们取得如此成就的原因均是并购了投资银行,尤其是大型投资银行,使其在传统的投资银行领域占有重要的地位。

表 2-8　世界大型商业银行发展投资银行业务的经历

银行	发展投资银行业务的经历
JP 摩根大通	• 在 20 世纪 80 年代末,JP 摩根公司成为第一家被允许经营投资银行业务的商业银行; • 1999 年,大通曼哈顿银行收购 Hambrecht & Quist; • 2000 年,大通曼哈顿银行收购 Robert Fleming & Co.; • 2000 年,JP 摩根与大通曼哈顿银行合并成立 JP 摩根大通; • 2005 年收购 Cazenove & Co.; • 2008 年合并投行贝尔斯登。

续表

银行	发展投资银行业务的经历
美国银行	• 1992 年美国银行进行了当时史上最大的收购,将太平洋证券集团(Security Pacific Corporation)及其附属太平洋证券国民银行(Security Pacific National Bank)纳入旗下; • 2006 年 11 月,美国银行宣布以 33 亿美元收购超过 150 年历史的美国信托公司(The United States Trust Company); • 2008 年 9 月对美林的收购使得美国银行成为世界主要投行之一,同时也是世界上最大的资产管理者。
花旗集团	• 1998 年花旗公司与旅行者集团合并,当时为美国第二大投行的所罗门美邦成为花旗集团的投资银行及证券经纪部门; • 1999 年年初,所罗门美邦与日本第三大证券公司日兴集团(Nikko Cordial Group)合资成立了日兴所罗门美邦公司(Nikko Salomon Smith Barney limitied),后更名为日兴花旗集团有限公司(Nikko Citigroup Limited); • 2000 年,所罗门美邦收购 Schroders PLC 的投资银行业务; • 2006 年年底,花旗集团收购了日兴集团 61.1% 的股权。
苏格兰皇家银行	• 1995 年,NatWest 收购 Fielding,Newson-Smith Bisgood,Bishop County Bank Wood McKenzie; • 1998 年,苏格兰皇家银行收购 NatWest Markets; • 2007 年,通过对荷兰银行的分拆收购获得了其部分投资银行业务。
汇丰控股(HSBC)	• 1984 年、1986 年收购了詹金宝公司(James Capel & Co.)29.9% 和 70.1% 的股份(后更名为汇丰证券,HSBC Securities),为汇丰历史上为数不多的对证券公司的收购,时至今日,汇丰的证券业务较商业银行业务弱得多,主要仍然通过詹金宝公司来从事证券业务; • 2000 年年底,和美林合资建立了一家公司:Merrill Lynch HSBC,为可投资资产超过 10 万美元的个人提供网上银行和证券经纪业务。
巴克莱	• 1986 年,购买 de Zoete & Bevan 与 Wedd Durlacher,组成 BZW; • 1996 年,购得 Wells Fargo Nikko Investment Advisors (WFNIA),与 BZW 组成巴克莱全球投资(Barclays Global Investment); • 1998 年,BZW 部分被出售给瑞士一波,余下的债券业务成为了后来的巴克莱资本(Barclays Capital); • 2008 年,购得雷曼兄弟的核心业务。

续表

银行	发展投资银行业务的经历
德意志银行	• 1988 年并购了一家位于多伦多的投资银行 McLean McCarthy Ltd.； • 1989 年出资 15 亿美元收购了摩根建富公司（Morgan Grenfell & Co.）； • 1998 年 11 月 30 日,以每股 93 美元的价格收购了美国的信孚银行（Banker's Trust）。
瑞银集团 （UBS）	• 1997 年,瑞士银行集团收购 Dillon Read； • 1995 年,瑞士银行集团收购 S. G. Warburg； • 1998 年,瑞士联合银行（Union Bank of Switzerland）与瑞士银行集团（Swiss Bank Corporation）合并,成立 UBS； • 2000 年,UBS 合并 PaineWebber Group Inc. 成为世界最大的针对私人客户的财富管理者。
瑞士信贷	• 1978 年,和第一波士顿成立了合资公司:瑞士信贷第一波士顿金融公司（CSFB）； • 1996 年,完全合并一波； • 2000 年 8 月,以 115 亿美元从安盛保险集团（AXA）那里收购了美国著名投资银行帝杰集团（Donaldson, Lufkin & Jenrette,简称为 DLJ）。

资料来源:公司网站及维基百科。

3. 商业银行的投资银行业务

商业银行进军投资银行领域以来,凭借雄厚的资本实力、广泛的客户基础和无所不在的分销网络,获得了突飞猛进的发展,不断侵蚀传统投资银行的市场份额。如今,在股票及权益类工具的承销、债务工具（主要包括债券和银团贷款）的承销、企业财务顾问等传统的投资银行业务中,商业银行已经占据了超过一半的江山。

以债券承销为例,自 1999 年以来,全球前十位的承销商中,商业银行集团基本上占据了半数以上,2009 年这一业务的全球前十位中,有 8 家为商业银行。在这一业务领域里,排名前十位中的商业银行占全球市场份额也不断上升,从 1999 年的不到 40%,上升到了 2009 年的 69.6%,增长势头十分强劲(见图 2－10)。

从另外一个传统投行业务——股票及股票挂钩票据承销的情况来看,商业银行亦展现出不俗的竞争力,不断侵占传统投行的市场地位。

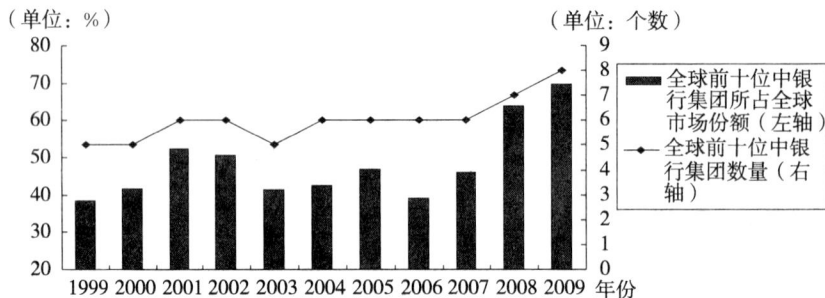

图 2-10 1999—2009 年全球债券承销商前十位情况

资料来源:彭博资讯。

1999 年到 2009 年的 11 年里,排在全球股票及股票挂钩票据发行前十位的机构中,商业银行集团占据半数或以上,在 2008 年甚至达到了 7 家之多。这些商业银行占全球市场的份额也不断增长,从 1999 年的 28.1% 上升到了 2009 年的 40.7%,其中,2008 年达到了 43.5%(见图 2-11)。

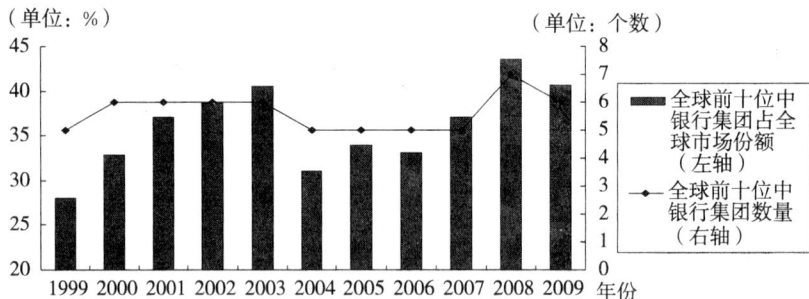

图 2-11 1999—2009 年全球股票及股票挂钩票据发行前十位情况

资料来源:彭博资讯。

4. 投资银行业务已经成为商业银行重要的收入来源

在本次金融危机中,美国的五大独立投资银行全军覆没,雷曼公司的倒闭更是引起了市场的极大恐慌,一度导致信贷市场几近冻结。

尽管人们现在仍把高盛等公司称为投资银行,事实上在最近几十年里,它们的业务范围扩充迅猛,已经远远超越了传统的投资银行业务(即证券的承销、经纪、财务顾问等)。将投资银行引向灾难的并不是传统的投资银行业务,而是那些一度备受褒扬的创新业务,传统的投资银行业务在金融危机中只受到轻微的创伤。

由于与资本市场的联系较为密切,投资银行业务时起时伏,但总体上来看较为稳定。自从联邦存款保险公司将投资银行业务列为一个单独的收入类别统计以来,它的表现相当出色。即使在危机严峻的2008年,美国银行业仍获得125亿美元的收入,在非利息收入中约占6%,仅比2007年下降11%(见图2-12)。

（单位：千美元）   （单位：%）

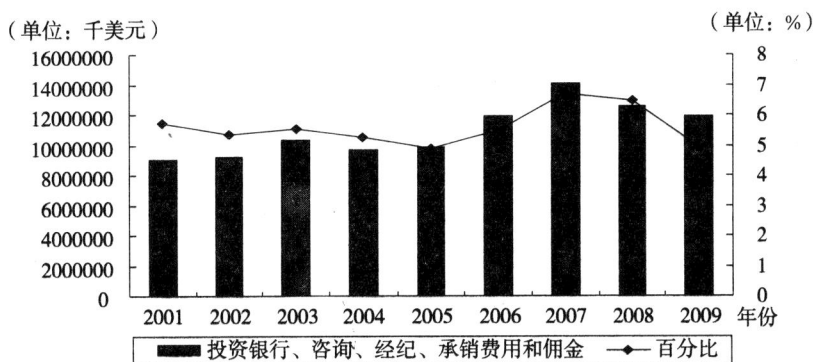

图2-12 美国银行来自投资银行业务的收入

资料来源:联邦存款保险公司,银行统计。

对于大型银行而言,投资银行业务则更加重要。自美国1999年《金融服务现代化法案》取消分业经营的藩篱以来,商业银行大举收购投资银行,成效显著。最近几年,美国前四大银行控股公司的投资银行业务产生的收入在非利息业务中的占比平均超过了20%,远高于整个行业的平均水平。投资银行业务对于花旗集团尤其重要。无论在经济高涨的年份,还是萧条的年份,投资银行均是最重要的收入来源之一。过去几年间,它对花旗集团的重要性持续上升,2007年已经贡献了将近一半的非利息收入。2008 年,花旗集团实现非利息收入 10 亿美元,很大程度上得益于投资银行业务的优异表现(见表 2-9)。

表 2-9 2004—2009 年美国前四大商业银行投行业务收入贡献

(单位:亿美元;%)

年份		2009	2008	2007	2006	2005	2004
美国银行	净利息收入	478.29	477.13	364.61	336.15	301.03	275.16
	非利息收入	625.50	284.25	289.74	389.01	263.71	214.12
	投资银行业务收入	155.82(55.65)	56.10	67.51	60.21	46.23	44.14
	投资银行业务收入/非利息收入(%)	24.91(8.90)	19.74	23.30	15.48	17.53	20.61
JP摩根大通	净利息收入	513.35	389.40	265.53	213.95	199.32	167.61
	非利息收入	484.85	267.52	450.60	410.93	363.18	263.80
	投资银行业务收入	108.4(79.36)	92.42	106.68	84.55	62.72	51.57
	投资银行业务收入/非利息收入(%)	22.36(16.37)	34.55	23.68	20.58	17.27	19.55
花旗集团	净利息收入	503.81	540.86	472.16	397.43	395.50	448.35
	非利息收入	321.10	9.95	335.72	483.62	423.77	406.21
	投资银行业务收入	84.39(83.96)	122.10	163.58	143.09	130.64	125.25
	投资银行业务收入/非利息收入(%)	26.28(26.15)	1227.14	48.73	29.59	30.83	30.83
富国银行	净利息收入	469.38	256.53	214.64	201.99	185.04	171.50
	非利息收入	415.43	161.99	176.50	153.42	144.86	129.18
	投资银行业务收入	73.25(39.45)	17.33	18.69	17.23	15.15	12.87
	投资银行业务收入/非利息收入(%)	17.63(9.50)	10.70	10.59	11.23	10.46	9.96

注:资料来源:各银行向美联储提供的 FRY 9C 表。

从 2007 年开始,美联储对 FRY 9C 表中的有关项目进行了调整,投资银行、咨询、经纪、承销费和佣金收入被分为(1)来自证券经纪业务的收费和佣金收入和(2)投资银行、咨询、承销费和佣金收入;本表 2007 年和 2008 年"投资银行业务收入"包括(1)和(2),为便于比较,2009 年括号中的数只包括(2)。

(二)商业银行和保险融合的情况

1. 银行保险的四种模式

银行与保险公司的结合在业界有个专有名词:银行保险,或者保险银行。银行保险(Bancassurance)一词来源于法语,也是 Bank 和 Insurance 的结合,在英语国家,它被称为 Bank Insurance,在德语中被称为 Allfinanz,从事保险业务的银行被称为银行保险业者(Bancassurer,或 Bank Insurer)。

银行保险可以区别为狭义和广义两种。在我国,人们通常所说的银行保险是狭义的概念,即通过银行的分销渠道销售保险产品,广义的银行保险则囊括了银行和保险结合的各种可能性。瑞士再保险公司(Swiss Re.)在 1992 年和 2002 年的报告中将银行保险定义为:"银行或保险公司采取的一种策略,意在以一种更一体化的方式提供金融服务";它"首先是不同的金融服务之间的跨行业联系(Inter-Linkage),其次是销售这些产品"。① 它的银行保险就是广义的概念,既包括银行销售保险产品,也包括保险公司销售银行的产品,既包括银行销售人寿保险产品,也包括银行销售非人寿保险产品,既包括分销渠道的共享,也包括股权的合作。

在银行保险的发展过程中,由于外部环境影响以及银行和保险公司自身的原因,形成了各种各样的模式,总结起来,银行可以通过如下几种模式进入保险业务,一种是基于销售的方式,即银行只作为保险公司的下游,销售保险产品,一种是基于股权的方式(见表 2-10)。这几

---

① 见 Swiss Re,sigma No. 2/1992:"Bancassurance:A Survey of Competition Between Banking and Insurance",p. 4.

种方式各有利弊,成功的要素各有不同。

表 2-10　银行保险的四种模式

模　式	说　明
分销合作模式	• 银行和保险公司达成单向或双向的合作协议 • 有助于增强银行与保险公司之间的合作力度,打造更为专业化和更加高效的销售团队
合资模式	• 银行和保险公司达成协议组建一个独立机构,利用保险公司的生产能力以及银行的分销能力 • 需要较长的投资期限
金融控股公司模式	• 创立一个独立法人机构,旗下分设保险业务分公司以及银行业务分公司——可以是全资的也可以是部分持股的
业务线一体化模式	• 银行为保险业务设立一条新的业务线 • 这种模式的保险销售激励机制比单一的经销协议更加协调一致,有助于银行把握客户的整个生命周期价值

资料来源:波士顿咨询公司(BCG)。

2. 保险业务在商业银行中的地位

银行一般从事两种类型的保险业务:即销售保险和承保(包括再保险),前者是保单的分销商(distributor),后者是保单的制造商(manufacturer),由此获得两种收入:经纪费用收入(brokerage fee income)和承保收入(underwriting income)。根据美国法规的要求,银行需向联邦存款保险公司(FDIC)、银行控股公司需向美联储定期报告详细的收入情况(即 FRY 9C 表)。从它们报告的情况来看,商业银行从事保险业务有如下几个显著的特点:

银行重销售不重生产,即大部分银行从事某种形式的保险销售业务,只有较少的银行自己制造保单。2008 年,在美联储认定的 879 家大型银行控股公司中[①],有 583 家(约占 66.3%)报告有保险销售收入,共约 118 亿美元,富国银行、花旗集团和 BB&T 处于市场领导地位。有 60 家(约占 6.8%)报告有承保和再保收入,共约 46.5 亿美元,花旗集团、美国

---

① 根据美联储的定义,"大型"是指合并报表资产超过 5 亿美元。

银行和汇丰控股(北美)处于市场领先地位(见表2-11)。

表 2-11 截至 2008 年年底前十大金融控股公司
保险收入及其在非利息收入中占比 (单位:千美元)

排名	控股公司名称	总保险收入	非利息收入	保险收入占非利息收入比例
1	花旗集团	3221000	995000	323.72%
2	富国银行	1830000	16199000	11.30%
3	美国银行	1822499	28424503	6.41%
4	BB&T 公司	928449	3058826	30.35%
5	汇丰控股(北美)	505906	6139536	8.24%
6	摩根大通公司	396000	26752000	1.48%
7	REGIONS FINANCIAL CO.	117982	2724092	4.33%
8	南 方 银 行 (BANCORPSOUTH INC.)	87072	286798	30.36%
9	阳光信托银行	75595	3312196	2.28%
10	HUNTINGTON BANCSHARES INC.	72625	866015	8.39%

资料来源:Michael White Associates。

银行销售保险产品获得的经纪费用收入增长迅速。过去几年,银行加大分销网络(包括物理分行和电子渠道)的建设,保险经纪费用收入大幅度增长。据 Michael White Associates 统计,2001 年,美国银行控股公司共报告 48.2 亿美元经纪费用收入,到 2008 年,已经增长到 118 亿美元,年均复合增长率达 13.6%(由于美联储调整了 FRY 9C 表的统计口径,以及其他一些因素,2008 年的数据可能低估了银行的保险经纪费用收入)(见表2-12)。

表 2-12   美国银行控股公司经纪费用收入

（单位：10 亿美元）

年份	2001	2002	2003	2004	2005	2006	2007	2008
经纪费用收入	4.82	5.66	8.10	9.35	10.98	12.13	12.26	11.80

资料来源：Michael White Associates。

总体而言,保险收入在银行的收入中并不占显著地位。2008 年,在向美联储报告有保险收入的银行控股公司中,保险收入占非利息收入比重的中位数是 6.8%,在最大的 50 家银行控股公司中,保险收入占非利息收入的平均比重是 8.31%,中位数是 18.7%。[①] 2007 年,上述数据分别为 6.6%、5.04% 和 13.4%。

在 FDIC 投保的近 7000 家银行中,保险收入占非利息收入的比重约为 2%,其中 90% 左右是经纪费用收入(见表 2-13)。

表 2-13   美国银行保险收入情况   （单位：%）

年份	2009	2008	2007	2006	2005	2004	2003
保险收入占非利息收入比重	1.39	1.99	2.06	1.98	2.18	2.26	1.85
保险经纪费用收入占保险收入比重	88.62	88.00	90.45	91.75	85.24	83.40	81.87

资料来源：FDIC,Banking Statistics。

汇丰银行是银保业务开展情况较好的银行,但净保险收入占其营业净收入的比重也不高,最高年份为 6.98%,最低仅为 0.76%,2004—

---

① 考虑到 2008 年多家银行控股公司的非利息收入降幅较大(主要是交易业务收入和资产出售),上述数据可能仍在一定程度上高估了保险业务对于银行控股公司的意义。例如花旗集团的保险收入是非利息收入的 3.2 倍。

2009年平均贡献仅为2.14%。2009年在信用卡、账户管理、基金管理、佣金收入、信用承诺收入以及保险收入等六项汇丰银行的收费服务项目中,保险业务收入的规模最低(见表2-14和表2-15)。

表2-14 汇丰银行的承保业务 (单位:百万美元;%)

年份	2009	2008	2007	2006	2005	2004
保费收入	10471	10850	9076	5130	4864	3652
业收入	78631	88571	87601	42209	37440	32890
保费收入/营业收入	13.32	12.25	10.36	12.15	12.99	11.10
赔付支出	−12450	−6889	−8608	−4365	−3716	−2953
净保险收入	−1979	3961	468	765	1148	699
净营业收入	39693	56745	61751	27895	26187	23437
净保险收入/净营业收入	−4.99	6.98	0.76	2.74	4.38	2.98

表2-15 汇丰银行的收费业务 (单位:百万美元;%)

年份	2009	2008	2007	2006	2005	2004
手续费总收入	21403	24764	26337	21080	17486	15902
银行卡(Cards)	4625	5844	6496	5708	4699	3987
账户服务(Accounts Services)	3592	4353	4359	3633	3132	2779
管理的资产(Fund under Management)	2172	2757	2975	2718	1831	1479
经纪收入(Broking Income)	1617	1738	2012	1354	1104	943
信贷便利(Credit Facilities)	1479	1313	1138	922	880	1179
保险(Insurance)	1421	1771	1836	1017	1082	1001
保险/手续费收入	6.64	7.15	6.97	4.82	6.19	6.29

资料来源:汇丰银行年报。

银行保险业务呈现"两极化"趋势。一方面,大型银行是银行保险业务的主导者。2008年,大型银行控股公司(不包括大都会人寿,它虽然登记为银行控股公司,但银行业务并不是主业)共获得与保险相关的收入108.8亿美元,其中最大的50家银行控股公司占比为92.4%,保险业务收入前三位的依然是花旗集团、富国银行和美国银行。另一方面,美国还出现了一些以销售保险见长的银行控股公司,例如,BB&T。2008年,BB&T保险收入占非利息收入的比例高达30%,2009年前3季度,保险经纪收入占非利息收入的比例高达26.69%。2007年,保险收入占非利息收入最高的50家银行控股公司中,平均比例为32.4%(见表2-16)。

表2-16　截至2009年第三季度美国银行控股公司保险经纪收入

（单位:千美元;%）

排名	控股公司名称	保险经纪费用收入	非利息收入	比例
1	富国银行公司	1382000	30711111	4.50
2	花旗集团	771000	37427184	2.06
3	BB&T公司	699922	2622413	26.69
4	美国银行	367303	48973733	0.75
5	摩根士丹利	115000	16911765	0.68
6	GMAC INC.	106000	8153846	1.30
7	DISCOVER FINANCIAL SERVICES	95495	3459964	2.76
8	美国运通公司	84746	13892787	0.61
9	REGIONS FINANCIAL CO.	83999	2790664	3.01
10	高盛公司	80000	9876543	0.81
11	摩根大通公司	65000	28260870	0.23
12	BANCORPSOUTH, INC.	63664	196131	32.46

资料来源:Michael White Associates。

3. 大型商业银行剥离保险业务的情况

总体上来看,大型银行进军保险业务并不成功,尤其是和它进军投资银行相比，更是如此。在经历过 21 世纪初的银行和保险公司的合并浪潮后，最近几年来，全球银行保险出现了"退化"的情形，一些银行纷纷出售自己的保险子公司或者承保业务，而专营销售，个别保险公司也出售原来拥有的银行，专营承保业务。在美国，花旗集团、JP 摩根大通均出售了承保业务，在欧洲，德意志银行将其拥有的 Deutscher Herold GA 保险子公司出售给了瑞士的苏黎世金融服务公司（一家保险公司），荷兰银行、瑞士信贷集团、Nordea 银行（北欧最大的银行）均剥离了自己的保险公司（见表 2 - 17）。同样地，Legal and General Assurance Society Ltd（保险公司）则剥离了自己的银行子公司 Legal and General Bank。2009 年，安联保险出售了所持有的德累斯顿银行的股份。

表 2 - 17　银行、保险公司分离的主要案例

时间	卖方	机构（业务）	买方
2001 年 12 月	花旗集团	旅行者财险公司	IPO
2005 年 1 月	花旗集团	旅行者人寿保险公司	大都会人寿保险公司（Metlife）
2006 年 2 月	JP 摩根大通	Chase Insurance Group	Protective Life Corporation
2002 年 4 月	德意志银行	Deutscher Herold AG（保险）	Zurich Financial Services（保险）
2002 年 9 月	Nordea（银行）	Tryg-Baltica, international forsikringsselskab A. S（保险）	Tryg i Danmark smba（TiD）（保险）
2002 年 10 月	荷兰银行	保险业务	Avia PLC（保险）
2003 年 9 月	瑞士信贷集团	Churchill Insurance Group PLC（保险）	苏格兰皇家银行集团（银行）
2003 年 10 月	瑞士信贷集团	丰泰保险（意大利）	Compagnia Assicuratrice Unipol SpA（保险）

续表

时间	卖方	机构(业务)	买方
2006 年 6 月	瑞士信贷集团	丰泰保险公司	法国安盛保险公司(AXA)
2004 年 8 月	葡萄牙商业银行	Seguros e Pensoes Gere SGPS(保险)	富通集团(Fortis)
2005 年 4 月	爱尔兰联合银行	Ark Life Assurance(人寿保险)	Hibernian Life Holding(保险公司)
2009 年 9 月	安联保险	德累斯顿银行	德国商业银行

资料来源:作者整理。

(三)商业银行开展其他非银行金融业务的情况

除了投资银行业务和保险业务以外,西方国家商业银行还普遍从事信托和租赁业务。我国实行银行和信托业务分离的政策,但从传承上来看,银行业务和信托业务有十分密切的关系。在日本,信托业务从来是银行的一个重要组成部分,信托银行(Trust Bank)是日本金融体系重要的组成部分,即使在日本被美国当局控制的时候。在美国,即使大萧条后出台的确定分业经营法律基础的《格拉斯—斯蒂格尔法案》也未禁止银行从事信托活动。在美国银行的非利息收入中,来自信托活动(fiduciary activities)的收入是一个重要的组成部分,在过去 17 年间稳定上升,2008 年为 285 亿,约占非利息收入的 15%(保持了与非利息收入类似的升幅)(见表 2-18)。

表 2-18　美国银行租赁和信托业务收入　　　(单位:%)

年份	2009	2008	2007	2006	2005	2000	1995	1992
融资租赁收入占利息收入比重	1.36	0.85	1.12	1.34	1.70	2.45	1.22	1.49

续表

年份	2009	2008	2007	2006	2005	2000	1995	1992
信托业务收入占非利息收入比重	10.09	14.71	13.34	11.59	11.81	13.86	14.93	15.25

资料来源：FDIC，Banking Statistics。

美国的大型银行多和信托业务有极深的渊源。1919年，当立法认可国民银行从事信托业务之后，花旗银行迅速组建了自己的信托部闯入信托业务领域。1929年4月，花旗银行与纽约第四大信托公司农民贷款与信托公司（Farmers' Loan and Trust Company）合并。2006年11月，美国银行以33亿美元收购超过150年历史的美国信托公司（The United States Trust Company）。JP摩根大通银行的前身JP摩根和大通银行均收购过信托公司，1959年4月，JP摩根公司与纽约担保信托公司（Guaranty Trust Company of New York）合并成立摩根银行；1930年，约翰·D.洛克菲勒（John D. Rockefeller Jr.）将大通银行并入旗下的公平信托公司（Equity Trust Company），但名称仍沿用大通银行（Chase Bank），并从此成为洛克菲勒财团的金融中心。

比较而言，融资租赁业务对银行的重要性低得多，而且呈现收缩态势。2009年，美国银行融资租赁收入约65亿美元，占总利息收入的1.36%，其中资产超过10亿美元的银行获得的租赁业务收入占全行业租赁收入的96.14%，基本形成垄断格局。

20世纪80年代以来，随着监管的放松、科技进步以及经济全球化，西方国家金融业混业经营渐成趋势，银行、证券和保险公司发生了多起规模庞大的并购，金融业之间的联系和合作愈加密切。但混业经营并非一帆风顺，而是历经波折。时至今日，不同的金融子行业的融合程度亦不相同，有的"情同手足"，有的则"貌合神离"。

总体来看，银行和证券的融合较为成功，商业银行通过有机增长和并购,已经成为证券服务的主要提供者,可以为客户提供信贷、承销、经纪、咨询等"一站式"服务,竞争力大增。现在,投资银行业务已经成为大型商业银行重要的收入来源。对有些大型银行(如德意志银行),投资银行业务贡献了超过一半的利润。随着美国五大独立投资银行在金融危机中或破产、或被收购、或转型为银行控股公司,独立的投资银行公司不仅数量寥寥,势力亦江河日下。

银行和保险公司的融合则难言成功,许多大型银行被收入来源多样化所诱曾投巨资发展保险业务,但由于未达到预期的效果,又被迫剥离保险业务。银行和保险公司在销售方面的合作(即狭义的银行保险)成功的案例较多,承保业务在收入中占据较大比例的大型银行并不多见。

从领先银行的经验来看,并购是其在一个新领域迅速确立优势的主要方式,很少有一家大型银行纯粹依靠有机增长来发展投资银行或保险业务。华尔街有句名言,"如果不能击败他,那么就收购他"(if you could not beat them,buy them),它被许多银行奉为圭臬。

三、中国金融混业经营中的几个主要问题

我国试点混业经营的时间较短,范围有限,规模不大,尽管存在一些不尽如人意的地方,但目前尚没有出现大的问题。从国外混业经营的理论和实践来看,我国下一步深化混业经营可能面临以下几个主要问题,须未雨绸缪。只有妥善解决这几个问题,才能为我国金融业混业经营奠定坚实的基础。

(一)"大而不能倒"的问题

长期以来,由于实行混业经营的金融机构都规模巨大,对于社会经济具有举足轻重的影响力,人们普遍相信大型金融机构一旦倒闭,会给整个经济带来不可估量的震荡。所以为了社会经济的稳定,政府必须

采取措施维持这些机构,即使它们已经资不抵债,也就是所谓的"大而不能倒"(too big to fail)。但另一方面,大型金融机构以利益最大化为运营目的,当他们知道有政府为自己托底,就可以放心地参与高风险交易,在获得高额回报的同时使得自身陷入危机的风险大大增加。只要系统性重要机构继续存在,就难以避免道德风险的发生,从而危及整个系统。

改革开放三十多年来,我国在金融多元化方面取得了极大的成就,国有商业银行独霸天下的局面不复存在,已经基本形成了银行、保险和证券为主,其他金融机构并存的格局。由于历史原因,在银行、证券和保险类机构中,均存在大型机构主导的局面。例如,我国五大国有商业银行占有超过50%的市场份额,它们合计的资产规模甚至超过我国GDP,吸收了我国居民超过一半的储蓄。也就是说,我国金融业也存在"系统性重要的金融机构"。银行、保险和人民生活息息相关,而我国存款人缺少类似国外的"存款保险"的保护,如果这些金融机构发生意外,将给国家带来不可估量的损失,因此属于"大而不能倒"的机构。

从金融业固有特征和发展的历史来看,出现"大而不能倒"金融机构有其必然性,过于分散的市场结构既不利于金融业本身的发展,也难以有效地参与国际竞争和支持本国经济发展。历史上,许多国家为了增强金融的竞争力,甚至有意培养金融"国家冠军"。

改革开放以来,我国两次较大规模地救助大型金融机构,但没有形成一套制度或者法律。最近几年,我国监管机构尝试了一些分类监管的措施,对"大而不能倒"的金融机构提出额外的监管要求,但还需深入研究和完善。

(二)交叉风险传染的问题

从国外的经验来看,混业经营的一个潜在问题是风险交叉传染。如果风险隔离措施不当,可能因一个子公司或业务的失败,连累其他子公司/业务,甚至整个集团。巴林银行的倒闭、AIG陷入破产的边缘都是因为个别子公司/业务的风险管理失控导致集团风险的例子。

交叉风险传染可能来源于三个方面：

第一,因业务关系导致风险在集团内部传染。内部交易可以有效降低交易成本,使价值链上的附加价值不外溢,因而是混业经营的优势之一,也是金融机构追求混业经营的目的之一。在金融业的内部交易中,银行由于资金实力庞大通常扮演集团成员资金提供者的角色。在次贷危机前,银行向集团自有的对冲基金、私募股权基金提供资金支持(直接提供贷款或者担保),导致对冲基金和私募基金的风险很快传染到银行。银行各种类型的业务具有不同的风险特征,代理业务风险最低,信贷业务次之,高杠杆的衍生产品交易业务风险最高。当银行为衍生产品提供融资或者代理销售衍生产品时,交易业务的风险会在集团内部传染。

第二,因股权关系导致风险在集团内部传染。混业经营机构的股权关系复杂,有些机构出于将尽可能多的收益留存在集团内部的想法,大量交叉持股,导致个别业务的风险未能有效地分散出去。个别子公司的经营出现问题时,集团内其他持股成员的利益将不可避免地受到损害,进而导致集团的收益出现较大的波动。

第三,因共用品牌而导致声誉风险在集团内部传染。混业经营机构为了树立市场形象通常会进行一定程度的品牌整合,旗下多个子公司/业务共用一个品牌虽然可以获得"一荣俱荣"的好处,但也容易导致"一损俱损"的问题,个别子公司/业务的经营失败或者不当行为会被市场"扩大"为整个集团的问题,从而使集团的市场形象蒙污,影响其他子公司/业务的拓展。

(三)有效监管问题

1. 法律滞后和法律缺失并存

目前,关于金融业混业经营的规定主要体现在"十一五"规划纲要中,即"完善金融机构规范运作的基本制度,稳步推进金融业综合经营试点"。这是目前国内首次提出"综合经营试点"的国家级文件。现行《商业银行法》《证券法》《保险法》均有关于银行业、证券业、信托业、保险业实行分业经营、分业管理的明确规定。当然,上述法律同时也做了"国家另有规定的除外"的例外规定,为以后混业经营预留了立法及管理空间。但是,现实中"集团混业、经营分业"的金融业混业经营模式已经大量涌现并蓬勃发展,纯粹型金融控股公司模式是我国金融机构超越分业经营限制从事金融业混业经营的合法选择,在传统的分业监管框架下,目前金融控股公司尚难以找到明确的法律依据,法律地位一直不明确,对其混业经营活动依然实施严格分业监管。监管法规与金融实践的不协调,不仅限制了混业经营机构自身的发展,制约混业经营协同创新作用的发挥,也不利于有效监管和控制金融风险。从加强金融监管、控制金融风险的角度来看,亟须用法律手段规范金融控股集团的发展和运营。

2. 试点开放和法律限制并存

最近几年,我国虽然推动混业经营试点,但由于政出多门,许多法规事实上限制了商业银行开展混业经营。《证券投资基金法》第二十八条规定,基金托管人与基金管理人不能相互出资或持有股份;第五十九条规定基金财产不得投资买卖基金托管人发行的股票或者债券,也不得投资买卖与基金管理人有控股关系的股东发行的证券。这些规定不利于充分发挥银行与基金管理公司的协同效应。

在租赁业务方面,由于不允许母行对租赁子公司提供融资,不利于商业银行充分发挥自身资金优势和业务协同效应。此外,对金融租赁公司在境内保税区设立项目公司和在境外设立 SPV 的限制,抑制了商业银行租赁业务的发展壮大。

在投行业务方面,商业银行境外投行子公司难以取得国内投行牌照,不能提供牌照类业务服务,无法充分满足客户的多元服务需求。

3. 监管交叉和监管真空并存

我国目前实行分业监管的制度,银监会、证监会和保监会分别负责银行、证券和保险机构的监管，金融业实现混业经营后，并表监管成为监管者监管混业经营机构的主要方式，例如，银监会不仅要监管银行的银行业务和机构，还对它们的非银行业务和机构负有一定的监管责任。监管交叉的问题十分突出。由于各个监管机构的监管标准、要求、手段和工具等不完全一致，因此，大型金融机构普遍感到监管负担较重。

最近几年，各金融机构加大了金融创新的力度，许多产品涉及不同的业务范畴，难以明确地归为某一类业务，因而难以确定监管者。因而存在一定程度的监管真空问题。监管真空为金融机构打"擦边球"提供了空间，更重要的是，它一方面会导致不同机构在这些业务领域的无序发展与过度竞争，另一方面可能导致风险失控，从而带来全局性的不利影响。

四、防范中国金融混业经营风险的对策

（一）稳步推进混业经营

如前所述，混业经营势不可挡，我国金融业只有适应这个潮流，才能在日益激烈的国际竞争中生存并发展壮大。最近发生的金融危机也表明，实行混业经营的金融机构具有更强的应变能力。我国过去几年试点的经验也表明，只有采取恰当的策略和有效的监管，混业经营才会稳健发展。考虑到我国的经济发展水平、金融机构的风险管控能力、金融业务的属性、监管机构的管理水平等，我们应在充分评估各类金融业务和机构的基础上，稳步推进我国的混业经营。

在科学、审慎地评估各类业务的风险以及潜在协同效应的基础上，对具有不同特征的业务制定差异化的开放政策：一是全面开放与主业高度相关且风险可控的业务；二是对与主业比较相关，风险基本可控的业务，在试点的基础上逐步推进；三是对与主业比较相关，但风险程度较高或者与主业相关度不高，但风险基本可控的业务，在小范围内试点；四是对于与主业相关度不高，且风险程度较高的业务则应限制开放

或暂不开放。

　　选择公司治理机制完善、风险管理基础扎实、并表管理能力突出、资本充足、IT系统完备、具备一定人才优势的大型机构，在审慎监管的前提下，允许它们先行先试。在积累一定经验后，再考虑下一步的推进策略。

　　银行是我国金融业的主体，大型银行管理相对完善、规范，应允许它们在更大范围内开展混业经营，其他非银行金融机构则在规范的基础上有限地开展混业经营，小型机构和管理不够完善的机构应禁止开展混业经营。

（二）建立适合我国国情的监管体系

　　对以金融业务为主的经营型金融控股公司，实行主监管制度。根据母公司的业务性质，在银监会、保监会和证监会三家监管机构中，确定一家为主监管机构，负责对混业经营机构的所有业务和风险进行并表监管，确保混业经营机构的资本充足和公司治理良好；其他两家监管机构按照分业监管原则负责对附属机构的监管，确保附属机构按照行业监管标准审慎经营。以这一监管分工原则为基础，主监管机构和辅监管机构分别在不同层面上，持续地实施市场准入，非现场监测和现场检查等具体监管活动。

　　在主监管机构和辅监管机构之间签署监管备忘录，以解决监管交叉和监管空白的问题，目前我国在银监会、证监会和保监会之间已有类似安排，要以此为基础，根据混业经营的发展情况，对这一机制进一步完善。

　　对纯粹的金融控股公司和非金融业务为主的经营性控股公司，由人民银行作为主协调人，赋予特定的协调权力。一方面维护人民银行在金融稳定方面的特殊权威性，使协调责任更加明确，协调事项更易操作；另一方面加强对控股公司的并表监管，尤其是对各子公司之间的关联交易以及财务状况实施重点监管，从而降低金融控股公司的风险。对控股公司下属的各金融子公司，按照业务属性分别由银监会、证监会和保监会来监管。

(三)加强混业经营的全过程监管

设置严格的市场准入门槛。对混业经营机构的各项业务做出具体、严格的市场准入资格和实质条件规定,构建一套衡量金融机构开展混业经营业务能力和风险的指标体系,对不同机构加以分类,实行有区别的分类管理和准入。

建立公开透明的业务核准制度,明确开展混业经营新业务的市场准入资格和必要条件。对金融机构的申报材料进行审查,对经营和管理资质进行评估,已批准开展新业务的机构名单应及时公示,接受市场监督。

建立全面的风险评估制度。建立覆盖混业经营机构表内外业务的全面风险监测体系。严格防控表外风险转化为表内风险,实时监测混业经营机构关联业务条线/单元之间的"防火墙"隔离效果,针对性地开展全面风险评价和持续监管,确立风险评估制度,构建风险预警机制。

建立有效的退出机制。建立科学的混业经营绩效评估体系,对混业经营的实际效果及时加以评估,对未达到预期目标,风险管控不力的金融机构,应予以警告或停业整改。

(四)尽快制定《金融控股公司法》

立法是混业经营发展和监管的重要前提条件之一。美国在1999年颁布了《金融服务现代化法案》,规定了金融控股公司的设立条件、业务范围和监管安排。其他国家也是坚持立法先行,英国2000年颁布了《金融服务和市场法案》,韩国2001年颁布了《金融控股公司法》,日本和我国台湾地区都有专门法律。总体看,这些国家对金融控股公司的立法在很大程度上促进了这类机构的稳健经营和迅速发展。

目前,我国并未明确混业经营的法律路径,其结果是既有金融机构控股的情况也有非金融机构控股的情况,既有发展良好的公司也有隐藏巨大风险的公司,既存在监管交叉也存在监管空白。这种立法严重滞后的现状对于金融机构混业经营是非常不利的,长期下去也会形成大量风险而影响整个金融体系。我们不宜再走"机构打擦边球——政府默许和观望——制定法律——逐步推广"的老路,而应该首先为混业经营(主要是金融控股公司)立法。建议抓紧起草《金融控股公司法》,在法律的规范和指引下,由市场主体自主选择混业经营的发展战略。

(五)防范金融机构"大而不能倒"

改进"大而不能倒"机构的风险管理。大型金融机构会否发展到倒闭的危险境地,很大程度上取决于其自身的管理能力。如果管理得当,就可以既获得规模变大后带来的好处(例如规模经济),又没有倒闭的风险。因此,大型机构在规模扩张的时候要将风险控制放在首位,尤其是进行大型并购的时候,要充分考虑规模急剧扩张给管理带来的挑战。

加强对"大而不能倒"机构的监管。对"大而不能倒"机构,除继续完善并表监管外,还要采取以下措施,加强日常监管和持续监管。一是在资本、流动性、风险管理等方面,对大型机构提出更加严格的要求,进行严格的压力测试。二是对此类机构强化现场检查和风险监测,增强对大型机构的监管力量。三是采取隔离措施,严防风险在不同业务间传染。四是加强对系统性风险的宏观审慎监管,包括建立更高级别的系统性风险监管机构或加强金融监管部门与宏观经济管理部门的沟通与合作。

建立"大而不能倒"机构的退出机制,降低"大而不倒"机构出现问题时给市场带来的冲击。一是建立此类机构的"瘦身"机制,在出现风险隐患时,要求相关机构制定应急处置方案,明确一旦出现危机,如何通过出售子公司或资产取得应急资金,以确保经营困难时有序退出。二是尽快研究建立存款保险制度,为存款人提供基本的保障。三是建立促使经营者、股东和债权人分担风险的破产安排,使面临困难的"大而不能倒"机构能够有序清算。

（六）加强银行内部风险管理

从国外的经验来看，银行将是我国混业经营的主体，它们管控风险的能力，将在很大程度上决定我国金融业混业经营的成败。国外和我国 20 世纪 90 年代之前的经验都表明，混业经营是柄双刃剑，如果管理不当，可能给银行带来致命的伤害。我国银行在选择是否开展混业经营，以及开展何种业务时，必须把风险放在首位。监管机构在审核混业经营申请时，要以银行的风险管理水平高低作为最重要的考量因素，对于风险管理能力弱的银行，对其混业经营应予以限制或者只允许从事风险较小的业务。我国银行在管理与混业经营相关的风险时，要重点做好以下工作：

第一，选择恰当的组织架构作为风险防范的基础。银行混业经营的实践表明，无论选择全能银行还是控股公司形式，在风险控制方面的作用没有明显差异，且都有成功的实践者。但一般认为子公司和金融控股公司加上防火墙措施更容易控制风险，降低利益冲突。例如，在次贷危机中，虽然同为混业经营模式，加拿大、瑞典、比利时等采用独立子公司的混业经营形式的国家金融稳定状况好于采用全能形式的瑞士、德国、法国、意大利，其中可能有混业经营形式差异的作用。实践也表明，这种分立模式的关键又在于真正做到以下方面的隔离：分离的董事会和董事，分离的会计系统，分离的雇员和管理人员，分离的损失承担。这种分离能够更好地发挥防火墙作用，同时保留混业经营的优势。

第二，以商业银行为核心开展混业经营。至少在未来几年内，我国银行的业务和收入仍将主要集中在银行业务，非银行业务仍将处于从属和相对次要的位置。银行在开展混业经营时，要认真研究各业务之间的协同效应，要围绕着银行的核心业务拓展混业经营，避免盲目扩大业务范围和规模。要本着"先代理、后自营"，"先核心、后外围"的原则，逐步开展混业经营。对于与银行业务协同效应差且风险较难掌控的业务,应坚决予以回避。在目前阶段,也可以考虑采取比例限制的模式,对银行的非银行业务加以限制。

第三,加强防火墙建设。要按照业务独立、财务独立、人员独立、营业场所独立的原则,在银行母公司和非银行子公司之间,以及非银行子公司之间建立防火墙,避免个别子公司经营不善波及整个集团。监管机构在审核银行混业经营的申请时,应把防火墙建设的状况作为核心要素之一。为了避免同一股东控制下各子公司之间隐埋和转嫁风险,可以要求非银行子公司引入一定比例的其他股东。

第四,处理好各类角色的关系,将利益冲突降到最低。混业经营以后,银行可以在金融交易中担任多种角色,不仅可以为客户提供信贷、清算等传统的服务,还可以提供投资顾问、交易支持等,将不可避免地存在利益冲突,例如信贷和资本市场融资具有替代性,保险、理财产品和储蓄具有替代关系,银行需要做出取舍。尤其严重的是,银行可能会为了自身的利益损害客户的利益,例如将不具备贷款条件的企业包装,从资本市场融资(银行获取承销费用收入)。次贷危机前,因为可以将按揭贷款证券化,银行因此降低了信贷的标准。银行应从客户利益至上的理念出发,避免损害客户利益并最终损害银行声誉的事件发生。

附录:花旗混业经营的案例研究

自创立以来,花旗即以敢于创新、尤其以不断突破监管限制而闻名银行界,1997年,花旗公司(Citicorp)与旅行者集团合并,成立花旗集团(Citigroup),突破了当时分业经营的限制,受到业界欢迎,是美国1999年通过《金融服务现代化法案》,取消分业经营藩篱的直接诱因。"一站式"金融服务、"金融超市"的理念风行天下,仿效者甚众,似乎成为了银行业新的模式。

罗贯中在《三国演义》的结尾说"天下大势,合久必分",用这句话来概括花旗最近十几年的发展,再恰当不过。2009年1月16日,在金融危机的冲击下,处于风雨飘摇中的花旗集团宣布分拆计划,将自己分拆为花旗公司(Citicorp)和花旗控股(Citi Holdings)两个营运单元,其中花旗公司持有原花旗集团的核心资产,约为1.1万亿美元,花旗控股则为待售的非核心资产,约为8500亿美元。

一、花旗分拆的主要内容

事实上,花旗集团大规模的分拆计划并非始于2009年,早在2007年年底潘伟迪(Vikram Pandit)担任董事长伊始,即有"瘦身"计划,作为重振花旗,减少风险承担的一个组成部分。根据他宣布,计划在2—3年内将5000亿非核心资产削减至1000亿美元以下。但是未公布详细的计划。从那时开始,花旗即寻找买家,出售业务,但由于金融危机肆虐,金融机构和投资人自身难保,因此,花旗出售资产的行为并不成功,只出售了德国的零售银行业务。

2009年1月16日,花旗集团进一步明确了分拆计划,即将分拆成花旗公司和花旗控股两个营运单元。值得注意的是,分拆后的两个部分并非独立的法人实体,只是营运独立,均在花旗集团的资产负债表上。① 分拆后,在花旗集团已工作逾25年,此前为全球财富管理主管的Michael Corbat担任花旗控股临时执行长,4月6日被任命为正式执行长。

(一)花旗公司

根据分拆计划,花旗公司包括全球机构银行和零售银行两大部分,约有资产1.1万亿美元,资金来源中约65%为存款。据潘伟迪表示,按比例计算,花旗公司2008年的盈利超过100亿美元,其目标是贡献80%的盈利。

全球机构银行(Global Institutional Bank)包括:全球交易服务,在

---

① 花旗的做法和苏格兰皇家银行类似,根据重组计划,苏格兰皇家银行将约20%(2400亿英镑)的资产剥离到一个非核心部门(Non-core Division),准备在未来3—5年内处置。

约 140 个国家的分支机构;公司和投资银行,包括咨询、承销、贷款和做市服务,将重点关注低风险业务;花旗私人银行,据花旗估计,全球最富有的人中有 30％为其客户。

零售银行(Retail Bank)包括:全球的冠名银行卡(Branded card businesses);在美国、亚洲、拉美、中东欧和中东的消费和商业银行业务(consumer and commercial banking franchises)。

(二)花旗控股

花旗控股主要包含被视为非核心、在某种程度上与核心业务竞争的业务,约为 8500 亿美元,以及 11 月时获得了政府援救计划支持的 3010 亿美元资产。具体而言,包括:第一,经纪和资产管理部门,包括摩根士丹利美邦(Morgan Stanley Smith Barney)中 49％的股权,日兴证券(Nikko Cordial Securities)、日兴资产管理公司(Nikko Asset Management)和普瑞玛瑞卡公司(Primerica Financial Services)。第二,当地的消费金融业务,包括美国的 CitiFinancial 和 CitiMortgage,以及在西欧、日本、印度、墨西哥、巴西、泰国和中国香港的消费金融业务。第三,特殊资产池,包括与美国政府达成损失分担协议涵盖的资产,以及其他非战略性资产。

二、花旗与保险的结合与分拆

在 1998 年与旅行者集团合并之前,除了在有限的范围内销售保单以外,作为银行控股公司的花旗公司本身并无太多的保险业务,尤其是承保业务。花旗集团的保险业务(包括承保和销售)几乎全部来自旅行者集团。

但是,保险业务(尤其是承保业务)并未能长久地留在花旗集团,2001 年 12 月 19 日,花旗集团宣布剥离全资拥有的子公司旅行者财险公司(Travelers Property Casualty Corp.),剥离方式是通过 IPO 发行最高达 20％的股份,并逐步将剩余的股份出售给花旗集团的股东。花旗集团的董事 Robert I. Lipp 继续担任旅行者财险公司的主席兼 CEO。花旗集团仍然销售旅行者财险的产品,双方还达成一个管理协议,由花旗继续为旅行者财险公司提供投资建议和其他服务。花旗集团的桑迪·威尔认为"除了使花旗集团能够将资源更多地集中于全球金融服务增长更迅速的领域以外,是次剥离还创造了一个独立的领先公众持股财产保险公司"。

2002年8月21日,旅行者财险完成IPO,募集资金39亿美元,成为美国历史上第六大IPO。2004年,旅行者财险与圣保罗保险公司(St. Paul Cos.)合并,交易价值为179亿美元,改名为圣保罗旅行者公司(St. Paul Travelers Cos.)。

剥离旅行者财险公司只是花旗告别保险业务的第一步,2005年1月31日,花旗集团和大都会人寿保险公司(Metlife)宣布了一项并购协议,由大都会人寿以115亿美元的价格购买花旗集团的子公司——旅行者人寿保险公司(Travelers Life and Annuity)①,以及花旗集团除墨西哥以外的全部国际保险业务,包括在英国、比利时、澳大利亚、巴西、阿根廷和波兰的全资子公司,以及在日本、中国香港的合资公司和在中国的代表处。

值得注意的是,出售旅行者并不意味着花旗集团根本就不做保险业务了,而是不直接从事承保业务。根据花旗集团与大都会人寿公司达成的协议,首先花旗集团将取得大都会人寿公司10亿—30亿美元的股票;其次,大都会人寿公司与花旗集团签订了为期10年的产品销售协议,所罗门美邦、花旗银行的分行和普瑞玛瑞卡都将销售大都会人寿的保险产品。最终,出售旅行者人寿保险公司使得花旗集团取得了10亿美元大都会人寿公司的股权和108.3亿美元的现金。2006年7月,花旗出售了大都会人寿公司的股票。

2007年2月初,花旗宣布将其商标:红色的小雨伞出售给圣保罗旅行者公司,重新使用"Citi"的商标,圣保罗旅行者公司也宣布

①　旅行者人寿保险公司在花旗集团的地位相对并不重要,2004年,它的总收入为52亿美元,净收入为9.01亿美元,总资产为960亿美元。

在交易完成后将改名为旅行者公司(The Travelers Cos.)，这样，红色的小雨伞重新回到了旅行者公司。在作为旅行者集团的商标时，红色小雨伞与"有伞保护更安全"(You're better off under the umbrella)共同构成了旅行者集团的标志，在与花旗公司合并后，红色小雨伞被保留了下来，但口号被抛弃。有趣的是，圣保罗旅行者公司的主席兼CEO Jay Fishman 在旅行者集团仍为花旗集团的子公司时就为旅行者财险公司的高管，于2001年离职，就任圣保罗公司CEO。

根据花旗集团2009年宣布的分拆计划，普瑞玛瑞卡公司被置于抛售之列。普瑞玛瑞卡是花旗集团内销售保险和共同基金的业务单元。它是花旗集团创始人桑迪·威尔手创旅行者集团时的重要平台，原为杰拉德·特赛集团(Gerald Tsai)所为，1988年为桑迪·威尔收购，是桑迪·威尔最早收购的公司之一，也是它打造保险帝国的起点。1992年普瑞玛瑞卡公司收购了当时美国第六大保险公司：旅行者公司(Travelers Corporation)27%的股权，并在1993年9月收购了剩下的股权后将公司名称改为旅行者集团。

三、花旗与投资银行的结合与分拆

由于《格拉斯—斯蒂格尔法案》禁止商业银行从事投资银行业务，花旗银行长期以来并没有投资银行业务经验。它能够如此迅速地建立起全球最大的投资银行部门得益于1998年与旅行者集团的那次震惊世界的大合并。与保险业务不同的是，在花旗集团成立以后，保险业务"只出不进"，而投资银行业务却"只进不出"。

桑迪·威尔出身华尔街，最早的职业即为股票经纪人，早在20世纪70年代，他所创立的CBWL公司(Cogan, Berlind, Weill & Levitt)[①]连续通过

---

① 在华尔街，它被称为"莴苣加腌牛排"(Corned Beef With Lettuce)，因为后者的简写也是CBWL。

兼并比自己规模大得多的海登·斯通（Hayden Stone，Inc）、西尔森·汉密尔（Shearson Hamill）及利博·洛兹（Loeb Rhoades）等公司使自身规模连续翻倍，并在 70 年代末成为华尔街第二大经纪公司。

1988 年，再度创业的桑迪·威尔收购了杰拉德·特赛集团属下的美邦公司（Smith Barney）①，进入股票经纪业务领域。1992 年，旅行者集团从美国运通公司赎回了西尔森公司，并将其与美邦公司合并。1997 年 11 月，旅行者集团出资 90 亿美元收购了所罗门公司（Salomon），并将其与美邦公司合并成立所罗门美邦公司（Salomon Smith Barney），新组建的所罗门美邦一跃成为美国第二大投资银行并在美国和国际债券发行业务方面处于领先地位。

新组建的所罗门美邦公司拥有一千多位投资银行家，分布在世界 100 多个国家和地区以及 22 个办事处，为全球的企业和政府等提供咨询及投资服务。同时，所罗门公司的加盟使花旗集团成为全球主要的投资银行，提供涵盖全球资本市场所有活动的投资银行服务，包括证券承销、融资咨询、投资咨询以及投资性研究报告等。

2003 年 4 月 7 日，花旗集团宣布所罗门美邦不再作为它的企业金融与投资银行的品牌名称，投资银行部门改名为"花旗集团环球金融"。原所罗门美邦财富管理与股票研究业务则以"美邦"的品牌继续经营，"所罗门"的名字将只用于花旗资产管理公司下属的某些基金。

花旗集团成立后将投资银行业务国际化发展的重点放在了世界第二大资本市场——日本。1999 年年初，所罗门美邦与日本第三大证券公司日兴集团（Nikko Cordial Group）合资成立了一家新的证券公司——日兴所罗门美邦公司（Nikko Salomon Smith Barney Limitied）。新公司主要将日兴集团的子公司日兴证券（Nikko Cordial Securities）在日本销售和交易、投资银行以及为机构客户提供研究服务等部门与所罗门美邦在日本的

----

① 美邦公司成立于 1938 年，其前身是成立于 1873 年的 Barney & Co. 和成立于 1892 的 Smith & Co.。

业务部门合并。在新公司中,日兴集团占51%的股份,所罗门美邦占49%的股份。随着所罗门美邦的消失,2003年日兴所罗门美邦公司更名为日兴花旗集团有限公司(Nikko Citigroup Limited)。

2006年12月,日本监管机构披露了日兴集团伪造利润的会计丑闻,日兴不仅被处以5亿日元罚款(这是日本证券监管机构有史以来最大的一笔罚款),还面临被摘牌的危险。日兴的危机就是花旗的机会。2007年3月6日,花旗集团以每股1700日元、总计77亿美元的全现金方式将持股比例由原先的49%提高到61.1%,成为海外企业在日本第二大并购活动,也成为花旗集团在亚洲最大的一宗收购交易。花旗集团通过收购日兴公司获得了后者拥有的109家分支机构的零售经纪网络、网上经纪业务以及旗下的资产管理公司和30万亿日元的管理资产,进一步扩大了在日本市场的影响力。

2009年1月13日,花旗集团宣布将旗下负责零售经纪业务的美邦公司与摩根士丹利[1]的全球资产管理业务合资组建摩根士丹利美邦(Morgan Stanley Smith Barney),花旗持股49%,摩根士丹利持股51%。花旗将因此获得27亿美元的现金。

进入合资公司的包括(花旗方)美邦和Quilter(2007年收购的一家英国股票经纪公司),(摩根方)全球资产管理业务,根据协议,两家机构将保留各自已有的存款,新存款按股权比例分摊。三年后,双方均有权购买或出售合资公司的股权,花旗承诺在前5年均持有相当数量的股权。摩根士丹利同时获得一个选择权,可以优先收购花旗出售的股权。

四、花旗与资产管理的分拆

2005年6月,花旗集团宣布与Legg Mason Inc.达成一项交易,以花旗的全球资产管理业务,包括管理的4370亿美元资产,交换Legg

---

① 摩根士丹利成立于1935年,主要从事投资银行业务,1977年与Shuman, Agnew & Co.合并,进入零售股票经纪业务。

Mason Inc. 的私人客户经纪和资本市场业务，该次交易价值约为 37 亿美元。经过该次交易，除了在墨西哥的资产管理业务、在拉美的退休服务业务以及花旗集团在 CitiStreet 的权益，花旗集团基本将全部资产管理业务剥离完毕。所罗门兄弟资产管理公司、美邦基金管理公司和花旗基金管理公司也从花旗集团间接全资所有转变为 Legg Mason 间接全资所有。

五、花旗分拆标志着混业经营模式过时了吗？

从上述分析可以看到，花旗的分拆并非始于花旗控股的成立，至少从 2001 年分拆旅行者财险公司的时候就已经开始了。并购与分拆是企业发展的两个方面，花旗在分拆的时候，并购也一直在进行着，例如 2007 年收购中国的广东发展银行。因此，花旗集团的资产、一级资本、盈利等持续上升（见附表 2-1）。

附表 2-1 花旗集团基本情况 （单位：百万美元）

年份	一级资本	资产	税前利润
1998	41889	668641	9269
1999	47699	716937	15948
2000	54498	902210	21143
2001	58448	1051450	21897
2002	59012	1097190	22772
2003	66871	1264032	26333
2004	74415	1484101	24182
2005	79407	1493987	29433
2006	90899	1882556	29639
2007	89226	2187631	1704
2008	118758	1938470	−53055
2009	127034	1856646	−1606

资料来源：The Banker，2009 年数据来自花旗集团年报，为税后利润。

2009年的分拆有以下几个特点：

一是与保险业务彻底分道扬镳。剥离旅行者寿险和财险以后，花旗不再有承保业务，而是专注于销售保险，普瑞玛瑞卡公司被剥离以后，花旗将不再有专门的保险经纪商。当然，这并不意味着花旗不再销售保险，人们仍然可以在花旗银行购买其他公司的保险产品。

二是与股票经纪业务的分道扬镳。与国内股票投资人高度散户化不同的是，国外有股票经纪需要的多是较富裕的个人、公司等，与国内证券公司的营业部不同的是，国外的股票经纪业务更多地带有财富管理的性质。这样，花旗就与较低端的财富管理业务分道扬镳了。

三是从日本市场撤离。花旗在日本的经营并不成功（事实上，由于日本市场封闭和饱和，再加上日本经济长期低迷，外资银行在日本经营鲜有成功者），早在2004年9月，花旗在日本从事私人银行业务的东京丸之内支行（私人银行总部）、名古屋、大阪和福冈分理处因为涉嫌为不法分子开设账户供其洗钱、诈骗储户外汇等被关闭。

四是与高风险业务分道扬镳。在英文中，Consumer Banking和Consumer Finance（消费贷款业务）是两个不同的概念，消费贷款业务针对的是信用记录有瑕疵、在正常情况下无法获得贷款的人，属于高风险业务，与次级贷款有重叠。但消费贷款通常利率较高，在竞争越来越激烈的环境下，成为银行追逐的业务之一，尤其是在经济高涨、其弊端尚未完全显露出来之际。在美国，经营此类业务的主要是CitiFinancial和CitiMortgage，其中CitiFinancial是在2004年收购华盛顿互助金融公司（Washington Mutual Finance Corporation）后组建的。HSBC在2004年收购的Household International（后更名为汇丰金融公司）亦为开展类似业务的金融机构。

次贷危机爆发以后，此类高风险业务成为烫手山芋，遭到抛售。除了花旗之外，HSBC也关闭汇丰金融公司。

花旗之所以高调宣布分拆，一是迫于政府及其他投资人的压力，次贷危机爆发以来，花旗一直面临资本不足的窘境，先后经历了多轮融资,包括阿布扎比以及美国政府的450亿美元注资。分拆高风险的业务一方面可以获得一定数量的资本,另一方面也可以增加对未来投资人的吸引力。2007年第四季度以来,花旗持续亏损,15个月累计亏损逾285亿美元。2007年尚盈利36亿美元,2008年亏损187亿美元。出售一些业务可以增加公司的盈利能力。二是积极清理复杂的架构,与旅行者集团合并时,受金融超市理念的影响,双方采取了简单加总的办法,但将不同文化、不同性质的业务整合在一起却非易事。

花旗的分拆代表的是整合的失败而非战略的失败。作为混业经营的基础——追求规模经济和范围经济,实行交叉销售,并未因金融危机失效,依然对银行具有强大的吸引力。不难预计,随着金融危机的远去,银行将再次通过并购不断扩张业务领域,历史一再证明了这一点。

第三章　如何规范产业投资金融

我国产业投资金融在经历了起步、治理以及曲折发展几个阶段后，伴随着资产市场的蓬勃发展，2004 年以来又掀起了新的热潮，众多企业集团纷纷涉足金融领域。但客观而言，我国产业投资金融仍处在萌芽阶段，监管和风险管理体制尚不健全。金融危机后，国际社会普遍加强了对系统性金融风险的重视，因此如何规范产业投资金融，防止金融风险的发生，就成了我们亟须思考的问题。

我们认为，当前对国内产业投资金融在政策上应以"顺应发展，加强监管"为原则，既要从实际出发，对现实中已经存在的产业投资金融给予高度关注，又要加强规范整改，在发展规模、控股比例等方面进行严格限制，对新的投资项目严格审批、谨慎放行，坚决防止一哄而上、盲目扩张。

一、我国产业投资金融的发展状况

我国的产业投资金融主要表现为工商企业集团通过内部设立、入股等方式进入金融领域。2004 年以来，伴随着资产市场的蓬勃发展，我国产业投资金融热潮涌动。在产业和金融这两种不同资本迅速集聚和扩张的背后，同时也蕴涵着巨大的风险。

(一)我国产业投资金融的发展历程

我国产业投资金融的初步实践最早可以追溯到 1987 年 5 月东风

汽车工业财务公司成立。1992 年,首都钢铁公司发起成立华夏银行,标志着企业集团投资金融的实践正式拉开帷幕。我国产业投资金融的发展历程大致可划分为四个阶段:

产业投资金融的起步阶段(20 世纪 80 年代后期及 90 年代初)。政策背景是政府实施发展大型企业集团战略,该阶段共有 60 多家企业集团建立了属于集团内部的非银行金融机构——财务公司,并利用财务公司涉足信托、租赁和证券等金融领域。该阶段产业投资金融的主要动因是资本的扩张需求,表现为工商企业参股金融企业逐渐增加。

产业投资金融的治理阶段(20 世纪 90 年代中期)。由于大量产业资本进军金融产业导致严重的混乱状况,国家于 1994 年颁布了《关于向金融机构投资入股的暂行规定》,严格规定了投资金融企业的资质和参股方式。产业资本向金融机构参股热情逐渐低落。该阶段产业投资金融的突出特点是在国家制度安排不确定、不规范的情况下,工商企业在高额利润的驱动下盲目向金融业渗透,产业投资金融行为缺乏市场规范。

产业投资金融的曲折发展阶段(20 世纪 90 年代后期至 2003 年)。随着资本市场的高速发展,产业投资金融的发展也呈现出势头迅猛的态势。该阶段产业投资金融的主要动因是资本的多元化经营需求。德隆、海尔、新希望等集团都曾借助投资金融得到快速发展。同时,产业投资金融的风险开始涌现。从 2003 年下半年开始,曾经借助产业投资金融得到快速发展的农凯、德隆、复星等企业集团相继发生严重危机。

产业投资金融的蓬勃发展阶段(2004 年至今)。在经历了 20 世纪 90 年代后期以来的曲折发展后,伴随着资本市场的蓬勃发展,我国产业投资金融掀起了新的热潮,众多企业集团在巩固已有金融产业布局的同时,积极参股、控股、发起成立证券、银行、保险公司等金融机构。

(二)我国产业投资金融的现状及特点

2004 年以来,众多不同性质的企业集团都已经在整体战略的布局下,根据自身的特点采取不同的方式,积极发展金融业务(见表 3-1)。

几乎所有大型多元化集团都涉足了金融领域：如招商局在物流和地产主业外控股了招商证券、招商银行、招商局保险、招商中国基金（香港上市）等；中信集团则在地产、能源、基础设施等产业外，打造了一个由中信实业银行、中信嘉华银行、中信证券、中信信托、中信基金、中信期货、信诚人寿等组成的金融平台。一些垄断行业的龙头企业集团也竞相进入金融领域：中海油相继独资或合资成立了中海石油财务公司、海康人寿、中海基金、中海信托等；中石油在成立了中油财务公司、中意人寿、中意财险以及参股中银证券、银河基金后，2009 年更是收购了克拉玛依市商业银行、宁波金港信托有限责任公司，合资成立了昆仑租赁。即使是那些竞争性产业的龙头企业集团，也纷纷圈地金融：海尔在组建了财务公司、合资成立了海尔纽约人寿后，又成为青岛商业银行、长江证券的第一大股东；联想集团参与国民人寿的发起，并成为汉口银行的第一大股东以及苏州信托的第三大股东，2010 年 3 月又收购了中银国际证券 12％的股权。

表 3-1 我国部分企业集团投资金融的状况

公司名称	核心业务	金融领域业务							
		银行	证券	保险	信托	财务公司	基金	期货	其他
中石油	能源	√	√	√		√	√		√
中石化	能源			√		√			√
中海油	能源			√	√	√	√		√
中化集团	能源化工			√	√		√		
国家电网	电力	√	√	√	√	√		√	√
国电集团	电力	√		√		√	√		√
南方电网	电力			√		√			
华能	电力		√	√	√	√	√		√
中粮	粮油食品	√	√	√		√			
五矿	矿产资源		√	√		√		√	√
宝钢	钢铁	√		√	√	√	√		
首钢	钢铁	√		√					

公司名称	核心业务	金融领域业务							
		银行	证券	保险	信托	财务公司	基金	期货	其他
招商局	综合	√	√	√	√		√		√
中信	综合	√	√	√		√	√	√	√
上汽	汽车			√		√			√
联想	电器	√	√		√				√
海尔	电器	√	√			√			
新希望	饲料房产	√		√	√	√	√		
万向	汽车配件	√	√	√	√				√
东方	建材港口	√	√		√	√			
雅戈尔	服装	√	√	√				√	
四川宏达	冶金化工	√	√		√			√	

注:"金融领域业务"中的"其他"包括资产管理公司、保险经纪公司、金融租赁公司等;详见附表3—1。

资料来源:作者整理。

虽然目前除了传统的大型多元化集团(招商局、中信)以外,其他企业集团金融业务占总收入的比例还较低(不到5%),但是考虑到集团巨大的收入规模,我国产业投资金融的整体发展还是相当迅猛的(见表3—2)。

表3—2　2008年我国部分企业集团产业投资金融状况

公司名称	金融业务	
	营业收入(亿元)	占集团收入比例(%)
中石油	39.46	0.31
中化集团	16	0.50
中粮	50.11	4.35
五矿	21.12	1.14
招商局	59	19.03
中信	553.50	50.62

资料来源:作者整理。

　　另外从金融机构所有权结构的角度看,这种迅猛发展势头更加明显。通过调查 2009 年正常经营的 52 家信托公司、50 家资产规模最大的证券公司、25 家财产保险公司以及 39 家人寿保险公司的股东情况,发现截至 2009 年年底,非金融企业集团已经实际控制了 24 家信托公司、19 家证券公司、12 家财产保险公司以及 20 家人寿保险公司,分别占到受调查该种类金融机构的 46.2％、38％、48％以及 51.3％(见图 3 - 1)。实际上,那些由政府机构或者金融集团实际控制的金融机构中,绝大多数也都有非金融企业的参股。

（单位：％）

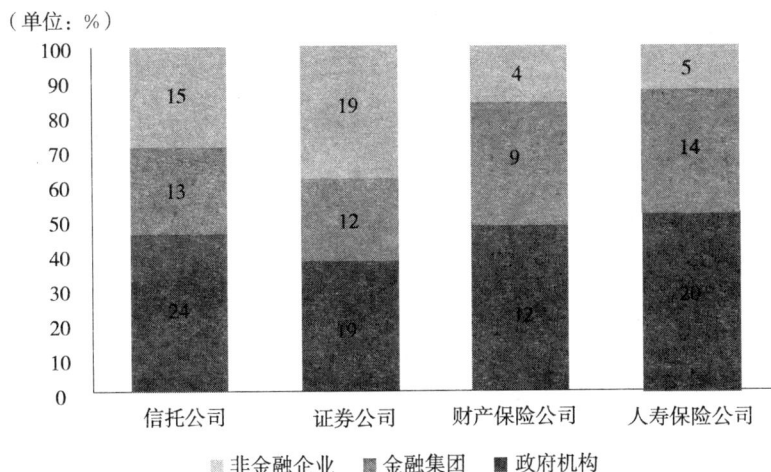

图 3 - 1　我国部分金融机构的实际控制股东

资料来源:作者整理。

　　经过多年的实践,我国企业集团投资金融表现出了央企挑大梁、龙头企业争先的特点。具体来看,我国中央企业集团投资金融的势头较为强劲,从集团公司的角度看。据统计,我国 127 家央企集团中约有 1/3 以上开展了不同程度的产业投资金融。从上市公司看,据上证报统计,截至 2010 年 1 月,两市共有 133 家主业清晰的企业涉足参股金融业,其中央企背景的公司为 94 家,占绝大多数。另外,央企集团投资金融涉足的金融机构种类众多,几乎包括从商业银行到金融租赁公司等所有的金融机构类型,而且融合程度深,往往采取绝对(控股51%以上)或相对控股(前三大股东)的形式(见附录)。另外,根据表3-1的统计,我们发现实施产业投资金融的企业集团往往都是本行业的"龙头",是本行业的佼佼者,比如宝钢、联想等。另外从上市公司情况看,据上证报统计,截至2010年1月,涉足参股金融业的133家公司中,具有行业龙头、区域龙头或者细分行业龙头地位的上市公司共有62家,几乎占据半壁江山。

我国产业投资金融的模式并未遵循同一模式,而是呈现出多元化的特征。产业投资金融的平台从集团财务公司到资产管理公司、信托公司,再到基本规范的金融控股公司,体现了企业集团适应市场、结合自身实际情况进行抉择的趋势,形成了五种模式:

一是以集团财务公司作为产业投资金融平台的模式,比如万向集团入股浙商银行、民生人寿以及浙江工商信托。在这种模式下,财务公司一般采取参股、并购等形式出资入主金融机构。集团公司董事会有权决定或影响金融机构的最高管理层任免决定及重大决策。

二是以资产经营管理公司作为产业投资金融平台的模式,比如青岛海尔参股纽约人寿、青岛银行以及长江证券,华能资本控股永诚财产保险、长城证券以及华能贵诚信托有限公司。在这种模式下,资产管理公司根据企业集团战略需要对下属金融企业股权进行专业化管理,一方面为产业资本提供金融服务支持,另一方面从事金融机构的股权投资,以获取高额收益。

三是以集团旗下信托公司作为产业投资金融平台的模式,比如中化集团利用中国对外经济贸易信托有限公司组建中宏人寿保险有限公司、参股诺安基金和宝盈基金。在这种模式下,企业集团下属的信托公司统筹管理企业集团下属的金融业务。在股权上,信托公司可以自己参股这些金融类公司或者企业集团直接将其持有的这些金融类企业的股权转给信托公司由其统一管理。

四是以金融控股公司作为产业投资金融平台的模式,比如招商局集团建立了全资子公司招商局金融集团公司以及中信控股。在这种模式下,企业集团下设金融控股公司,金融控股公司持有金融机构的股权,或者全资或者控股,在金融控股公司的统一调配下开展金融活动,发挥协同效应。在控股公司框架下设立统一的风险管理机构,可以加强风险控制,降低成本。

五是以集团为中心、旗下多个金融机构为平台的产业投资金融模式,比如国家电网以及新希望集团等。集团公司与旗下的财务公司、资产管理公司、信托公司等子公司同时入股,建立"XX系"合计持股成为实际控制人,并对其改组,将其纳入集团体系内。集团控股的金融资产,主要由金融资产管理部管理,集团公司财务部、资金管理中心等部门协助配合。

(三)我国产业投资金融的动因

通过深入的分析和调研发现,我国产业投资金融主要有以下五方面原因:

第一是满足集团产业的金融服务需要。我国相当一部分企业集团在产业发展进程中形成了相对完整的产业链和规模庞大的利益相关者,各产业环节的生产经营活动以及利益相关者有着巨大的金融服务需求。企业集团发展金融业务,试图通过利用关于产业过程和利益相关者的财务状况和金融需求的信息相对优势,提供更具个性与特色的金融服务。比如,中粮集团依托控股的大庆市商业银行建立了"公司+农户+银行+保险+政府+科技"的框架,充分利用"全产业链"的信息优势开展农业供应链贷款业务。截至2008年年底,其累计规模已经超过15.58亿元,很好地满足了集团产业的金融服务需求。

第二是降低金融交易成本。企业集团在主导产业的发展进程中通常会涉及大量外部金融交易活动,必须按较高的市场价格向金融企业支付相应的报酬费用。企业集团发展金融业务,试图将相当一部分体外循环的资金变成体内循环资金,以达到节省对外交易成本支出、增加企业集团内部利润的目的。比如,海尔集团利用海尔财务公司开展同业拆借、国债投资与回购等金融业务,向成员单位提供融资近 60 亿元,累计节约资金成本约 2 亿多元,成功地将集团的外部融资成本降低了3％以上。

第三是确立价值管理模式。我国绝大多数企业集团传统的价值链管理是依托计划手段,以人、财、物为对象的实物管理。企业集团试图通过发展金融产业,推广和确立以资本效率为手段、以资金价值和货币指标为对象的价值管理模式,提升企业集团资源整合的效率,提升企业集团的公司价值。比如,海尔财务公司对集团财务资源按资金流程进行财务资源的整合和配置,实现了集约化的财务管理,并通过有偿调剂集团内部企业资金余缺,优化配置集团资金资源,实现资产的流动比率平均超过 100％,远远高于 80％的监控指标,实现了零不良资产。

第四是提高资本盈利水平。中国金融市场是一个发展不充分的市场,政府、企业和个人有着强烈的金融需求,市场空间非常广阔,行业利润丰厚。一方面,金融产业资本收益率高:据上市公司年报统计,金融服务业的毛利率以及净资产收益率可以达到 50％和 19％以上,为所有行业最高。另一方面,金融企业上市的预期也是行业利润的来源之一:良好的业绩预示着参股者优厚的回报,金融企业上市不仅为参股的产业集团提供了资产保值增值的机会,也为日后的退出做了铺垫。比如,新希望集团于 2006 年度、2007 年度、2008 年度从民生银行获取的投资收益分别为 22468 万元、37378 万元、46554 万元,占同期公司利润总额比例分别为 70.35％、94.12％、150.30％。

最后是创造协同价值。企业集团希望利用自身拥有的市场声誉、品牌与资源优势,将其移植到金融产业,并依托现有资源和利益相关者市场,拓展优势资源的使用限制,创造出更大的协同价值。企业集团试图借鉴通用电气公司(GE)的模式,一方面利用其主业部门拥有的市场声誉提升金融产业的信用级别、冲破金融行业进入壁垒、降低融资成本,另一方面依托主业部门的业务优势,充分利用集团丰富的产业经验、稳定而巨大的利益相关者市场等优势资源,大力发展相关金融业务。比如,昆仑银行计划将实际运营总部设在北京,致力于利用中石油集团产业链上的近 10 万个活跃的供货商以及数量众多的加油站终端,发展成为全国性商业银行。

(四)我国产业投资金融存在的风险

在企业集团产业投资金融带来可观收益的同时,也蕴涵着巨大的风险。这些风险不仅会导致单个企业集团的倒闭和破产,还可能会引发整个经济体系的震动或危机。例如,发生在美国 20 世纪 20、30 年代的经济危机以及日本 20 世纪 90 年代以来的长期经济衰退都与此有很大的关系。产业投资金融的主要风险主要集中在五个方面:

一是资本整合风险。金融资本与产业资本具有截然不同的性质以及运作规律,且两者收益之间存在着一定的相关性,如果盲目进行整合,可能会导致风险的积聚以及损失的扩大。另外,随着金融资本以及产业资本整合规模的扩大,运作效率降低、专业人才缺乏、企业文化冲突、控制力减弱等诸多管理上的问题也开始渐渐凸显,整体风险将进一步提高。比如,通用电气公司(GE)的金融业务在 2008 年以前一直表现优异,但面对全球性的金融海啸其资本整合风险显露无遗:商业地产、消费信贷和英国的按揭贷款等业务都面临着巨额损失,导致公众将对 GE 金融的怀疑演变为对通用电气母公司的不信任。GE 不得不通过裁员和业务出售等方式削减成本、缩减金融业务规模。

二是财务杠杆风险。由于成员企业之间的相互持股,产业投资金融集团内部形成了复杂的股权结构。这种复杂的股权关系会造成同一笔资本金在不同成员企业上的重复计算,导致集团账面资本金的虚增以及实际资本金的不足,降低集团抵御风险的能力,最终影响整个集团的安全。比如,德隆通过上海友联,操控了 18 家金融机构(包括 7 家证券公司、4家银行、3家信托公司、2家金融租赁公司以及2家保险公司）。借助控制的各类金融机构，德隆内部形成了纷繁复杂的融资链条，大量的资金被调配于庞大体系中，拆东墙补西墙。表面上看来，各家企业的财务风险均在可控之内，但实际上集团整体财务杠杆已经到了难以维持的地步。随着中国人民银行提高存款准备金率以及银监会加强贷款风险管理，德隆危机全面爆发。

三是泡沫经济效应。资本的根本属性是追逐利润，产业资本和金融资本相互转换以及融合的根本原因是相对利润率的变化。在金融领域存在泡沫的时候，逐利性的本质会促使产业投资金融企业集团加快产业资本的金融化，这必将加剧金融泡沫的产生和发展，进一步刺激产业资本的金融化，如此循环反复，爆发金融危机的可能性会显著增加。另外，产业投资金融会导致产业的虚拟化，当整个经济体系中大量资金通过产业投资金融流入金融领域时，实体经济部门可支配的资金和资源将显著下降，其生产和经营必然受到严重抑制，真实的国民经济的发展速度就会减缓，出现经济衰退的可能性会显著增加。

四是内部交易风险。由于产业集团投资金融使金融机构和实体企业的关系由外部化转为内部化，发生内部交易的可能性将相应大大增加。集团成员之间存在的错综复杂的控制与被控制、支配与被支配关系以及规模庞大的内部交易，不仅使监管当局、股权人和债权人等外部人难以及时、准确判断其风险，甚至使集团总部都难以全面地了解和管理所面对的真实风险。另外，由于承担了集团内资金筹集和资金运用的重任，金融机构成员往往成为集团关联交易风险的积聚地。在缺乏防火墙等必要措施的情况下，金融机构成员很容易成为集团的"提款机"。比如，台湾力霸集团通过关联企业间频繁的资产移转行为，实施了精心策划的掏空资产计划，其掏空资产的手法，主要是利用关系人企业，向自家银行融资，和利用非关系人企业，透过交换条件的方式，进行买卖交易（见表3-3）。

表 3 - 3　力霸集团掏空资产方法

手法	具体操作
内线交易	由关系企业拉抬股价再大量倒货,力霸、嘉食化申请重整利空
中华银行超贷	力霸集团虚设行号向中华银行贷款
董监事贷款持股	王又曾家族对力霸集团持股几乎全部向银行贷款套现金
力华票券替关系企业担保发票	力华票券为关系企业担保发票,向银行和投资人套现金
关系企业间大量交易	资产低买高卖,甚至交易后不过户"假交易",挪用友联资产近十亿新台币
中华银行贱价出售不良资产	将 49 亿新台币不良债券以 1.4 亿新台币卖给投资关系企业

资料来源:作者整理。

　　五是道德风险。在产业投资金融集团内部道德风险发生的可能性更大。首先,"大而不倒"法则同样适用于产业投资金融后的企业集团。产业资本向金融资本融合的过程中也将金融机构的外部性引入了企业集团内部,为了避免规模巨大的企业集团倒闭可能给社会带来的动荡和危机,政府往往也会对出现经营困难的产业投资金融企业集团予以直接(贷款)或间接(担保)的支持,例如在德隆危机爆发后,新疆工商联副秘书长和办公室副主任即以个人名义呼吁动用政府信用为德隆公司担保,以帮助其渡过难关。其次,中国人民银行通过最后贷款人职能向金融机构提供了隐性的担保,这一方面刺激金融机构承担过度的风险,另一方面刺激了产业投资金融企业集团向其金融机构成员转移不良资产,转嫁损失。

　　产业投资金融不仅带来复杂多样的风险新形式,而且使风险具有了新的特征。主要表现为:

　　第一,风险更具隐蔽性。在产业投资金融企业集团内部,成员之间的授权以及管理结构错综复杂,再加上各种不同形式内部交易的影响,监管当局以及投资者等外部人难以准确判断其风险水平。另外,根据现有的监管制度,只有金融企业才受到较为严格的监管,而作为非金融企业的集团公司以及其他集团成员则不受金融监管的约束;如果集团拥有多个类型的金融机构成员,我国的分业监管现状可能会导致不同监管者之间的信息交流不充分。这些因素共同导致产业投资金融风险具有较高的隐蔽性。

第二,风险更具系统性。在产业投资金融集团内部,各成员之间的联系更为紧密,也更容易受到冲击。由于存在大量的内部交易,集团成员之间有着直接(比如贷款和投资)或间接(担保和转移定价)的资金往来关系,一个集团成员的风险能够在集团内部迅速传播,危及其他成员乃至整个集团的生存。另外,由于已有的资金往来或者集团整体战略的需要,当一个集团成员的财务出现困难时,其他集团成员(特别是金融企业)可能会被迫发生新的资金往来,从而使风险进一步具有了系统性特征。

第三,风险更具破坏性。由于产业投资金融企业集团往往规模巨大,参与了更多的经济和金融活动,经济地位较高、外部性较强,一旦出现风险,会通过业务联系、资金关系等渠道迅速地传播到各个市场,尤其是金融市场,产生较大的破坏力。而且,一国政府往往利用企业集团的经济地位和影响力,将其作为社会资源配置、执行产业政策的工具,德国和日本都曾如此。以上因素共同导致了产业投资金融集团风险更具有破坏性。

(五)我国产业投资金融监管存在的问题

自从 2003 年银监会从人民银行分立出来以后,人民银行、银监会、证监会和保监会在产业投资金融企业集团的监管上,显得模糊不清。虽然 2003 年 6 月《中国银行业监督管理委员会、中国证券监督管理委员会、中国保险监督管理委员会在金融监管方面分工合作的备忘录》(下文简称《备忘录》)中提出了对金融控股公司的集团公司的监管办法,但在现实的监管实践中,对金融控股公司的监管因为缺乏牵头监管机构,监管职能究竟如何分工及执行的问题并没有实际解决。更为重要的是,产业投资金融企业集团的母公司为实体企业,不是金融企业,其不仅不受上述四家监管机构的任何一家监管(虽然如果母公司是国资背景,将受到国资委的监督,但是这种监督也是难以适应产业投资金融的要求的),甚至也不受《备忘录》的约束。监管盲区的存在,导致不可能真正实现对我国产业投资金融企业集团的有效监管。

金融业的市场准入监管不力,也是一个较大的问题。虽然我国就不同种类金融机构的市场准入出台了一系列法律法规,但是这些法律法规难以适应当前产业投资金融发展的要求:除了《中资商业银行行政许可事项实施办法》和《企业集团财务公司管理办法》分别对银行和财务公司的设立和变更股东的条件做了明确的规定外,《保险法》、《信托投资公司管理办法》以及《证券法》仅仅限制了保险公司、信托公司以及证券公司设立的股东条件,对其股东的变更并未做任何法律规定,只要求由监管部门予以批准。这使得监管部门对金融业的市场准入的审批过程具有行政色彩浓厚、主观判断居重的特点,无法有效行使行业准入的监管职责,导致一些并不具备条件的企业通过股权投资成为了各类金融机构的实际控股人。

还应该注意的是,目前对产业投资金融企业集团的资本监管欠缺。产业投资金融企业集团内部有着错综复杂的组织关系,通过成员之间的资金流动可以实现资本重复计算、规避金融监管的目的。比如,成员银行运用其他成员的资金来临时应对银监会的资本充足率监管检查,非银行金融机构成员利用同一笔资金来应对相应监管机构的检查。而我国金融领域实行分业监管,各监管部门缺乏有效机制协调对金融集团的监管,无法有效监控集团整体资本充足状况。虽然 2008 年 2 月银监会发布《银行并表监管指引(试行)》,但仅仅处于尝试阶段。而且,资本监管问题在产业投资金融企业集团内部更为严重,我国金融监管机构并不对非金融机构进行监管,《公司法》等法规对非金融机构的监管中也没有做出明确要求,因此集团内的非金融机构可以通过多种方式完成对金融机构的资本补充,如购买金融机构发行的债券或成立基金进行对金融机构的股权投资等。

我国目前对于产业投资金融企业集团关联交易的监管仅仅局限于金融机构或上市公司层面,难以把握企业集团的实际关联交易状况,因此具有一定的局限性。我国的《保险法》中没有有关关联交易的法律规定;而《商业银行法》《商业银行与内部人和股东关联交易管理办法》以及《证券法》对于关联交易的限制都十分简单,概念模糊。此外,目前我国上市公司关联交易信息披露时仅在"或有事项"处披露为关联方贷款提供担保的情况,对上市公司关联交易的监管并不严。虽然《公司法》严格限制了董事的关联交易行为,但是由于关联交易并不是董事会会议决议事项,这一限制规制缺乏可操作性。

信息披露要求还不到位,存在一定的漏洞。对于金融机构与非金融机构并存、上市企业与非上市企业并存的产业投资金融企业集团而言,我国现行的信息披露要求存在以下不足:对金融机构自愿披露信息部分的内容、程序方式没有具体细化规定,信息的自愿披露部分未得到规范;披露内容以财务信息为主,而反映其经营状况、经营质量、效率的非财务信息没有足够揭示,披露的信息质量不高;非上市机构信息披露要求远低于上市机构,非上市机构的信息披露内容无法满足信息使用人的要求;信息披露责任追究的力度不够,隐瞒部分披露内容,甚至是虚假信息披露的情况时有发生。

二、国外产业投资金融的比较分析

(一)产业投资金融的主要模式

当今世界最具代表性的产业投资金融的模式主要有两类:一类是英美模式;一类是日德模式。

英美模式是指产业部门在发展过程中的资本需求可以通过多种渠道得到满足,而直接对金融机构的投资参股较为有限。主要特点是:

第一,企业融资以直接融资方式为主,产业投资金融的意愿较弱。

美国企业最主要的外部融资来源于资本市场,占比超过50％,而银行贷款只占10％左右。英国企业在资本市场上的融资比例比美国还要高,接近60％(见图3-2)。在这种情况下,企业投资参股金融机构的意愿较低,甚至许多金融机构的大股东中,比如美国摩根银行,甚至没有产业企业。

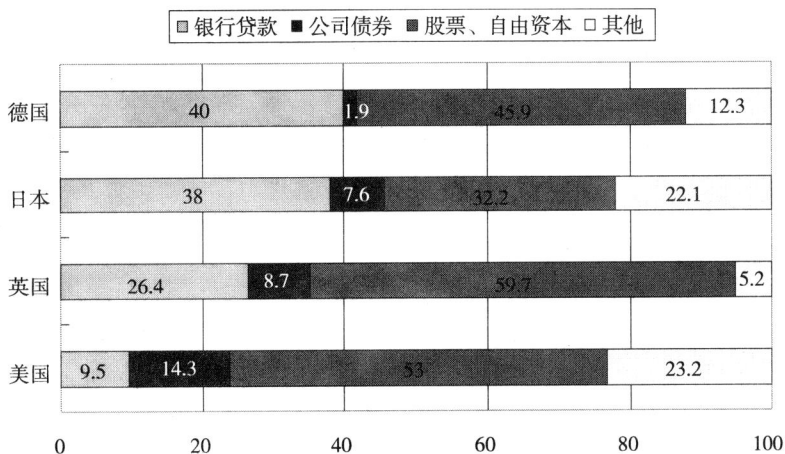

图3-2　各国企业融资结构比较

资料来源:作者整理。

第二,企业对金融机构的控制以间接为主,且力度较弱。由于英美企业股权结构相对分散,个人股东占据优势地位,这就决定了持股法人对公司的直接控制和管理能力是非常有限的。企业实际的控制权掌握在职业经理人中,也就是所谓的"内部人控制"结构。基于此,即便企业投资参股金融机构,其目的也仅在于短期的财务收益,并不直接参与金融机构的经营决策和日常管理,对其治理结构的影响比较微弱。

第三,政府对产业投资金融的干预主要通过立法实现。由于英美倡导自由市场经济理念,因此政府对经济的干预较少,在产业投资金融领域也不例外,其具体的管理主要是通过法律形式实现的。比如,1933年的《格拉斯—斯蒂格尔法》。根据该法案,企业主要通过在资本市场发行债券、股票等方式筹集营运资金,因此对产业投资金融起到了一定的约束作用。2007年,美国两党议员又共同提出了一项针对产业投资金融的新法案。根据该项法案,商业企业将不允许设立新的产业银行。同时法案还要求目前的产业银行都需要在美国联邦存款保险公司(FDIC)注册,而FDIC将被授予更多的权利,从而对产业银行进行监管。

相比较而言,日德模式是指金融机构在产业的发展中发挥着举足轻重的作用,企业对特定金融机构的投资较大,二者之间的联系非常紧密。主要特点是:

第一,企业融资以间接融资为主,产业投资金融的意愿较强。日本和德国的银行在信用融资上占据主导地位。在企业的外部融资中,银行贷款最高时曾达到70%。目前,日德两国企业的外部融资中,银行贷款比例仍然高达40%(见图3-2)。由于企业对银行等金融机构的资金需求较大,因此企业愿意更多地参股和控股各类金融机构。以日本为例,日本大企业集团都有自己的金融核心,即所谓的主办银行。大型的综合商社也都是一些集贸易、金融、信息、产业、综合组织与服务功能为一体的跨国企业集团(见表3-4)。不过,20世纪80年代末泡沫经济后,随着北海道拓殖银行、山一证券等一批金融机构纷纷倒闭,银行等金融机构因其自身实力的衰落,无法为众多企业提供长期援助,以及金融自由化后直接融资比例的上升,企业和银行等金融机构间的关系有所疏远,产业投资金融的意愿下降。

表3-4 日本六大财团

	三井财团	住友财团	三菱财团	三和财团	富士财团	第一劝业
金融(主银行)	三井银行	住友银行	三菱银行	三和银行	富士银行	第一银行
	三井信托	住友信托	三菱信托	东洋信托	富士信托	朝日生命
	三井生命	住友生命	明治生命	日本生命	富士生命	富国生命
	三井海上	住友海上	东京海上		安田海上	日产海上

续表

	三井财团	住友财团	三菱财团	三和财团	富士财团	第一劝业
商社	三井物产	住友商事	三菱商事	双日	丸红商事	伊藤忠
	东芝	NEC	三菱重工	日立	日产汽车	富士通
	丰田	马自达	三菱电机	夏普	日清制粉	五十铃
产业	索尼	松下	三菱汽车	三得利	佳能	旭化成
	石川岛播	三洋	立邦漆	神户制钢	日本精工	川崎制铁
	王子造纸	朝日啤酒	麒麟啤酒	帝人公司	昭和电工	横滨橡胶

资料来源:作者整理。

第二,企业对金融机构的控制以直接干预为主。为确保在融资贷款等方面的优先权,保障自身的利益,产业企业通常采取向银行等金融机构派遣人员的方式,直接对其施加影响和控制。20世纪90年代中期,在日本一个综合商社内部约有70%的企业接受成员企业派遣的干部,在每个成员企业董事中,属于其他企业派遣进来的平均占7%。而在德国,甚至出现了多家公司董事会中有4—5名成员相同的情况。

第三,政府对产业投资金融的干预主要通过行政手段实现。日德政府往往是本国经济现代化的直接设计者、推动者。这些后起的国家需要政府设计能集中调度、运用稀缺资本的金融体系,以支持产业结构调整和经济发展。在这种情况下,金融机构,特别是商业银行就成了较为理想的选择,充当起储蓄向投资转化的主渠道。在日本,政府甚至通过对利率实行管制的方式,确保信贷资金的价格远远低于市场决定的均衡价格,以支持企业以最低的成本获得融资。在政府的干预下,产业企业和金融机构的合作得到巩固,促使企业投资金融机构的愿望不断加强。

(二)两种产业投资金融模式在经济发展中作用的比较

以日德为代表的产业投资金融模式在促使国民经济迅速重建、复兴与起飞方面具有明显的积极作用。首先,这种机制能根据政府的意愿集中调度、运用资金,实现政府的产业发展政策。其次,当企业陷入财务困境时,金融机构会对企业实施积极的救助,从而降低企业破产的风险。再次,这一机制可以实现银行与公司间的信息共享,更大程度地降低银行的放款风险。

不过实践表明,日德为代表的产业投资金融模式对一国经济的发展也存在明显制约。比如日本经济在 20 世纪 90 年代出现的严重经济衰退、金融机构产生大量的不良贷款,都和过度的银企相互联合、渗透有直接关系。由于能够从银行获得规模较大的长期贷款,日本企业不断加大在房地产和股票市场的投资,导致了 20 世纪 80 年代末的日本经济泡沫。当泡沫经济破碎以后,尽管银行明知给企业的贷款会面临偿还难的问题,依然大量放贷,最终这些贷款在企业破产、倒闭后转化为不良债权,1992 年,日本的银行不良债权余额为 12.77 万亿日元,截至 2002 年 3 月底,其规模达到 42 万亿日元。大量不良债权降低了企业的活力和金融系统的安全性,进一步制约了日本经济走出低谷,使日本经济长期处于低迷状态。

相比较而言,英美为代表的产业投资金融模式在一国经济发展到一定水平后,更能发挥出作用。首先,资本市场的信息开放程度较高并且较易获得、资产流动性也较强,因此为金融资本的需求者提供了一个低成本资金的供给机制;其次,在多样化的融资体系中,企业的融资选择具有很大的自主性,有利于企业资本结构合理化,提高了金融资本的使用效率;再次,这一模式有利于资源在部门之间重新配置,可以较快地把资源从盈利少的产业转移出来,为新兴产业筹集资金,促进国民经济的产业升级和经济结构转型。

当然,这一模式也有其缺陷,那就是可能会使企业相对注重其短期财务表现,企业往往易发生投机等冒险行为,从而对其自身发展带来冲击。GE 金融集团的发展较好地诠释了英美为代表的产业投资金融模式的发展历程。到 20 世纪 80 年代,GE 金融已经成为 GE 集团重要的利润来源部门,2005 年其利润贡献率占集团的 40% 以上。不过,随着规模的扩大,为了追求更多利润,GE 金融不断进入新的业务领域,不仅涉足房屋贷款而且也搞起了房地产投资,结果在全球金融危机爆发后遭遇了较大损失,也重创了 GE 集团。危机后,GE 集团不得不对金融业务进行资产剥离和重组,限制其业务规模和经营范围,预计未来GE 金融在集团中的地位将大幅下降,利润占比将由目前的 47.5% 下降到 30%。

(三)国外产业投资金融模式对我国的启示和借鉴

通过上文对英美模式和日德模式的比较分析,我们认为在产业投资金融的模式选择和产业投资金融如何有效运行两方面能够得到一定的启示。

从产业投资金融的模式选择看,国际经验表明产业投资金融模式和一国的经济发展阶段、发展战略密切相关。美国经济较为发达,资本市场较为成熟,社会法律法规较为完备,因此在产业投资金融模式上追求平等、互利、自主。无论是银行还是企业,都更加倾向自由竞争和市场对资本的调节和配置。相反,二战之后日本和德国均遭受了重创,经济较为落后,历史上资本市场的发展也相对欠缺,因此银行对社会资本的配置作用较为明显,银行对企业的影响力也就会大一些。如果一国采取赶超型经济发展战略,那么其经济目标的实现就需要对金融资金进行集中的配置,银行的作用就会上升,银行和企业的关系就会更为紧密;如果一国采取稳定型经济发展战略,企业依靠自我的内部积累进行融资的可能性就大,在外部融资渠道的选择上也会更加灵活,其长期资本需求一般会经由资本市场直接筹集,企业对银行的依赖性不大,产业投资金融模式一般较为松散。

此外,金融体制安排对一国的产业投资金融模式选择也有较明显的影响。如果以间接融资为主,则意味着银行是社会资源的主要配置者,企业对银行具有较强的依存度。由于企业主要通过银行融资,因此产业投资金融模式中银行居于主导地位,银企关系更加紧密。金融体制如果以直接融资为主,则意味着资本市场发达,企业的融资渠道更加多样,市场在资本配置中的作用更加地明显,因此产业投资金融模式中银企关系更加平等,二者关系较为松散。

从产业投资金融模式有效运行的保证上看,产融关系是金融机构与企业之间产权关系联结的纽带,各国银行法一般都有明确规定。例如,美国围绕金融机构的可靠性、流通性、盈利性和安全性等四个基本问题对其进行立法管制,颁布了一系列法规用以规范和约束双方的关系,以保证金融秩序的稳定。日本除颁布《公司法》规范企业和金融机构的经营行为外,还通过《银行法》、《反垄断法》等多种法律规范确定和约束企业和金融机构的关系。从宏观管理看,如果一国金融系统稳定,金融机构能够安全、有效地运营,那么就有利于产业投资金融的开展。因此,政府和中央银行对金融体系的监管能力在保持产业投资金融效率上就变得十分重要。

三、我国产业投资金融未来发展的方向

如前所述,经过近20年的实践,我国产业投资金融得到了迅速发展,目前来自与金融相关业务的利润已经占到集团整体利润的较大比重(如国家电网公司为25%左右)。在巨大利益的驱动下,当前产业投资金融的热情十分高涨。仅2010年前3个月,就有中石油入股昆仑租赁(占90%股份)、国电集团入股泰瑞人寿(占50%股权)、联想入股汉口银行(第一大股东)和中银国际证券(占12%股份)等重大投资事件发生,中移动入股浦发银行的新闻更是一度炒得沸沸扬扬。

另一方面,不容忽视的是,当前我国监管部门对产业投资金融的发展方向和监管方向还处于探索阶段,产业投资金融的风险管理体制尚不健全。目前我国尚不具备大规模发展产业投资金融的法律环境和制度环境,现有产业投资金融的协同效应有限,潜在风险较大,因此,对产业投资金融应采取严格审批、谨慎放行的态度;不能大规

模放开。

（一）我国目前尚不具备大规模发展产业投资金融的法律法规体系和制度体系

我国现行法律对产业投资金融并不禁止，只是提出一些限制条件，例如，中国人民银行颁布的《关于向金融机构投资入股的暂行规定》和保监会颁布的《向保险公司投资入股暂行规定》，严禁工商企业与金融机构之间以换股形式相互投资，工商企业单个股东投资金额超过金融机构资本金 10％以上的，必须报经监管部门批准。但是，从总体上看，我国至今尚缺乏完整的关于产业投资金融的法律法规体系和制度体系，对产业投资金融实行双线审批（一方面是国资委、地方国资委、相关部委等企业业务监管部门，另一方面是银监会、证监会、保监会等金融分业监管部门），结果导致对产业投资金融企业集团的法律性质、经营范围、出资比例、审批监管以及破产处置等规定，或者是空白，或者十分分散。对民营企业投资金融的监管更是存在大量空白。

（二）现有产业投资金融的协同效应有限，风险转移和外溢的可能较大

在监管法律法规不健全、政策措施不完善的情况下，部分产业集团盲目扩张，以参股控股金融机构作为资本运作平台，通过杠杆投资等手段获取投资收益，导致金融机构成为实业企业筹资和利益输送的工具，实业企业和金融业在业务发展、产品研发、客户资源协同服务等方面无法发挥协同效应，更无法形成规模优势，产业投资金融对增强产业集团整体实力和竞争力的作用难以得到充分发挥。相反，一些控股公司利用所掌握的上市公司、证券公司和商业银行之间的关联交易或新股发行进行圈钱，或通过操纵股票价格获取暴利，而当某个机构出现业务或资金困难时，往往通过各子公司之间的业务和资金链传染到其他子公司，导致风险蔓延和传染。金融机构具有较强的外部性，当产业集团内

部风险传染加剧到一定程度时,就会通过各种渠道"外溢"出集团,由集团外机构或整个社会承担。德隆危机的发生发展就是一个典型的案例。种种类似事例表明,在产业投资金融为企业集团带来的利益和可能形成的风险之间,目前还难以达到很好的平衡。

(三)我国现有金融业基本可以满足产业融资和经济发展的需要

近年来我国金融业发展迅速。2009 年年末,国内银行总资产 78.8 万亿元,为同期国内生产总值的 2.35 倍。从历史数据看,2003 年国内银行总资产是国内生产总值的 2.05 倍,2003 年至 2008 年,国内银行总资产的年复合增长率为 14.52%,同期 GDP 的年复合增长率为 14.25%。我国保险业和证券公司的资产总额也得到了较快的发展。我国现有金融机构种类众多,银行、证券、保险、信托、租赁等各类金融机构通过丰富的金融产品和服务,较好地满足了国有大型企业、"走出去"企业和民营企业的各类融资需求和并购重组等方面的需求,金融与企业之间形成了比较紧密的合作关系,金融业在促进实业企业发展和整体经济实力提升方面发挥了重要的作用。今后,金融业在为中小企业服务和支持"三农"发展方面,将争取取得进一步的突破。金融业需要专业化经营,同时要具有较强的独立性以保证具有完善的法人治理结构,这是实业企业控股金融业所无法达到的。

另外一个担心是,限制产业资本投资金融业是否会影响到金融机构的增资扩股,我们认为这个担心是没有必要的。尽管产业投资金融可以在金融机构增资扩股或补充资本金方面发挥一定的作用,但金融业同样可以利用发行可转债、在资本市场融资等手段募集股本或补充资本金,这些渠道的透明度和市场化程度更高,更有利于金融业长远的发展。

(四)产业投资金融可能会在一定程度上削弱国家宏观调控政策的效果

由于产业投资金融无法有效避免集团内部关联交易,集团内部实业企业在出现资金困难时,可能会采取多种手段套取金融机构的资金,使金融机构为自己"输血"。当国家基于宏观调控需要对商业银行的信贷规模进行控制,或者对产能过剩行业及"两高一资"行业进行信贷调控时,这种情况的存在可能使这些行业的企业集团利用自身所参股或控股的金融机构为其提供资金,从而使国家宏观调控政策的效果受到一定的影响。

　　基于以上分析,我们认为,当前对国内产业投资金融在政策上不应大规模放开,更不能一哄而上,对新的投资项目应采取严格审批、谨慎放行的态度,按照是否有利于实业企业主业的持续健康发展,是否有利于金融业的稳健经营,作为审批新的投资个案的主要标准。国际经验和中国实践显示,产业投资金融的出发点主要有两类,即资本溢出型和融资依赖型。资本溢出型注重结合企业自身优势做专业金融,追求长期收益和产融一体化发展,所涉足的金融业务主要是与产业实体交易密切相关的现金流管理、商业信用、消费金融、租赁保险等;而融资依赖型主要是实业企业的发展受到融资瓶颈的制约,参股控股金融机构的目的在于获得融资平台,动机多是把金融机构作为融资套现的工具,企业资金链条具有无限扩张的倾向。显然,资本溢出型应是我国产业投资金融鼓励的方向,监管部门对该类投资可顺应其发展趋势给予放行,并给予适当规范;对融资依赖型投资则应严格限制,坚决防止以金融机构为平台进行套利交易的行为。

　　"大而全"并不是适合所有企业发展的目标,每个企业都存在着实现最大效益的最佳边界。虽然有些机构在致力于多元化经营,但也有机构在经历了若干年尝试后重新考虑更集中或更专业化经营的道路。以曾经是我国学习典范的通用电气公司(GE)为例,当该公司巨额收益中的很大部分是来自金融服务而非产品销售本身时,该公司即开始意识到危机的存在。于是从2002年开始,GE对其金融板块进行了大刀阔斧的改革,将金融服务的26个子部门合并成4个独立的部门,并于2006年宣布将旗下大部分保险业务出售给瑞士再保险公司。长远看,做大做强主业和进行专业化经营,应该是我国大型企业集团发展的主要方向。

四、政策建议

鉴于国内对产业投资金融的发展方向和监管方向还处于探索阶段,产业投资金融的风险管理体制尚不健全,我们认为,当前对国内产业投资金融在政策上应以"顺应发展,加强监管"为原则,既要从实际出发允许发展一定的产业投资金融,又要加强规范整改,重点防范风险,在发展规模、控股比例等方面进行严格限制,保护产业和金融的健康发展。

(一)加强统一规范,避免企业集团盲目扩张

目前我国法律没有明确规定产业投资金融的控股比例上限,实际运作中很多企业都取得了对金融业 50％以上的控股权,这种情况在一定程度上削弱了金融机构的独立性,使其失去了完善的法人治理结构。因此,制定统一的产业投资金融控股比例上限,是我们必须首先在政策上考虑的问题。

实际上很多国家或地区对产业投资金融的控股比例是有明确规定的,例如,美国法律禁止商业企业对银行进行控制性持股,要求对银行的最高持股比例不能超过 25％;意大利和荷兰则规定投资超过银行 5％投票权的股份就需经过中央银行或监管机构批准(附表 3-2)。建议我国对此做出明确规定,原则上应限制实业企业对金融业进行控制性投资,尤其不应对商业银行进行实质性的控制。具体比例多少为"控股",目前在概念上尚没有统一标准,美国和我国台湾地区将该比例认定为 25％。建议我们也可借鉴该标准,将企业集团参股单个金融机构的比例上限控制在 25％以内,对既有的投资超过该比例上限的应限期予以整改,对新的投资项目则应严格按照该标准予以审批。

就产业投资金融的数量而言,则应统一按照"一参一控"要求来规定执行。由于一些大企业作为控股方同时控股或参股多家证券公司的情况在我国比较常见,为避免同一股东旗下的证券公司间的关联交易与同业竞争,2008 年 4 月国务院颁布《证券公司监督管理条例》后,证监会对证券业提出了"一参一控"的监管要求,即一家机构或者受同一实际控制人控制的多家机构参股证券公司的数量不得超过两家,其中控股证券公司的数量不得超过一家。证监会规定 2010 年年底为达标期限,逾期将采取监管措施。该监管要求推动了国内证券业的整合,并对产业资本投资证券业提出了明确的限制。建议银监会和保监会借鉴证监会的做法,对产业投资银行业和保险业的数量规模也按照"一参一控"的标准提出明确要求,限制企业集团盲目投资,也避免同一股东旗下银行(或保险公司)的关联交易和风险传递。具体来讲,可以设定一个达标期限,在期限前按照标准做出整改,逾期不达标者将采取一定的监管惩罚措施。同时,也可以参考国资委以经济增加值作为考核指标督促央企实行主辅分离的办法,规定企业集团从事非主业投资所获收益减半计算,以此鼓励企业集团对其投资的金融业进行适当的剥离。

此外,确立统一的产业投资金融的运作模式也应是题中之义。金融控股公司是专门经营或主要经营金融类业务的控股公司。虽然金融控股公司已成为许多国家重要的金融企业组织形式,但对这一概念的界定并不完全统一。1999 年巴塞尔银行监管委员会、国际证券联合会、国际保险监管协会共同组织的金融集团联合论坛将金融控股公司界定为:"在同一控制权下,完全或主要在银行业、证券业、保险业中至少两个不同的金融行业大规模地提供服务的金融集团公司。"金融控股公司可由金融机构设立,也可由实业集团设立,两种产业背景的金融控股公司在性质上都是金融持牌机构,需接受金融监管机构的监督管理。即使有些金融控股公司母公司本身不经营金融业务,但由于其对金融类子公司有足够的控制力和影响力,实际上行使着整个集团公司的决策中心、运营中心的作用,也具有金融机构的基本特征,所以各国对这类金融控股公司同样作为持牌金融机构加以监管。

我国现有的产业投资金融的运作模式多种多样,有的以资产管理公司进行统一管理,有的以子公司形式分散管理,不同模式都是在一定的历史条件下形成的,具有一定的合理性。为便于统一监管,建议对现有产业投资金融的发展模式进行一定的规范。我们认为,可考虑将产业集团金融控股公司作为我国产业投资金融发展的主要模式,具体来说,就是在实业集团下组建一个纯粹型的金融控股公司,将实业集团持有的所有金融子公司的股权都转到金融控股公司名下,由其统一管理,实业集团不再直接持有金融子公司的股份(见图 3-3)。

```
        ┌──────────┐
        │  集团    │
        │  公司    │
        └────┬─────┘
      ┌──────┴──────────┐
┌─────────┐      ┌──────────┐
│ 实业    │      │ 金融控股 │
│ 集团    │      │ 有限公司 │
└─────────┘      └────┬─────┘
                    控股
   ┌──────┬──────┬──────┬──────┬──────┬──────┐
┌────┐ ┌────┐ ┌────┐ ┌────┐ ┌────┐ ┌────┐
│银行│ │证券│ │保险│ │信托│ │租赁│ │……│
└────┘ └────┘ └────┘ └────┘ └────┘ └────┘
```

图 3-3 我国控股型产业投资金融企业集团未来发展模式

该运作模式调整具有一定的可行性和优势:首先,我国法律限制金融企业投资设立其他金融子公司,但并未禁止银行、证券公司、保险公司和信托公司拥有共同的大股东,也就是说,在这些子公司之上组建纯粹型金融控股公司是符合现有法律规定的;其次,该模式有利于实现金融服务综合化、客户资源共享化和管理模式集中化,有利于建立统一的风险管理体系和垂直管理的内部审计体系,有利于割断产业资本与金融资本的直接联系,防止关联交易等风险事件的发生,也可有效避免金融业因实业企业经营不善而受到过多拖累(日本的教训)。目前中信集团成立的中信控股基本属于该模式,中信控股的不足在于其对下属金融子公司仅有管理权,没有实质上的资本控股关系(股权在中信集团),从而使其对子公司的控制力有所下降,今后再组建的其他产业集团金融控股公司应避免出现类似的情况。

(二)完善相关法律,降低重组成本

在产业投资金融方面,我国现有法律法规体系和制度安排存在明显的不健全之处,主要表现为:一是现有《中国人民银行法》、《商业银行法》、《证券法》、《保险法》等法律中关于产业投资金融的条文,大多是粗线条的、局部的和框架性的,立法空白较多,对产业投资金融的概念界定、监管主体、运行模式及风险管理措施等,尚无一部独立的法律可依;二是市场退出机制不健全,助长了市场主体"大而不倒"的潜在倾向。德隆事件启示我们,在缺乏明确的法律规范和有效监管环境下发展起来的产业投资金融往往蕴涵着跨行业、跨市场的巨大风险,随时可能引发金融风险。因此,对产业投资金融的管制应在立法上予以规范,及早构建适合我国国情的产业投资金融相关法律法规体系和制度体系。

从制定金融控股公司规范管理的法律法规方面看,由实业集团形成的金融控股公司(产业集团金融控股公司)从性质上讲也是金融控股公司的一种,该类机构在监管上应纳入金融监管的范畴。我国虽然已经出现了许多事实上的金融控股公司,但相关的法律法规体系尚不完善。从金融控股公司健康发展的长远角度看,我国有必要尽早制定相关法律法规,明确金融控股公司的内涵、法律地位、经营模式、组建资格、风险控制与监管制度等。

具体来说,在法律地位上,一国允许发展金融控股公司的本质是开放金融综合经营,一旦综合经营的方向得到肯定,金融控股公司就应具有金融市场准入资格,法律应明确规定其权利和义务,从而保证金融集团跨业经营的金融活动处于金融法律调控和监管范围之内,避免法律空白。在组建资格上,法律应明确规定以工商企业为主体组建金融控股公司是否允许,如果允许则需要进一步规定明确的法律条件、注册资本要求、控股比例、组建路径等,以保证产业投资金融在各个环节上都做到有法可依。此外还应明确对控股公司的监管机构、监管程序、监管范围、监管目标、监管手段和措施,并制定相关的实施细则,增强法律的操作性。同时,为确保法律的前瞻性和稳定性,还应考虑到控股公司金融创新的需要,在监管灵活性方面预留一定的空间。

另外还需要思考制定完善金融机构破产法律法规。破产是经营不善、企业退出市场的一条重要通道,很多国家都制定有成熟的《破产法》,详细规定破产的条件和程序等。例如,美国破产法规定企业可以按照"破产清算"程序,指定一个托管人或托管机构负责将债务人的资产清盘并按照一定比例和顺序偿还给债权人,也可以根据破产法中"破产重组"规定,允许债务人继续经营并用经营所得偿还债务,以避免风险的进一步扩大。

我国原有《破产法》只对国有企业破产有明确规范,对上市公司和金融机构破产没有明确规定,而且认为破产只有清算而没有重整,结果造成德隆危机发生时出现"破产挤兑"和风险蔓延。2006 年通过的新《破产法》,虽然明确规定了"破产重整"和"司法保护"制度,但对金融机构破产仍无明确规定,只是说金融机构破产问题由国务院另行规定。现实中,金融机构破产往往涉及复杂的债权债务关系和社会利益关系,影响面广,破坏性强。产业投资金融框架下的金融机构不仅面临一般金融业的风险,同时还要承担实业企业因经营不善或违规经营可能"转嫁"的风险,一旦形成"挤兑"态势,不仅造成金融机构本身价值的损失,还会引发严重的社会问题,因此,相关部门应及早制定关于金融机构破产重组的法律法规或专门性条例,明确金融机构破产的处置程序和法律依据。

最后应明确政府责任,降低重组成本。政府介入金融机构风险处置的目标是促进金融机构的优胜劣汰,维护金融和社会稳定,为此,既要明确政府在必要时有对金融机构进行接管或分拆的权利,又要避免过度干预行为,尤其应尽量减少地方保护主义的干扰。具体可从两方面采取措施:一是在有关法律法规出台前,可由国务院以通知形式对重大金融机构重组问题加以明确;二是通过选任代表公共利益的破产管理人的办法,对地方政府的过度干预进行限制,破产管理人应从债权人利益最大化和处置成本最小化的角度出发,降低重组成本,保证危机处置的顺利进行。

(三)加强公司治理,防范和化解运营风险

考虑到金融业作为"准公共产品"的特殊性质,实业企业进入金融业后,有关部门应该按照金融机构的监管要求,加强对其公司治理和运营风险的管理,具体而言,需要做好以下的几项工作:

首先,要加强公司治理机制建设。完善的公司治理机制是产业集团金融控股公司内部制度建设的一个重要方面,当前应重点做好以下工作:一是对现有的《上市公司公司治理标准》有关规章进行梳理,对金融业法人治理的相关规定进行细化,使其更符合金融控股公司的框架结构和母子公司法人治理结构;二是完善董事会结构,科学配置母子公司内部董事、外部董事和执行董事与非执行董事的比例,建立健全独立董事制度;三是完善管理层责任制度,建立健全授权制度和高级管理人员的年审制度;四是完善监事会制度,建立健全控股公司内部全方位的监督机制。

其次,要加强对资本充足率的管理。针对资本重复计算带来的监管难题,巴塞尔委员会在《对金融控股集团的监管原则》中提出了测量产业集团金融控股公司资本充足率的方法,并提出一些指导性原则,例如:能够识别重复计算资本金的情况;能够识别母公司通过举债向下属企业进行权益投资而导致过高的财务杠杆的情况;查明不受监管的中间控股公司所造成的重复或多次计算资本金的情况等。我国监管部门对产业投资金融企业集团的监管也可借鉴这些原则和方法,除了对被控股的金融子公司要实施资本充足率要求外,还应建立一套有效的机

制来监控整个集团的资本充足率。具体做法是：在对集团内被监管实体由各自监管者分别监管的基础上，同时辅之以对金融集团整体的定量评估，对集团范围内的资本充足率、集团内部交易、风险集中度等进行定量评估，同时建立集团范围内的风险预警机制，加强对集团风险的跟踪与监控，有效防范风险的传递和蔓延。

再次，要加强对内部交易的监管。通过内部交易实现协同效应，使子公司之间、母公司与子公司之间实现利益共享，是推动产业投资金融产生和发展的一个重要原因。但是，不规范的内部交易也会导致负面影响，加剧风险传播和利益冲突。针对这种情况，监管部门应因势利导，加强管理，具体可采取的措施有：监管部门对企业集团的法人治理和内部控制提出要求，引导企业集团关注自己的内部交易；加强对企业集团信息披露的监督，要求企业集团按时披露自己的组织结构和资本结构，披露重大内部交易；强化母公司决策职能，深化子公司的专业化，增加集团内部交易的透明度；或者由监管部门制定相关法律法规，直接禁止金融业务中的某些内部交易。

最后，要构建"防火墙"。这不仅需要在实业领域和金融业之间设置"法人防火墙"，利用法人有限责任的规定，设置独立法人实体从事不同业务的经营，严格要求控股公司各领域之间、子公司与子公司之间各自成为相对独立的法人，独自承担法律责任，严格禁止子公司对控股公司的反向持股，以及子公司之间的交叉持股。"法人防火墙"可以隔断由个体风险传递带来的"多米诺骨牌效应"，使控股公司不致因单个子公司的经营风险而全军覆没。而且要加强"业务防火墙"监管，严格对控股公司和各子公司权利能力的限制，以及企业集团与子公司或子公司与子公司相互之间的业务推广、共同营业设备或营业场所等联合经营行为的限制或禁止，以避免风险的相互感染。此外，还应加强"人事防火墙"监管，严格对董事、高级经理人员和其他职员在经营不同业务的关联机构之间连锁兼职的禁止或限制。国际经验表明，人事防火墙对有效控制风险传递具有重要的意义，我国也应严格考察相关人员的任职资格,建立适当的人事防火墙。另外,应加强"资金防火墙"监管,要求产业集团金融控股公司及其经营金融业务的子公司都必须满足资本充足率的要求,控股公司与子公司间及子公司之间的资本流动不得损害各自的健康经营。

(四)完善监管协调机制,加强信息共享

产业投资金融企业集团具有"集团混业、经营分业"特征,如管理不善则负面效应难以避免,因此,有必要针对产业投资金融的监管,制定有效的应对策略。

现阶段应以加强监管协调为主,未来逐步向"伞形"监管过渡。这方面欧盟的做法值得借鉴。欧盟制定有《对金融集团中的信贷机构、保险公司、证券公司补充监管的指令》,在保持原有分业监管法律有效性的前提下,对相关法律进行补充,要求银行、证券、保险业监管者从金融集团的角度对它们各自负责的金融机构进行补充监管。具体做法是在被监管实体分别监管的基础上附之以金融集团整体的风险定量评估,尤其是在金融集团范围对资本充足率、集团内部交易、风险集中度等的定量评估,主要体现在:要求在所涉及的多个监管机构中确定一个协调人负责补充监管的协调和牵头监管工作,并规定了确定协调人的具体标准和协调人的具体职责;规定各监管机构和被确定为协调人的机构之间应密切合作,相互提供和交换信息,协商或通告采取监管措施等;规定当监管集团中的被监管实体未能遵守指令规定的条件,获清偿能力受到损害,或集团内部交易或风险集中已经对被监管实体的财物安全构成威胁时,协调机构和各监管机构必须尽快采取必要的措施予以纠正。

目前我国处于分业经营、分业监管格局下,各种金融控股公司和准金融控股公司虽已萌芽,但尚未成为主流的金融经营制度,不足以成为金融监管的重点,因此可借鉴欧盟的经验,通过监管协调机制的完善达到对产业集团金融控股公司的有效监管。具体做法是,进一步充分利用目前已经建立的"一行三会"金融监管协调机制,将对产业集团金融

控股公司的监管纳入到该协调机制下,定期沟通交流,实现有效监管。

长远看,我国应逐步建立起更高层次、更为客观全面的监管框架,该框架应更加集中化、明晰化和实体化,应包含政策协调和实质监管双重作用。为此,可考虑建立"伞形"监管的统一金融监管框架,即以中央银行为牵头监管机构,负责对金融控股公司(包括产业集团金融控股公司)进行监管,由银监会、证监会和保监会分别对下属各子公司进行监管,形成央行对金融控股公司实施基本监管、行业监管部门对子公司进行功能监管的统一监管框架。这是一种平稳过渡的、与我国渐进式金融改革进程相适应的监管体系,它不仅与中国人民银行负责维护金融稳定的基本职责和承担最后贷款人的角色相适应,也可避免利益驱动或监管套利,有助于提高监管效率,维持监管平衡。之所以将主业不是金融业的金融控股公司(即目前的产业投资金融企业集团)也纳入到该"伞形"监管体系下,是因为这些企业集团的主监管部门目前分散在国资委、地方国资委、一行三会等不同机关,人为割裂了监管的系统性和整体性,导致监管重叠或监管空白等问题无法解决。而单独设立新的监管机构,既不符合政府精简改革的趋势,也会增加成本、降低监管效率。

未来对产业集团金融控股公司的监管框架可行的模式是:集团公司的实业公司仍然按照企业性质的不同由相应的监管部门进行监管(国资委、地方国资委、相关部委等),对集团公司下面金融控股公司的监管则由中国人民银行牵头的"伞形"监管负责。同时,在中国人民银行和国资委等相关部门之间建立紧密的协调与配合机制,通过采取并表管理等措施达到有效监管的目的(见图3-4)。

当然,建立健全监管信息共享机制也是政策制定中重要的一环。当前各监管机构都有各自的监管信息系统,例如,银监会有客户风险统计监测和预警系统,并建立了专门的企业集团风险预警机制,跟踪监测企业集团风险;中国人民银行建立了企业和个人征信系统,收集了大量信息,德隆系风险处置过程中通过该系统获得的信息对于有关部门掌握情况、制定风险处置方案起到了积极的作用;中国人民银行建立了反

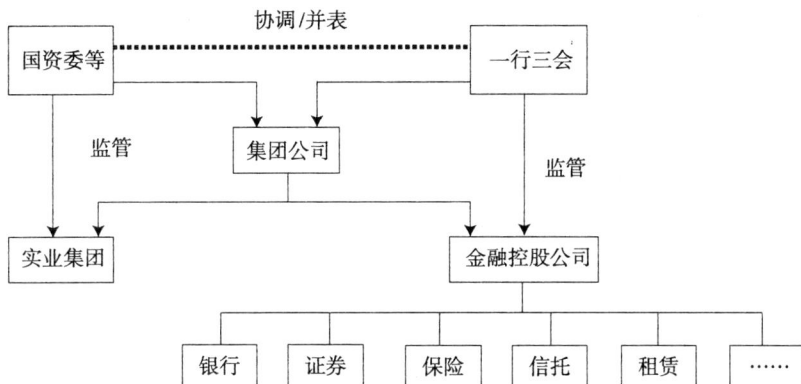

图3-4 未来对产业集团金融控股公司监管框架的可行模式

洗钱监测中心,该中心依托人民币账户系统,监测可疑交易,发挥了重要作用;证监会在上海、深圳两家交易所建立了稽查系统,对股票价格异常情况进行实时监测。尽管如此,上述各系统的应用在一定程度上仅局限于系统内部,导致对产业投资金融的发展规模难以全面掌握,对跨多业经营的企业集团的统一监管无从发力,因此,当前应尽早建立一套统一高效的信息交流共享机制。该机制的主要内容应包括:建立强制性信息披露制度和真实性责任追究制度,控股公司必须按要求报送有关报表、报告,并按要求公开披露有关信息,控股公司负责人应对有关报表、报告以及其他信息的真实性负责;建立完善不同监管机构间定期交换信息的机制,实现监管信息共享;建立金融风险定期评估机制,由有关监管部门定期就本行业的风险情况进行通报,并可要求中国人民银行、财政部、国资委等部门参加,发现有可能威胁金融安全的情况,及时研究处置方案。

五、结 语

我国产业投资金融在经历了起步、治理和曲折发展几个阶段后,伴随着资本市场的蓬勃发展,众多企业集团纷纷涉足金融领域,掀起了以央企挑大梁、龙头企业争先、模式多样为特征的产业投资金融的新热潮。

总的来看,我国企业集团之所以热衷投资金融业,其动因是多样的,投资对相关企业集团的发展也起到了一定的积极作用。但不容忽视的是,产业和金融两种不同资本迅速集聚和扩张的背后,也蕴涵着巨大的风险。这些风险在法律体系和监管体系不健全的情况下,往往具有更大的隐蔽性、系统性和破坏性,不仅会导致单个企业的经营失败,还可能引发整个经济体系的震荡或危机。

从国际经验看,当代西方国家最具代表性的产融结合模式是以英美为代表的市场主导型模式和以日德为代表的银行主导型模式,这是由各国经济发展水平、金融体制、法律法规、宏观经济调控能力、金融市场发育程度等因素所决定的。与美、日、德等国家相比,中国在经济、社会、法律、政治以及历史等方面有很大差异,盲目照搬任何一种发展模式都是不切实际的。我们应从本国国情出发,合理借鉴国外经验,发展符合中国国情和中国经济发展阶段的具有中国特色的产业投资金融模式。

可见,在法律法规体系和制度体系不健全的背景下,当前对国内产业投资金融在政策上应以"顺应发展,加强监管"为原则,既要从实际出发,对现实中已经存在的产业投资金融给予高度关注,又要加强规范整改,在发展规模、控股比例、破产重组等方面进行立法规范,对新的投资项目严格审批、谨慎放行,坚决防止一哄而上、盲目扩张。对经过规范后允许发展的产业投资金融企业集团,应重点加强公司治理机制建设,实施严格的风险管理措施,保证其在规范的监管框架下得到健康稳定的发展。

附录

附表3-1　我国部分企业集团产融结合状况[1]

公司名称	核心业务	银行			证券			保险			信托			财务公司			基金			期货			其他		
		时间	名称	股份	时间	名称	股份	时间	名称	股份	时间	名称	股份	时间	名称	股份	时间	名称	股份	时间	名称	股份	时间	名称	股份
中石油	能源	2009	昆仑银行	92%	2002	中银国际证券	21%	2002 / 2007	中意人寿 / 中意财险	50% / 50%	2009	昆仑信托	82%	1995	中油财务	控股	2002	银河基金	12.5%				2010	昆仑租赁	90%
中石化	能源化							2005 / 2005	阳光财险 / 安邦财险	20% / 20%				1988	中石化财务	控股							2005	中石化资产	全资
中海油	能源							2000 / 2003	自保公司 / 海康保险	全资 / 50%	2007	中海信托	控股	2002	中海油财务	控股	2006	中海基金	47%				2000	中海石油投资控股	全资

续表

金融领域业务

公司名称	核心业务	银行			证券			保险			信托			财务公司			基金			期货			其他		
		时间	名称	股份	时间	名称	股份	时间	名称	股份	时间	名称	股份	时间	名称	股份	时间	名称	股份	时间	名称	股份	时间	名称	股份
中化集团	能源化工							1996	中宏人寿	合资	1987	对外经济贸易信托	控股	2008	中化财务	全资	2001	宝盈基金	25%				1991	远东租赁	全资
国家电网	电力	1995	华夏银行	12%	2006	英大证券	93.6%	2007	英大人寿	控股	2005	英大信托	51%	1993	中国电财	全资	2003	诺安基金	40%	2002	金融期货	控股	2007	世盈创投	全资
		2006	广发银行	20%	2001	西部证券	30.7%	2008	英大财险	控股														2001	长安保险经纪	控股
																							2007	国网资产	全资
国电集团	电力	2009	石家庄市商业银行	19.6%				2009	百年人寿	8.3%				2007	中电财务	全资	2009	中电资产管理	50%				2007	国电保险经纪	全资
								2009	永诚财险	8%															
								2010	泰瑞人寿	50%															
南方电网	电力							2008	鼎和财险	全资				2004	南网财务	控股							2009	国电资本	全资

续表

金融领域业务

公司名称	核心业务	银行			证券			保险			信托			财务公司			基金			期货			其他		
		时间	名称	股份	时间	名称	股份	时间	名称	股份	时间	名称	股份	时间	名称	股份	时间	名称	股份	时间	名称	股份	时间	名称	股份
华能	电力				2002	长城证券	63.3%	2004	永诚财险	20%	2009	华能贵诚	62.2%	1987	华能财务	控股	2007	长城基金	间接	2007	宝诚期货	控股	1993	深圳能源投资	9%
																							2003	华能资本	全资
中粮	粮油食品	2006	兴业银行	2.96%	2009	招商证券	3.12%	2003	中英人寿	50%	2009	中粮信托	全资	2002	中粮财务	控股	2007	景顺长城	间接	1997	金瑞期货	10%	1996	中粮期货经纪	控股
																							2003	中恰保险经纪	50%
五矿	矿产资源				2000	五矿证券	62.5%	1999	金盛人寿	49%				1993	五矿财务	控股				1996	五矿海勤	全资	1985	中国外贸租赁	50%
																							1993	实达期货经纪	全资

续表

金融领域业务

公司名称	核心业务	银行			证券			保险			信托			财务公司			基金			期货			其他		
		时间	名称	股份	时间	名称	股份	时间	名称	股份	时间	名称	股份	时间	名称	股份	时间	名称	股份	时间	名称	股份	时间	名称	股份
宝钢	钢铁	2004	建设银行	发起				1996	华泰财险	发起	1998	华宝信托	98%	1992	宝钢财务	92.1%	2002	华宝兴业	67%						
								1996	新华人寿	17.3%															
								2002	太平洋	23%															
首钢	钢铁	1995	华夏银行	14%				2001	生命人寿	13.3%															
招商局	综合	1987	招商银行	18.03	1991	招商证券	51.7%	1988	招商局采险	控股	2008	西藏信托	间接²				1993	招商局中国	控股				1997	招融投资控股	全资
																							2001	海达保险经纪	控股

续表

金融领域业务

公司名称	核心业务	银行			证券			保险			信托			财务公司			基金			期货			其他		
		时间	名称	股份	时间	名称	股份	时间	名称	股份	时间	名称	股份	时间	名称	股份	时间	名称	股份	时间	名称	股份	时间	名称	股份
中信	综合	1987	中信银行	73.2%	1995	中信证券	23.7%	2000	信诚人寿	50%	1988	中信信托	全资	2003	中国国际财务	间接	2003	中信	间接	1993	中信期货	控股	2002	中信资产管理	控股
																	2006	华夏	间接						
上汽	汽车							2004	安邦财险	20%				1994	上汽财务	全资							2002	资产经营公司	全资
																							2004	汽车金融公司	60%
联想	电器	2010	汉口银行	18%	2010	中银国际证券	12%	2005	嘉禾人寿	12.05%	2008	苏州信托	10%										2003	弘毅投资	发起
海尔	电器	2001	青岛银行	24.6%	2001	长江证券	19%	2002	海尔纽约人寿	合资				2002	海尔财务	控股							2001	海尔保险代理	控股

续表

金融领域业务

公司名称	核心业务	银行			证券			保险			信托			财务公司			基金			期货			其他		
		时间	名称	股份	时间	名称	股份	时间	名称	股份	时间	名称	股份	时间	名称	股份	时间	名称	股份	时间	名称	股份	时间	名称	股份
新希望	饲料 房产	1996	民生银行	6.21%				2002	民生人寿	7.54%	2003	联华信托	41.2%	2009	新希望财务	90%	2002	金鹰基金	20%						
万向	汽车配件	2004	浙商银行	10.3%	2003	天利证券	间接	2002	民生人寿	17.9%	2003	浙江工商信托	24.9%	2002	万向财务	全资							2003	博鸿投资顾问	间接
东方	建材 港口	1996	民生银行	3.94%	2001	民族证券	15%				2010	金信信托	拟定	1992	东方财务	全资									
					2006	海通证券	5.1%																		
雅戈尔	服装	2007	宁波银行	7.16%	1999	中信证券	1.98%	2009	浙商财险	18%										1995	美尔雅期货	45.1%			

118

续表

公司名称	核心业务	金融领域业务																						
		银行			证券			保险			信托			财务公司			基金			期货			其他		
		时间	名称	股份	时间	名称	股份	时间	名称	股份	时间	名称	股份	时间	名称	股份	时间	名称	股份	时间	名称	股份	时间	名称	股份
四川宏达	冶金化工	2001	德阳商业银行	7.29%	2010	和兴证券	32.1%				2010	四川省信托	34.7%							2004	中期期货	46.9%			
		2007	富滇银行	10%																					

注:1. 本表数据均为截至2010年3月底的时点数据;
2. "间接"指企业集团通过其他非绝对控股对控股金融机构间接入股该金融机构。

119

附表 3-2　各国对商业企业投资银行的监管规定

国家或地区	商业企业投资银行	国家或地区	商业企业投资银行
G10＋瑞士		新兴市场	
比利时	允许但事先需经监管者审批	中国	需满足一定的条件；单个股东控股比例超过10％须报批
瑞士	不禁止	中国香港	允许,股东资质需受监管者的审查
法国	不禁止	印度	允许资本总额的30％,银行1％或以上资本的转移需得到央行的批准
德国	允许,股东资质需受监管者的审查	韩国	允许银行资本的10％,股东资格事先需审批
意大利	允许,但超过银行5％的股权需经意大利银行的批准	新加坡	收购5％、12％和20％或更多的股权需监管部门批准
荷兰	超过5％投票权的股权需监管机构批准		
瑞典	不允许		
加拿大	允许,根据银行的规模,持股比例有所不同,从大银行(超过50亿加元)20％的股权到小银行(少于10亿加元)100％的股权皆可		
英国	法律无禁止		
日本	允许,但总投资不得超过公司的资本或净资产		
美国	不得控制性持股,最高股权比例25％		

资料来源："Institute of International Bankers, Regulatory and Market Developments", Global Survey 2002, New York, September 2002。

案例

德 隆 集 团

一、产业投资金融实践

德隆集团由唐万新创立,其前身为 1986 年成立的乌鲁木齐市新产品技术开发部和天山商贸公司。经过十几年的发展,德隆发展成为经营范围横跨农业、水泥业、制造业、航天运输、物流、文化旅游等十几个产业的巨型企业集团。德隆集团的产业投资金融发端于 2001 年上海友联经济战略研究中心有限公司(2002 年更名为上海友联战略管理研究中心有限公司,即上海友联)的成立,其主要目的是借助金融机构在资金市场融资支撑产业发展。通过上海友联,德隆操控了 18 家金融机构,包括 7 家证券公司、4 家银行、3 家信托公司、2 家金融租赁公司以及 2 家保险公司。

二、产业投资金融风险

德隆集团的产业投资金融实践一度成为多元化经营的典范,风险却不容忽视:一是金融资本和产业资本的整合风险。传统产业项目投资回报周期过长,与公司财务的融资周期之间始终存在着差距;企业的盈利能力极其薄弱,造成高成本融资成为支撑经营运作的唯一途径,导致集团资金链条紧张。比如,德隆集团控制的新疆屯河、沈阳合金和湘火炬的主营业务规模 7 年间分别增长了 19.5、22.2 和 141.0 倍,但同期净利润率却一直呈现下滑趋势。二是财务杠杆风险。借助控制的各类金融机构,德隆内部形成了纷繁复杂的融资链条,其中,各种担保、委托理财、挪用等关系把旗下的上市公司、非上市企业、金融机构连接成一团,大量的资金被调配于庞大体系中,拆东墙补西墙。表面上看来,各家企业的财务风险均在可控之列,但实际上集团整体财务杠杆已经到了难以维持的地步。据监管部门2002年年末以来的统计,德隆在整个银行体系的贷款规模高达200亿至300亿,如果加上委托理财、证券公司资产管理业务等,其占用的资金高达450亿元。

2003年以后,德隆集团危机全面爆发,具体流程如下:随着2003年下半年中国人民银行提高了存款准备金以及银监会也进一步加强贷款风险管理,德隆反复质押其持有的湘火炬、合金投资和新疆屯河股份以及大股东及关联方的违规担保、资金占用和挪用等问题逐渐暴露,再加上各金融机构停止贷款、紧逼收贷,德隆的资金链开始绷紧。2004年3月起,针对德隆的负面舆论开始爆发,"德隆资金链断裂"的推测性消息不绝于耳。2004年4月开始,德隆系股票崩盘,数周之内流通市值蒸发156亿元之巨,德隆的整体信用彻底坍塌。2004年8月,华融资产管理公司受中国银监会委托全面托管德隆,进行市场化重组。2006年4月,武汉市中院公开对涉嫌变相吸收公众存款和操纵证券交易价格非法获利的德隆主案做出一审判决。

台 湾 力 霸 集 团

一、产业投资金融实践

台湾力霸集团由王又曾创办于1959年,曾为台湾前二十大企业集团之一。力霸的产业投资金融起步于20世纪90年代,随着1992年台湾开放新银行执照,力霸开始进军金融行业,由申设中华银行,到随后买下友联产险和力华票券等,其金融领域的事业版图迅速扩展。鼎盛时期,力霸旗下拥有中国力霸、嘉新食品化纤、东森国际、中华银行和友联产险等5家上市公司,经营范围横跨水泥、纺织、化纤、营建、食品、百货、饭店、有线电视、房屋中介、银行、保险等,总资产号称超过 3000 亿元新台币。

二、产业投资金融风险

力霸集团产业投资金融的风险主要表现为内部交易风险,即通过关联企业间频繁的资产移转行为,使金融机构成为风险的集聚地。主要方式包括:一是利用关系人企业,向自家银行融资;二是利用非关系人企业,以交换条件的方式,进行买卖交易。

2007 年 1 月 4 日,力霸集团危机全面爆发,力霸和嘉食化两家公司宣布陷入严重财务危机,申请重整,整个力霸集团随即受到波及,尤其是经营状况不佳的中华银行,遭到严重挤兑。1 月 5 日,该银行即被提走近 200 亿元新台币,台湾"金管会"于当天紧急宣布存保接管中华银行。中华银行的净值调整后为负 153 亿元新台币,其股票已完全变成废纸。此外,力霸集团旗下另一家金融企业力华票券存在 17 亿元新台币的资金缺口,被"金管会"协调岛内行库接收。力霸集团的经营危机,扩散蔓延到了其全部利害关系人,包括下游的客户、上游的供应商、内部员工、外部的股东及债权人,造成了严重后果。附表 3-4 列示了力霸财务危机的若干衍生案件:

附表 3-4　力霸集团财务危机衍生六大弊案

案件	导致结果	相关公司资金影响新台币
中华商银掏空	中华银行遭严重挤兑,台湾"金管会"接管,中华商银副总经理王令侨被调查	中华商业银行亏空 400 亿新台币
处分不良债券案	将 49 亿新台币不良债券以 1.4 亿新台币卖给投资关系企业	

案件	导致结果	相关公司资金影响新台币
力霸、嘉食化内线交易案	嘉食化副董事长王令一遭收押禁见	力霸亏空 250 亿新台币，嘉食化亏空 250 亿新台币
亚太固网案	亚太固网遭检调单位大规模搜索，亚太固网副董事长王令台被调查	亚太固网亏空 300 亿新台币
友联产险假交易案	友联产险总经理王事展遭收押禁见	
力华票券案	力华票券被台湾"金管会"协调岛内行库接收	力华票券 17 亿元新台币资金缺口

美国安然集团

一、产业投资金融实践

安然公司成立于 1985 年，由美国休斯敦天然气公司和北方内陆天然气公司合并而成。经过十几年的快速发展，安然从一家普通的天然气经销商，逐步发展成为世界上最大的天然气经营商、电力交易商和世界领先的能源批发做市商。20 世纪 80 年代末，美国政府对能源市场解除管制，能源期权期货交易方兴未艾。1997 年，安然公司首次引入天然气方面的衍生产品交易，随后将交易品种进一步扩大到煤炭、塑料、金属和电信宽带等领域，产融结合的巨大成功使公司实现了跨越式发展。2000 年，安然公司资产规模达 498 亿美元，总收入高达 1008 亿美元，名列《财富》杂志美国 500 强第七位、世界 500 强第十六位。

二、产业投资金融的风险

2001 年 12 月 2 日，安然公司突然向美国纽约破产法院申请破产保护,成为美国历史上最大的一宗破产案。导致安然破产的直接原因是关联企业从事金融对冲交易,即做空美国国债市场、做多国际石油期货。但是,自 2001 年开始,美国国债市场不降反升、而石油价格不升反降,安然因此损失了 10 亿美元。

安然关联企业及信托基金以安然的不动产做抵押,向外发行流通性证券或债券。然而,在美国加利福尼亚州 2000 年以来不断的电力供应危机的冲击下,安然公司不得不按照合同条款以现金回购证券或债券,再加上其在国际电力市场上的投资失败,安然的利润急剧下降,现金流情况迅速恶化。为了稳定股价和达到华尔街的盈利预期,安然公司开始通过关联交易做手脚。2001 年第二季度,安然公司以高出市场 3 亿—5 亿的价格将其北美公司的三个发电厂卖给关联公司 Allegheny 能源公司,此项利润被加入能源交易业务利润中。

安然事件中,安然公司通过关联交易隐瞒债务、虚增利润,披露信息过于含糊笼统,误导投资者。安达信会计师事务所在财务审计中亦未能尽其职责,默认了安然的会计舞弊行为,最终导致了安然公司的破产。

美 国 通 用 电 气 集 团

一、产业投资金融实践

通用电气的金融业务开展于 1905 年,最初以传统型的消费信贷为主营业务。20 世纪 80 年代以后,产业投资金融被纳入通用电气主营业务,实业和金融的有机融合,并通过收购兼并和国际化等途径,使 GE 金融业务得以快速增长。经过二十多年的发展,GE 金融发展成为拥有 28 家范围各不相同的企业,业务涵盖除存款业务之外的所有其他金融功能的非银行金融机构。2002 年,GE 金融的资产扩展到 4890 亿

美元,对通用电气的利润贡献超过了 40%。2008 年,GE 金融股本达
580 亿美元,广泛涉足成套设备、民用航空等领域,并贡献了 GE 年收
入的 37%、约 700 亿美元。

二、产业投资金融的风险

　　肇始于 2008 年的全球金融危机逐渐由实体经济渗透到虚拟经济
中,GE 金融也难逃其难。市场认为 GE 金融的商业地产、消费信贷和
英国的按揭贷款等业务风险敞口过大。GE 金融主要包括商务融资和
消费融资,其中消费融资业务首当其冲,包括房屋按揭贷款等在内的各
领域违约率不断攀升。更有甚者,市场对于 GE 金融的怀疑已经演变
为对通用电气母公司的不信任感,导致公司股价一路走低,穆迪和标准
普尔分别下调了通用电气的最高评级。

　　为应对危机,稳定投资者信心,GE 金融主要采取了两个举措:一
是削减成本。通用电气表示通过裁员和业务出售等方式实现 2009 年
GE 金融削减成本 20 亿美元的目标。二是缩减风险业务的规模。通
用电气将商业金融和消费金融业务合并,同时增加两个新部门——零
售金融集团和重组集团。零售金融集团主要通过电子银行吸收零售存
款;重组集团持有包括公司在美国和英国的住宅及商业抵押类贷款在
内的 900 亿美元资产,并计划将这些不良资产剥离后出售。

　　GE 金融的重组围绕公司独特的优势展开,即 GE 金融与 GE 实业
之间存在的强大协同作用。通过重组措施,GE 金融试图对金融服务
业务重新定位,剥离其他高风险或非战略性的业务,以缩小业务范围,
使运营更加集中。按照重组计划,GE 金融未来的业务集中在向中间
市场客户提供核心贷款,向包括 GE 自己的银行和合资公司在内的全
球客户借贷,以及在房地产领域借贷。

美 国 沃 尔 玛 集 团

一、产业投资金融实践

美国沃尔玛百货有限公司由山姆·沃尔顿先生创办于 1962 年。经过四十多年的发展,沃尔玛公司已经成为全球最大的连锁零售企业。目前,沃尔玛在全球 15 个国家开设了超过 8000 家商场,下设 53 个品牌,员工总数 210 多万人。在《财富》杂志 2008 年和 2010 年公布的以年营业额计算的世界 500 强排行榜中,沃尔玛均居榜首。

沃尔玛曾多次试图进军金融服务业,其中包括希望收购俄克拉荷马州和加利福尼亚州的金融机构、与加拿大一家银行进行合作等以及申请在犹他州开设产业银行。其产业投资金融的目的包括:第一,处理公司在美国境内卖场的借记卡和电子交易,节省支付给第三方银行的清算费用,以此降低公司的运营成本;第二,通过渠道终端的巨大影响力,吸引与零售业务相关联的其他收入流入,用于扩大再投资、建设新的门店以及其他相关金融投资领域、获取更多的利润。

二、产业投资金融风险

沃尔玛产业投资金融的实践遭到了银行业者的强烈反对。2007 年,在银行业的反复游说下,沃尔玛放弃了在犹他州申请实业银行执照的计划。同样在 2007 年,美国众议院通过的一项法案,禁止非金融类公司开展银行业务,彻底破灭了其梦想。

沃尔玛开设银行被否,有以下几个方面原因:

一是规模效应巨大。一方面,低成本经营扩张是沃尔玛在零售行业成功的最典型经验,如果沃尔玛如愿开办产业银行,就很有可能会把这种低成本扩张的模式带到银行经营中来,这种规模效应将对美国银行业造成极大的冲击。

二是防止垄断。防止垄断,特别是全面的经济垄断和金融垄断,是各国对产融结合保持警惕的重要原因。商业企业进行金融业务有独特的优势。商业企业固然不如银行有经验,但是商业企业更贴近和了解最终消费者,在判断消费者信用和控制风险方面,具有天然的优势。产融结合过于紧密,可能导致实体经济和虚拟经济的联动性,尤其是危机的联动性,不仅会增加金融体系脆弱性,而且会加剧经济周期波动。

对于监管机构来说,一方面要允许银行业的创新以确保为公众带来便利,另一方面也要充分估计伴随创新而带来的风险问题。从目前的形势判断,沃尔玛开设银行并非上策,相比之下,与现有零售银行合作连锁经营可能更容易为人们所接受。

第四章　加快债券市场发展的关键举措

　　经过二十多年的发展,我国债券市场从无到有、从小到大,债券品种日益丰富,债券规模不断扩大,与之相关的法律法规和基础设施建设日趋完善。2009年年末,我国债券发行规模和托管余额分别达到8.6万亿元人民币和17.5万亿元人民币,分别较1997年年末增长了40倍和36倍。

　　然而,与西方发达国家相比,我国债券市场总体规模还较小,2009年年末我国债券托管余额占GDP的比重不到50%,远低于美国的235%和日本的181%。同时,我国债券品种结构不合理,国债、央行票据和政策性金融债三个券种在发行规模中比重偏高,企业债券和金融创新类债券占比偏低,比重不到20%,这与西方发达国家此类债券占比超过60%相比也有较大差距。

　　长期以来,受观念和体制等方面的束缚,我国债券市场在发行、交易、托管等环节上还存在诸多制约因素,特别是由于监管的不统一而导致的债券市场在上述几个环节的分割问题,已经严重影响了我国债券市场的发展速度和规模。因此,应按照党的十七大报告提出的关于"加快现代市场体系的形成,大力发展公司债券市场"的要求,加快转变观念,实现债券的市场化发行、统一监管和集中托管,促进我国债券市场又好又快发展。

一、我国债券市场的现状

（一）债券市场的规模和券种

近年来,我国债券市场保持了较快的发展速度,债券发行额和托管余额增长数十倍,债券市场已成为我国金融市场体系的重要组成部分(见表4-1)。

表4-1 债券发行量和累计托管余额　　　　　（单位:亿元）

年份	当年发行额	托管余额
1997	2085	4781
1998	6204	10437
1999	4370	13116
2000	4415	16624
2001	5849	19480
2002	9944	28333
2003	17647	37476
2004	27296	51625
2005	42182	72592
2006	56766	92452
2007	79756	123339
2008	70734	151102
2009	86475	175295

资料来源:中国债券网。

我国债券市场的主要券种有政府债券、金融机构债券和企业债券,其中政府债券主要包括国债和央行票据,金融机构债券主要包括政策性金融债和商业银行债券,企业债券主要包括企业债、短期融资券、中期票据、中小企业集合票据和公司债。

从债券发行结构来看,2009 年我国债券发行 8.65 万亿元人民币,其中国债占 18.7%、央行票据占 46%、政策性金融债占 13.5%,合计占全部发行额的 78.2%;企业信用类债券(含企业债、短期融资券和中期票据)占全部发行额的 18.2%(见表 4-2)。

从债券托管结构看,截至 2009 年年末,我国债券托管余额 17.5 万亿元人民币,其中国债占 32.8%、央行票据占 24.1%、政策性金融债占 25.4%,合计占托管余额的 82.3%;企业信用类债券(含企业债、短期融资券和中期票据)占托管余额 13.8%。

表 4-2 2009 年各主要券种发行和托管结构

(单位:亿元;%)

		发行额	发行占比	托管余额	托管占比
类型	合计	86475	100	175295	100
政府债券	国债	16214	18.7	57411	32.8
	其中:记账式国债	12718	14.7	53327	30.4
	储蓄国债(电子式)	1495	1.7	2084	1.2
	地方政府债	2000	2.3	2000	1.1
	央行票据	39740	46.0	42326	24.1
金融机构债券	金融债券	14749	17.1	50952	29.1
	其中:政策性金融债	11678	13.5	44498	25.4
	商业银行债券	2846	3.3	5884	3.4
企业债券	企业债	4252	4.9	10971	6.3
	短期融资券	4612	5.3	4561	2.6
	资产支持证券	0	0	399	0.2
	中期票据	6885	8.0	8622	4.9
	集合票据	13	0	13	0

资料来源:中国债券网。

(二)债券市场体系

从 20 世纪 80 年代财政部恢复国债发行开始,我国逐步形成了以场外市场为主体、场内市场为补充的债券市场体系。

从交易场所看,我国债券市场分为三个部分:银行间债券市场、债券柜台市场和证券交易所债券市场(包括上海、深圳证券交易所)(见图4-1)。(1)银行间债券市场是债券市场的主体,它的交易系统实质上由全国银行同业拆借中心和中央国债登记结算有限责任公司两部分构成,前者负责办理债券的交易,后者负责办理债券的托管和结算,该市场的债券发行量、存量和交易量约占整个债券市场95%以上,市场参与者是各类机构投资者,属于大宗交易市场(批发市场),实行双边谈判成交,逐笔结算。(2)商业银行柜台市场是由人民银行、财政部于2002年6月在四大国有商业银行试点,面向个人投资者推出的记账式国债柜台交易市场,实际上它是银行间债券市场的延伸,属于零售市场,实行两级托管体制,其中中央国债登记结算公司为一级托管人,负责为承办银行开立债券自营账户和代理总账户,承办银行为债券二级托管人,中央国债登记结算公司与柜台投资者没有直接的权责关系。(3)交易所市场作为场内市场属于集中撮合交易的零售市场,实行两级托管体制,其中中央国债登记结算公司为一级托管人,负责为交易所开立代理总账户,中国证券登记结算公司为债券二级托管人,记录交易所投资者账户,中央国债登记结算公司与交易所投资者没有直接的权责关系。

从债券市场投资者结构看,商业银行、保险公司和基金公司是债券市场的主要投资者,其中商业银行持有债券市场主要券种并占绝对优势。截至2009年年末,商业银行持有国债、政策性金融债、企业债和短期融资券未到期债券余额比例分别达到57.6%、77.8%、34.5%、60.1%,保险公司持有国债、政策性金融债、企业债和短期融资券未到期债券余额比例分别为5.3%、12.2%、39.2%、4.7%(见表4-3)。

表 4-3 2009 年年末主要券种投资者结构 （单位:%）

| | 国债 | 政策性金融债 | | | 企业债 | 短期融资券 |
		国家开发银行	中国进出口银行	中国农业发展银行		
合计	100.0	100.0	100.0	100.0	100.0	100.0
特殊结算成员	29.5	0.5	1.4	1.9	0.7	1.9
商业银行	57.6	75.4	86.0	82.9	34.5	60.1
其中:全国性商业银行	47.6	67.1	72.7	69.4	25.9	52.4
外资银行	0.9	0.3	1.1	0.8	0	0.5
城市商业银行	7.2	6.1	7.9	9.0	4.7	4.8
农村商业银行	1.5	1.5	3.5	2.4	2.6	1.2
农村合作银行	0.4	0.4	0.7	1.2	1.4	1.2
信用社	1.5	3.7	3.7	5.1	7.7	5.7
非银行金融机构	0.6	0	0	0	1.5	1.1
证券公司	0.1	0.1	0.3	0.3	2.5	6.7
保险机构	5.3	15.6	2.8	3.9	39.2	4.7
基金	1.3	4.7	5.6	5.8	6.8	19.6
个人投资者	0.1	0	0	0	0	0

资料来源:中国债券网。

从托管体系看,我国已初步形成了分级托管体系,银行间债券市场实行一级托管体制,即银行间市场的机构投资者在中央国债登记结算公司直接开立债券账户,投资者以该账户在银行间债券市场进行债券交易和结算,由中央国债登记结算公司为投资者办理结算业务。交易所债券市场实行二级托管体制,即中证登公司在中央国债登记结算公司开立名义托管账户,交易所投资者在中证登公司开立债券账户,交易所承担交易所市场债券的二级托管职责,投资者以该账户在交易所市场进行债券交易和结算,中证登公司为投资者办理债券结算业务。商业银行柜台交易市场也实行二级托管体制,即债券在中央国债登记结算公司总托管,开展债券柜台交易业务的银行承担二级托管职责。

新一轮市场化改革

中国债券市场体系

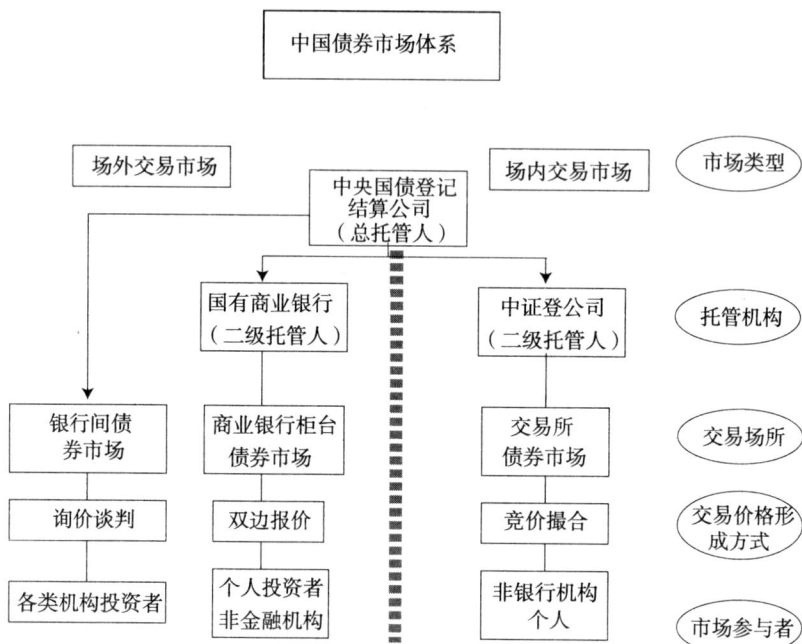

图4-1 我国债券市场体系

资料来源：作者整理。

（三）债券监管体系

我国债券市场的监管根据市场、债券类别和业务环节不同进行分别监管。

在一级发行市场，我国债券类别较多，不同券种由不同部门审批和监管。总体而言，我国债券市场监管的原则是：谁审批、谁监管。国债由全国人大审批；金融机构债券由人民银行和银监会审批，如果涉及上市银行还须证监会审批；企业债由国家发改委审批；短期融资券、中期票据、集合票据和资产证券化等券种则需要在银行间市场交易商协会进行注册；公司债和可转债由证监会审批。

在二级交易市场，场内、场外及柜台交易分属不同主管部门监管。

人民银行负责监管银行间债券市场和商业银行柜台市场,证监会负责监管交易所债券市场。而作为我国债券市场总托管人的中央国债登记结算公司则接受多方监管,财政部监督其资产与财务管理,并与人民银行共同监管其业务运行,银监会则负责管辖其人事和组织机构(见表4-4)。

表4-4　我国主要券种的审批、发行和托管体系

	券种	审批/注册机关	发行市场	投资主体	托管
政府	国债	全国人大	银行间/交易所	机构/个人	中央国债公司/中证登
	央行票据	人行	银行间	机构	中央国债公司
金融机构	政策性金融债	人行、银监会	银行间	机构	中央国债公司
	次级债	人行、银监会、证监会	银行间	机构	中央国债公司
	普通金融债	人行、银监会、证监会	银行间	机构	中央国债公司
	非银行金融机构债	人行、银监会、证监会	银行间	机构	中央国债公司
企业	企业债	发改委	银行间/交易所	机构/个人	中央国债公司/中证登
	短期融资券	银行间市场交易商协会	银行间	机构	中央国债公司
	中期票据	银行间市场交易商协会	银行间	机构	中央国债公司
	集合票据	银行间市场交易商协会	银行间	机构	中央国债公司
	公司债	证监会	交易所	机构/个人	中证登
	可转债	证监会	交易所	机构/个人	中证登

资料来源:作者整理。

(四)债券市场制度建设

经过二十多年的发展,我国债券市场法律制度框架基本建立。从

法律制度总框架看,我国先后颁布了《人民银行法》、《公司法》、《证券法》、《商业银行法》、《企业债券管理条例》和《国库券条例》等法律法规,这些奠定了我国债券市场发展的制度框架。

为了推动企业债券的发展,2005年人民银行制定了《短期融资券管理办法》,2007年证监会颁布了《公司债券发行试点办法》,2008年银行间市场交易商协会颁布了《银行间债券市场非金融企业中期票据业务指引》,丰富了企业债券品种。此外,人民银行等部门于2008年发布了《银行间债券市场公司债券发行、登记托管、交易流通操作细则》,推动公司债在银行间债券市场发行和交易。证监会和银监会于2009年联合发布《商业银行在证券交易所参与债券交易试点的通知》,推动上市商业银行重新进入交易所债券市场。从而为进一步建立健全债券市场体系,构建统一的债券市场奠定了基础。

二、我国债券市场分割的主要问题

债券市场在金融市场体系中发挥着无可替代的基础性作用。在国外成熟的市场经济国家,债券市场融资规模远远超过了信贷融资和股权融资的规模,截至2009年年末,美国债券市场余额已达34.75万亿美元,相当于同期美国信贷余额的4.8倍、股票市值的3倍。而在我国,约80%的企业融资来自银行贷款,直接融资比重很小,债券市场余额仅相当于银行信贷余额的41%、股票市值的70%,债券市场发展相对滞后。

计划体制下形成的我国债券市场在监管、发行、交易、托管等环节的分割是造成我国债券市场规模较小、发展缓慢的主要原因。我国债券市场分割主要表现在以下五个方面:

(一)审批和监管机构不统一,市场化发行体制尚未建立

我国债券市场在审批和监管方面带有较浓厚的行政色彩,真正意

义上的市场化发行体制尚未建立。

债券发行涉及审批部门较多，而各部门之间缺乏统一协调，致使审批标准不统一、审批程序过于复杂，特别是对企业主体发行债券来说，被人为分割成短期融资券、中期票据、集合票据、企业债和公司债等多个券种，不同券种又分属不同的政府部门审批和监管，每个部门对于所管辖的券种均设计了一套文件规范、审批标准、流程手续等，造成各债券发行过程存在较大差别，增加了发债成本、降低了发债效率。

虽然已有部分券种实现了由审批制向注册制的转变，但与真正意义上的市场化发行还有较大差距。1993 年颁布的《企业债券管理条例》中规定企业债券的发行采取审批制；2008 年 1 月份发改委出台了《国家发展改革委关于推进企业债券市场发展、简化发行核准程序有关事项的通知》，将企业债券发行简化为核准制；2005 年人民银行的《短期融资券管理办法》中规定短期融资券发行采用备案制；银行间市场交易商协会成立后，2008 年制定了《银行间债券市场非金融企业债务融资工具管理办法》，将原来由人民银行审批的部分券种，如短期融资券和中期票据等，改为在银行间市场交易商协会注册。银行间市场注册制的推行初步实现了我国债券市场中部分券种由审批制向注册制的转变，但企业债和公司债的发行仍然延续了审批制的传统，两种债券注册的流程手续和审查都较为繁琐和严格，债券监管中行政色彩依然较浓厚。由此可见，我国债券市场既存在行政化的审批核准制，也存在市场化的注册发行制度，真正意义上的市场发行体制并未全面建立。

监管体系复杂，分券种、分市场进行监管，各券种和市场的监管标准不统一。根据"谁审批、谁监管"的原则，我国债券市场监管主体众多，关系复杂，如企业债由发改委审批，在审批和发行环节受到发改委的监管，如果同时在银行间市场和交易所市场上市交易，企业债又需接受人民银行和证监会的监管。这种交叉监管的状况一方面使得监管部门之间的分工难以协调，导致在实际运行中往往形成多重监管或监管真空，造成监管效率较低；另一方面，监管标准和交易规则不统一，也使市场投资者无所适从,影响到了债券市场的运行。监管主体的行政化分割导致债券市场发展缺少长远、统一的规划,从而影响了整个债券市场的发展。

(二)企业债券被行政化分割导致发展滞后

在传统的计划体制下,行政化的审批体制把企业债券分割成多个券种。发改委作为我国固定资产投资项目的审批机关被赋予了对企业债发行进行审批的职责。证监会作为负责对上市公司进行监管的机关具有对上市公司在交易所市场发行可转债和公司债的审批权。人民银行出于降低银行间接融资风险、拓宽企业直接融资渠道的考虑,推出了有债券性质的短期融资券。随后,又推出了中期票据。对企业债券分部门的行政化管理制约了我国企业债券市场的发展。在国内非金融部门的融资结构中,企业债的筹资规模也远远不如贷款和股票融资等手段。如表4-5所示,自2000年以后,企业债融资虽然在规模上显著提高,但仍不足融资总额的10%。

表4-5 2000—2009年年底国内非金融部门融资结构

(单位:亿元、%)

年份	贷款融资额	股票融资额	企业债融资额	总融资额	企业债融资所占比例
2001	12558	1252	147	16555	0.9
2002	19228	962	325	23976	1.4
2003	29936	1357	336	35154	1.0
2004	24066	1504	327	29023	1.1
2005	24617	1053	2010	30677	6.6
2006	32687	2246	2266	39874	5.7
2007	39205	6532	2178	49705	4.4
2008	49854	3657	5446	59984	9.1
2009	105225	5020	12320	130747	9.4

资料来源:中国人民银行。

伴随着我国金融体制改革的不断深入,资本市场快速发展,企业债券的发展明显落后于其他融资手段,这种状况既限制了企业特别是中小企业的融资空间,也不能满足广大投资者对投资品种多样化的需求。因此,对我国而言,现阶段大力发展企业债券市场将对进一步完善金融市场体系和宏观调控体系、促进国民经济的全面协调可持续发展具有深远的意义。

(三)企业债券跨市场发行和交易受到制约

由于各类券种分别由不同部门负责审批监管,因此也造成了其在发行市场的选择上受到限制,不能跨市场发行,并由此导致不能跨市场交易。

除国债和企业债可以选择同时跨银行间和交易所两个市场发行外,由人民银行主导的央票、金融机构债券、短期融资券和中期票据等只能在由其监管的银行间市场发行;而由证监会审批的公司债和可转债则只能在由其监管的交易所市场发行。监管体制不统一限制了央票、金融机构债券和企业债券在发行和交易市场进行自由选择的权利,降低了债券发行效率,也使债券定价和价格发现功能不能按照市场机制的作用充分体现。

(四)投资者不能跨市场投资和交易

债券市场主要包括商业银行、非商业银行机构和个人三类投资者,其中商业银行是债券投资和交易的主体。1997年6月,为了防止商业银行信贷资金违规进入股市,人民银行要求商业银行全部退出交易所,同时建立了银行间债券市场,并规定商业银行只能在银行间债券市场进行投资和交易,而不得进入交易所市场。截至2001年年末,银行间债券市场的债券发行量、交易量与托管量都超过了交易所市场,并呈现出持续、稳定、快速的发展态势。相反,交易所市场债券发行和交易规模的占比则不断下降。为了扭转这一不利局面,证监会和银监会于

2009 年联合发布《商业银行在证券交易所参与债券交易试点的通知》，推动上市商业银行重新进入交易所债券市场。

对非商业银行的机构投资者而言，虽然没有跨市场投资和交易的限制，但对同一机构投资者而言，若在银行间债券市场进行投资和交易，其必须在中央国债登记结算公司开户，若在交易所市场进行投资和交易则必须在中国证券登记结算公司开户，在没有建立集中托管的前提下，这种分别开户的模式会限制投资者跨市场交易和投资。

个人投资者可以参与交易所市场的债券投资和交易，但不能直接参与银行间债券市场的投资和交易，仅可以通过商业银行柜台间接买卖银行间市场发行的部分债券。

（五）缺乏统一互联的债券托管结算系统

目前，在中央国债登记结算公司和中国证券登记结算公司并存的情况下，两个中央托管机构分别主要为银行间市场的报价驱动交易和交易所市场的指令驱动交易服务。虽然服务于报价驱动交易方式的中央国债登记结算公司在托管和结算量方面都占据大多数，基本体现了债券市场主要是报价驱动市场的一般规律，也反映了国际主要债券市场的主要特点，但是，两个系统在规则和做法上协调性较差，缺乏必要沟通和合作，客观上造成了债券市场在债券、资金、投资者与信息方面的流动不充分。

虽然 2007 年 8 月 24 日修订的《中国证券登记结算公司上海分公司参与人证券托管业务指南之债券跨市场转托管》允许了对于债券转入到交易所债券市场的申报，但转托管手续繁杂、时间间隔较长，效率仍然比较低下。此项业务指南明确规定，"对当日 14:00 前收到的转入指令，本公司当日进行入账处理；对当日 14:00 以后收到的转入指令，于下一个工作日进行入账处理"。

债券托管的割裂不利于债券在各个市场中的自由流动，不利于债券市场的协调发展。虽然由于转托管的实施，在一定程度上可以解决债券的自由流动问题,但是由于手续的繁琐和费用的存在,债券在各个市场之间的自由流动还不是非常顺畅。只有实现债券托管的统一,才能实现债券的自由流动。

从结算方式上看,两个市场的结算方式存在较大的差别。中央国债登记结算公司的服务对象是银行间债券市场的一对一询价报价交易,因而不承担对手方职能,只是对债券的托管结算负有办理确认的责任,不对合同承担履约担保责任,也不实行净额结算制度,而是提供券款对付(DVP)、见券付款、见款付券以及纯券过户等结算服务。中国证券登记结算公司针对的是实行集中撮合竞价的交易所市场,它实行净额结算制度,并提供对手方职能,对交收负有担保职责。

债券交易的资金结算,在银行间债券市场是通过人民银行的清算支付系统与交易商指定银行的支付系统进行。目前,人民银行建立的"中国国家现代化支付系统(CNAPS)"已与全国银行间同业拆借系统(即银行间债券市场的报价系统)和中央国债登记结算公司的"中央债券综合业务系统"联接,可以实现 DVP 结算。而中国证券登记结算公司的系统,债券过户 T 日完成,资金交收在 T+1 日完成,DVP 因此未能实现,资金清算支付基本是通过交易所与交易商指定的清算银行实施的。

三、债券市场国际经验

(一)美国债券市场概述

债券是美国政府和企业最重要的融资工具。截至 2009 年年末,美国债券市场余额已达 34.75 万亿美元,相当于同期美国股票市值的 3 倍,美国 GDP 的 2.4 倍(见图 4-2)。

美国债券市场不仅可流通债券规模总量较大,债券品种发展较为成熟,而且美国市场可流通的债券品种比较丰富,包含国债、市政债券、抵押支持债券和资产支持债券、公司债券、联邦机构债券、货币市场工

（单位：亿美元）   （单位：%）

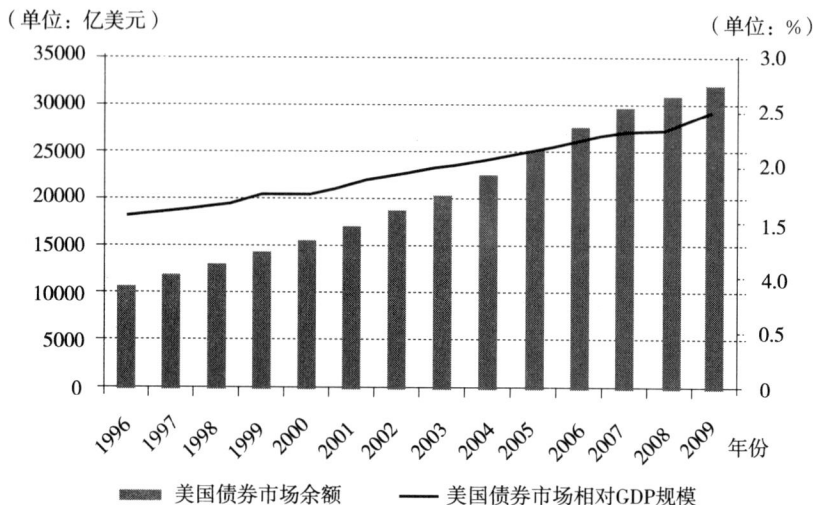

图 4 - 2　美国债券市场规模

资料来源：美国证券业与市场协会（SIFMA）。

具等。

　　在美国债券市场中，以企业为发行主体的债券产品已经占据了举足轻重的地位，包括公司债券、资产证券化产品在内的企业直接债务融资工具占了债券市场整体规模的 60％以上。截至 2009 年年末，抵押支持债券和资产支持债券余额共 11.5 万亿美元，占市场可流通余额的 33.43％；公司债券余额 68561 亿美元，占市场可流通余额的 19.73％；联邦机构债券余额 27297 亿美元，占比 7.86％。美国政府类债券余额则排在公司类债券之后，占到债券市场总规模的三分之一不到，2009 年可流通余额为 76045 亿美元，占比 21.89％（见图 4 - 3）。

（二）美国债券监管和托管体系

　　美国的证券监管体制是集中立法管理体制的典型代表。美国对证券市场的管理有一套完整的法律体系，其证券管理法规主要有 1933 年《证券法》、1934 年《证券交易法》、1940 年《投资公司法》、1940 年《投资

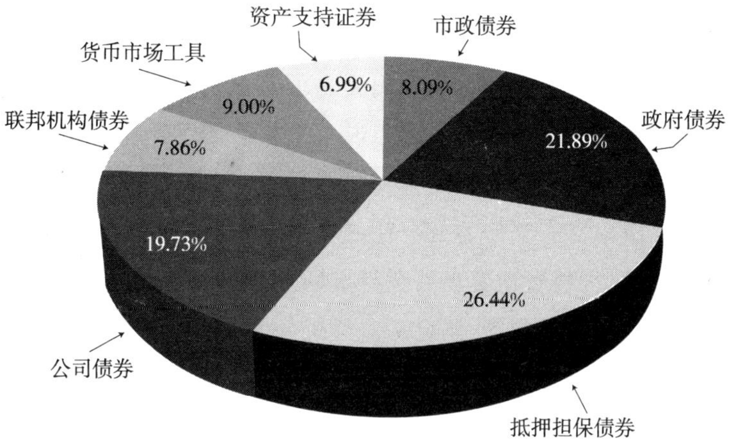

图 4－3 2009 年年末美国债券市场主要券种余额占比

资料来源：美国证券业与市场协会（SIFMA）。

顾问法》等。

美国证券管理采取 3 个机构交叉监管模式。在管理体制上，以"证券交易委员会"（SEC）为全国统一管理证券经营活动的最高管理机构。同时，全国性证券交易所（如纽约证券交易所）和全国证券交易商协会（NASD）分别对证券交易所内的证券交易和场外证券交易进行管理，形成了以集中统一管理为主，以市场自律为辅的较为完整的证券管理体制。

美国对债券市场实施政府监管的主体是证券交易委员会（SEC）。证券交易委员会拥有制定规则、执行法律和裁决争议三项权利，可以在法定的权限范围内，对美国债券市场进行全方位的监管。证券交易委员会对于信用评级与审计机构的行为规范提出严格要求，监督债券发行企业的信息披露，防止出现恶意欺诈行为，并就投资者保护等方面做出基本制度安排，以控制债券违约风险的发生，减轻对投资者带来的不利影响。在债券二级市场中，美国《政府债券法》、《政府债券法修正案》授权财政部制定国债市场的相关规章制度，并对国债交易商的资本要求、大额头寸报告和交易记录等进行规定。国债交易商交易行为的监管由证券交易委员会和美联储等对口机构监管部门负责。

美国证券交易委员会仅负责场内交易所市场的监管,而场外交易在20世纪30年代之后的迅速发展客观上要求建立一个全国性的证券交易协会。1938年,美国全国证券交易商协会(NASD)正式成立,它是民间唯一在美国证券交易委员会登记注册的非营利组织和场外交易市场的自律组织,全权管理着场外交易市场所有的证券交易活动,主要职能是建立和完善会员制度,制定并监督执行协会的管理制度,监督检查会员的日常经营活动,提供电子报价系统、转账清算系统和统计系统并指导其运作。美国联邦证券交易委员会正是通过NASD协会间接地对场外债券市场进行监管。

除了NASD协会外,美国国内还有其他的行业自律组织在债券市场的自律管理中发挥了重要作用,其中最具代表性的是美国债券市场协会。美国债券市场协会包括所有由美联储纽约分行认定的美国政府债券的一级自营商和所有美国政府机构债券、抵押和资产支持债券、公司债券以及货币市场基金类工具的主要自营商。协会的主要目的是通过消除国籍限制向跨国金融机构开放全球债务市场,以及推进市场的公平与效率。

美国的债券托管结算体系由交易后处理一体化的全美托管清算公司(DTCC)负责。在20世纪70年代,为了解决分散托管和清算带来的低效率问题,全美证券托管公司(DTC)与全美证券清算公司(NSCC)分别于1973年、1976年成立并投入运行,集中负责股票和债券的托管清算。随着市场的发展,NSCC又成立了国际证券、政府证券、抵押证券、新兴市场证券等清算公司,初步形成了统一托管、分市场清算的模式。1999年,DTC与NSCC合并成立全美证券托管清算公司(DTCC)。2002年,另外三家专业清算公司——政府证券清算公司(GSCC)、抵押证券清算公司(MBSCC)与新兴市场证券清算公司(EMCC)正式成为DTCC的子公司。至此,DTCC既具有证券托管清算职能,又具有融资融券等信用服务职能,形成了统一清算、集中托管的债券托管体制(见图4-4)。

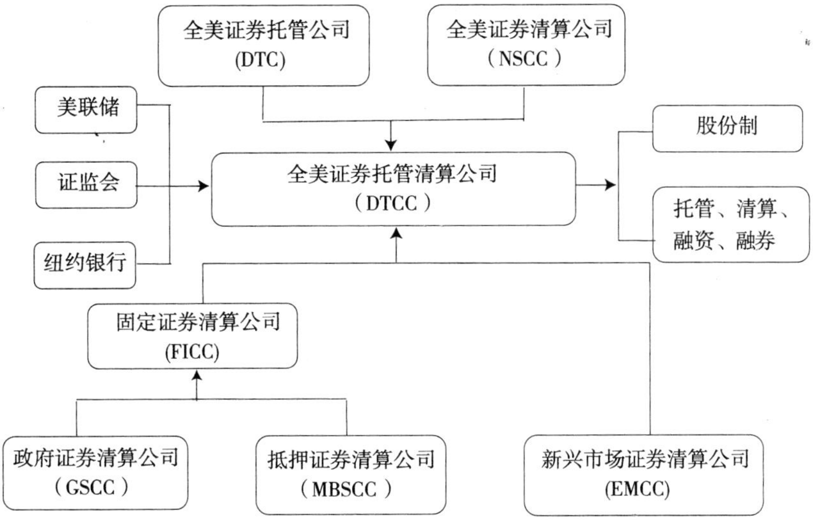

图 4-4　美国债券托管清算体系

资料来源:美国证券业与市场协会(SIFMA)。

(三)英国债券市场概述

英国国内债券市场主要交易包括英国公债、公司债券、国库券和地方当局债券等债券种类(见图4-5)。英国的债券发行分为公募和私募两种,审批均为核准制。公募发行是指由发行公司在报纸上刊登发行说明书,宣布该公司愿以某种价格发行若干数量的债券,并规定申请购买的日期。投资人认为满意后即填写所附的申购表格,连同支票一并寄出。如申请总额超过发行公司计划出售的数额,则按比例递减分配。发行者通常将发行说明委托给一家或者多家发行商代为办理,并支付一定费用,发行商通常以包销方式发行新债券,而公开发行的收入将全部由发行公司直接获得。

英国政府公债和政府保证债几乎全部采用公募发行,而已经有债

券上市的公司在发行新债券时也采取这种发行方法。债券的公募主要
采取竞争投标法和荷兰式投标法两种。英国债券的私募发行是由债券
经纪商安排,将债券出售给经纪商的顾客,或出售给与其有联系的投资
者,而不是公开出售给社会大众。英国地方当局债券和公司债券有时
采用私募发行。

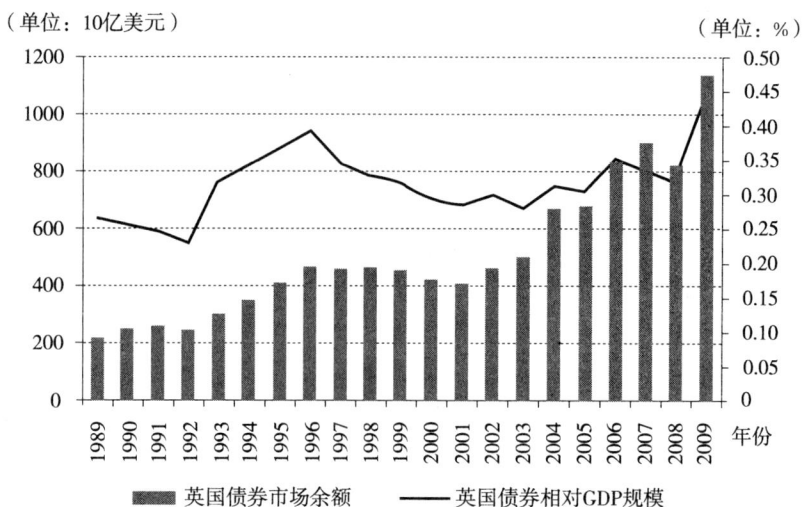

图 4-5　英国债券市场规模

资料来源:国际清算银行(BIS)。

(四)英国债券监管和托管体系

英国债券市场的监管,既是英国金融监管的一部分,也是欧洲债券
市场监管的一部分。英国债券市场的政府监管包括三个层次:

一是欧盟委员会中的证券监管委员会,它通过立法进行监管。欧
盟对所辖各国债券发行的条件和程序做出规定,成为欧盟债券市场的
监管法令,欧盟各国必须共同遵守。欧盟制定了欧盟范围内统一的债
券市场法令,凡符合法令规定条件的发行人,不管在伦敦,还是在都柏
林、卢森堡,都可以公开发行债券;如果达不到这些条件,不管哪里,都

不允许公开发行债券。欧盟证券监管委员会对各国债券市场的监管进行监督检查。

二是金融服务管理局(FSA),它是英国债券市场的直接监管当局。这层监管表现为各国根据欧盟统一法令进行实际操作,由于各国监管体制不同,这一层监管机构的形式不尽相同。在英国,债券市场的直接监管当局是金融服务管理局。金融服务管理局设有专门负责债券市场监管的部门,包括专门债券、复杂债券、中央债券等三个小部门。金融服务管理局对债券交易市场的监管主要体现在两个环节:环节一是债券发行核准上,它的发债审核基本上属于一种程序性监管。就审核对象而言,凡属欧盟国家发行的政府债券,是无须审批或者核准的。但非欧盟国家的政府要在英国发债,必须接受金融服务局的审查和核准。对公司债券的核准,主要依据明确的公司债券发行条件,逐项核查是否已经达到要求。金融服务局的审核,不是审查其真实性,也不去进行任何有关真实性问题的调查,只是核查发债申请人是否提供了能够证明其已经具备这些条件的材料。只要材料是完整的,其发债的申请就可得到批准。环节二是在债券交易环节,主要体现在对违反交易规则的市场主体的惩罚上。

三是债券市场的监管合作。除了金融服务管理局,财政部、英格兰银行也参与债券市场的管理。在英国,金融服务管理局和财政部、英格兰银行一起,签订了三家监管合作的备忘录。英格兰银行主要是从防范系统性风险、实现金融稳定的角度,监测债券市场,收集债券市场的信息。同时,英格兰银行作为债券市场的重要参与者,在一级市场上,他们要代替政府发行债券,他们自己还要发行以外汇计价的证券;在二级市场上,英格兰银行是重要的交易者,一旦债券市场出现异常情况,英格兰银行就要与财政部和金融服务局进行沟通,交换信息,共商对策。三方监管合作的具体形式是每两个月一次的高层委员会会议,其中,与财政部的沟通,除每两个月一次的高层委员会会议外,还有每月一次的储备委员会会议(见图4-6)。

英国债券行业的行业自律构成了另外一种方式的监管,即在债券二级市场上由各类行业协会进行自律监管。英国债券市场上的各种协会达几十个,其中发挥重要作用的有国际资本市场协会等五个协会。自律性的监管并不宽松,协会制定了严格的行为守则,协会的成员必须严格遵守,如果违犯守则,要受到罚款等处罚。英国行业自律组织的自律监管发挥的作用主要包括如下三个方面:一是在监管当局与协会成员之间进行沟通;二是制定行业自律规则,对协会成员遵守规则的情况进行监督,对违反规则的协会成员进行必要的处罚;三是组织协会成员进行业务培训,如针对金融衍生产品交易和理财业务等进行的培训。

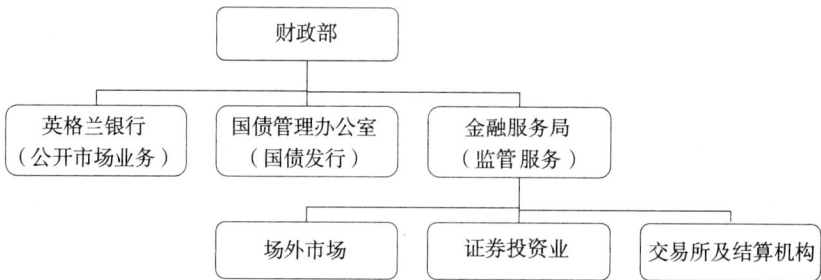

图 4-6 英国债券市场监管结构

资料来源:作者整理。

英国债券市场的托管结算系统分为公司债券结算系统和国债结算系统两大部分。除此之外,还存在专业的货币市场结算系统。1996年,英格兰银行的电子结算系统(CREST 系统)正式投入运营。CREST 系统是全球最先进的电子化实时清算系统,能对证券和资金同时进行持续实时全额结算,主要功能是为英国和爱尔兰的公司证券提供先进、高效和低成本的结算服务。1999 年,CREST 公司将英国中央国债结算处(CGO)和中央货币市场结算处(CMO)合并,从此以后,CREST 系统负责提供股票、公司债券、政府债券以及货币市场工具的整合结算业务,英国债券市场的结算系统迈上了一体化的道路(见图 4-7)。

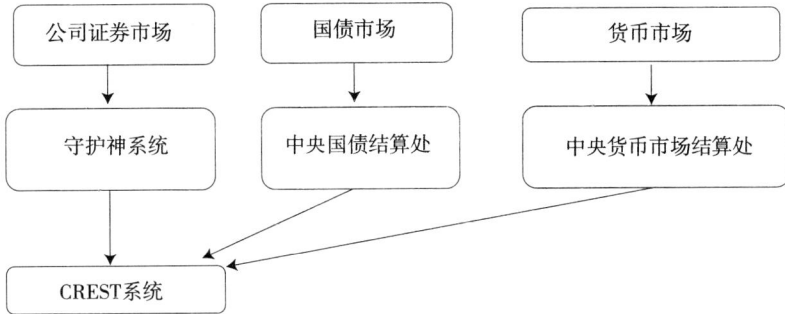

图 4 - 7　英国债券市场结算系统

资料来源:作者整理。

(五)日本债券市场概述

日本的债券市场按照发行主体划分,其债券种类主要包括公共债、民间债和国外债三种。其中,日本国债由大藏省发行,是日本政府维持经济运行的重要手段,也是日本债券市场的主体(日本债券市场规模和结构见图 4 - 8 和图 4 - 9)。

日本债券的发行市场也叫起债市场,是新债券由发行者向最初投资者转移的具体过程,由发行者、发行包销公司和受托银行三方构成,发行包销公司有义务向投资者提供发行者的详细情况,负责债券的具体募集和出售,受托银行则主要为发行者制作有关法律证书,提供担保,进行抵押的审核、保存和管理。在日本,每次发行新的债券,一般都要有一个 50 至 60 家证券公司组成的发行承购团,并以 3 至 5 家银行组成的受托银行团。

日本债券市场从发行方式来讲,分为公募和私募两种。对于私募债券的发行,日本几乎未设限制,相比之下,对公募发行的要求却十分严格。大藏省明确规定,首次在日本市场发行的日元公募债券,发行人必须是在美国穆迪、标准普尔公司或则日本公社债研究所取得"A 级"以上的信用等级,或有"A 级"以上信用等级单位提供担保。

（单位：10亿日元）   （单位：%）

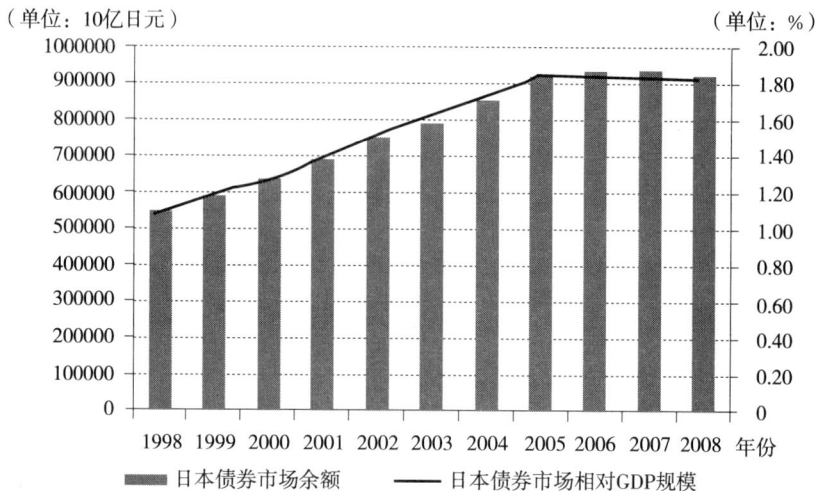

图4-8 日本债券市场规模

资料来源：日本证券业协会（JSDA）。

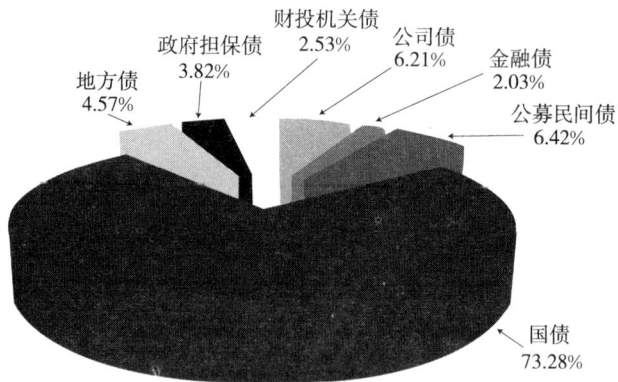

图4-9 2009年日本债券品种结构

资料来源：日本证券协会（JSDA）。

日本政府对于国债和地方债的发行有着严格的限制，国债和地方债的起债额度和用途均须编制预算，提交国会或地方政府议会批准。日本地方债的审批制度尤为严格。地方政府发债前必须先向自治省申报,提出发展项目、资金情况和需发债的额度;自治省审查后,进行各地计划汇总,再与大藏省协商,而后与自治省统一下达分地区的发债额度。

日本债券的流通主要集中在证券交易所市场和场外交易的店头市场组成。在交易所买卖的债券必须是上市债券,即必须在该交易所公开挂牌,列明名称的债券。日本的债券二级市场又叫做店头市场,是通过证券公司的柜台进行交易的。店头市场是自然形成的,无统一组织形式的交易市场,证券公司之间或证券公司与投资者之间在此进行面对面的交易。该市场的债券绝大多数不是上市公司债券,买卖价格由交易双方自行确定。

(六)日本债券监管和托管体系

日本债券市场监管由证券交易监管委员会负责。日本证券交易监管委员会对市场的监管包括市场运行监测、金融机构监管、民政罚款调查、披露文件和金融诈骗调查等。其中,市场监管部门有权要求证券公司提供交易信息并且随时观察市场动态;机构监督部门关注参与主体是否遵守法律和规章制度,同时比对其行为是否符合市场规则;民事处罚调查和披露文案检查部门检查被要求披露的文件,文件中一旦发现有错误内容,会要求证券公司重新修改已披露的报告。

日本债券市场的行业自律管理职能主要由日本证券业协会(JSDA)承担。日本证券业协会是唯一依照日本《证券和交易法》由总理授权设立的社团法人,法律和监管部门赋予其相当大的自律管理权。该协会的会员包括所有在日本注册的证券公司和其他金融机构。从2001年开始,该协会将场外市场纳入行业管理范围。

日本证券业协会的设立宗旨是确保协会内成员的证券交易和其他各类交易公平顺利进行,以保护投资者利益,促进日本证券市场改革措施的落实,为日本经济增长和发展做出贡献。日本证券业协会的行业自律监管内容包括:拟定自律法规,并监督规则实施情况;实行场内市场和场外市场监管,对违反自律纪律的行为进行处罚;资格考试、资格更新以及证券销售代表登记;担任客户投诉的法律顾问等。

日本债券托管结算系统可分为公司债券结算系统和国债结算系统两部分。前者由东京证券交易所(TSE)和日本证券存管中心(JASDEC)所构成,国债结算服务则由日本银行(BOJ)金融网络系统来提供。日本证券同业公会、东京证券交易所、大阪证券交易所及其他证券交易所又于2002年7月设立了统一的清算机构"日本证券清算与托管公司",简称JSCC(见图4-10)。

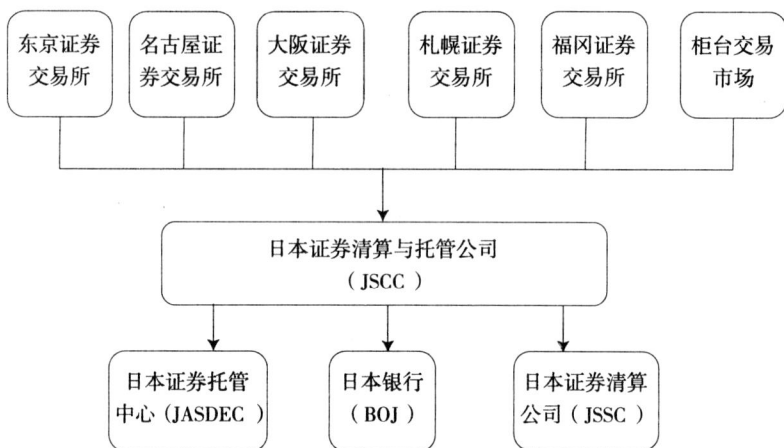

图4-10　日本债券托管结算体系

资料来源:作者整理。

(七)国外主要债券市场的共同特征

总的来说,英美等西方发达国家的债券市场具有以下四个特点:

第一,债券交易以场外市场为主。西方发达国家的债券交易,主要通过场外市场进行。美国证券场外交易的总量都远远超过所有交易所的交易总和,其中交易数额最大的是债券,几乎所有的国债、政府机构债券、抵押债券交易集中于场外市场;德国大约80%的政府债券、50%

的地方债券和 90％的银行债券的交易通过场外电话询价进行交易；日本场外债券交易量占债券交易总量的 90％以上。

第二，总量庞大、品种齐全。各国债券品种既有长期债券，又有短期债券和中期债券；既有政府债券，又有公司债券和地方政府债券等。美国不少地方政府及地方公共机构也发行地方政府债券，以税收或债券发行人经营该项目所获的收益作为担保，利息收入一般都免交所得税，对投资者具有很强的吸引力。另外企业债券在美国也很流行，发行规模是股票市场的 3 倍多，现有债券市值是股票市值的 2 倍左右，相当于 GDP 的 42％左右；欧元区 11 国债券市值也是股票市值的 3 倍多。

第三，统一的监管模式。美国按照积极监管的理念，把债券市场作为资本市场的一部分，根据债券场外交易的特点进行监管。美国证券交易委员会是法定的对整个证券交易市场进行管理的机构，主要负责法律、法规拟定和组织实施；其次是全美证券交易商协会，是民间唯一在美国证券交易委员会登记注册的非营利组织和场外交易市场的自律组织，全权管理着场外交易市场所有的证券交易活动，主要职能是建立和完善会员制度，制定并监督执行协会的管理制度，监督检查会员的日常经营活动，提供电子报价系统、转账清算系统和统计系统并指导其运作。另外，协会对非会员从事场外交易的证券商同样拥有监督权，并对市场成员进行培训，颁发资格证书。

第四，集中的托管结算体系。集中托管结算也就是通常所说的国内证券的托管与清算两种业务的一体化，主要目的是提高规模效益和运作效率、降低成本与风险。一是按证券分类，各类证券的托管与清算业务的合并，实现业务功能的一体化。典型的案例是美国的全美证券托管公司（DTC）与全美证券清算公司（NSCC）的合并。日本的证券托管与清算本来是分开的，但日本证券清算公司（JSCC）于 2002 年 10 月 1 日更名为日本证券清算与托管公司（JSSC）后，兼有了托管与清算职能。二是不同交易场所或不同品种的证券实行集中托管与清算。如：美国的政府证券清算公司（GSCC）、抵押证券清算公司（MBSCC）、新兴市场证券清算公司（EMCC）三家按证券品种划分的清算公司于2002年1月共同成为全美证券托管清算公司（DTCC）的子公司。这些托管清算机构大力发展国际债券业务，与外国交易所和托管清算机构联网，同时将自身改为银行，提供短期融资、融券等银行服务。

四、我国债券市场实行统一监管的
必要性和可行性研究

完善、合理、有效的监管体系是债券市场健康发展的必要条件。我国债券的管理实行规模控制、集中管理、分级审批，这导致债券市场上的多头监管和效率低下。因此，发展我国债券市场所面临的首要任务就是要协调各债券监管部门的职能，实现债券统一集中监管。

（一）我国债券市场实行统一监管的必要性

长期以来，我国对债券市场的监管是按照行政部门的职能划分的，监管不统一产生了一系列影响债券市场发展的问题。分头监管使得监管部门之间的分工难以协调，导致在实际运行中往往形成多重监管或监管真空，造成监管效率较低。监管标准和交易规则不统一，也使市场投资者无所适从，影响到了债券市场的运行。监管主体的行政化分割导致债券市场发展缺少长远、统一的规划，从而影响了整个债券市场的发展。

因此，为了加快债券市场特别是企业债券市场的发展，维护金融体系安全，亟须建立统一集中的债券市场监管体系。

（二）我国债券市场实行统一监管的可行性
1. 建立债券市场统一监管的框架

借鉴美国等西方发达国家债券统一集中监管的经验，并结合我国实际情况，可以考虑把现有的各个主管部门中有关债券审批和监管的具体职能独立出来,由一个部门负责债券市场的发行、交易和运行的统一监管,这样既可以实现专业化的债券监管、提高债券市场监管的权威性,同时也能够更好地体现和维护债券市场监管的公开、公平和公正原则,提高市场的透明度,更好地保护投资者的利益。

2. 银行间市场交易商协会将承担金融债和非金融企业债的注册发行和监管工作

鉴于我国银行间债券市场的规模处于绝对优势以及交易商协会在银行间债券市场长期发挥专业性的管理职能,可以考虑将银行间市场交易商协会的职能扩大到负责场外(即银行间债券市场)和场内(即交易所市场)中所有债券的注册管理,成为我国实现债券市场化发行的平台,同时负责场外交易的管理,场内交易则由上海和深圳证券交易所管理。

3. 适应债券市场监管格局变革的需要,修订相关的法律法规

债券监管体系的统一面临着部分法律法规的障碍,要建立规范统一的债券监管体系,就需要删除或修订现有法律法规中与债券市场相关的部分条款。如:尽管《中华人民共和国证券法(2005 年修订)》第七条明确:"国务院证券监督管理机构依法对全国证券市场实行集中统一监督管理。"但从实际情况看,证监会也仅负责上市公司发行债券以及在交易所上市债券的管理。在美国,1934 年《证券交易法》中将股票、国债、企业债券、票据等一同视为"证券",因而美国证券交易委员会(SEC)成为全国统一管理债券经营活动的最高管理机构。此外,其他法律法规也应做出相应的调整。

五、政策建议

所谓的债券市场统一不能简单地理解为合并场内和场外两个市场,把所有债券品种和投资者整合到一个市场。

我们认为,实现债券统一监管是我国建立统一的债券市场的前提和基础。一旦建立起债券统一监管体系,那些阻碍跨市场发行、投资和交易的制度因素就会迎刃而解,由于建立债券统一监管体系不能一蹴而就,因此,现阶段可以从建立统一跨市场的托管结算体系入手,这是打通两个市场最直接、最简单的方法,实现债券在两个市场间自由流动,共同促进两个市场的发展。

（一）取消行政化的审批和管理,建立市场化的发行体制

要大力发展我国的债券市场,就必须改现有的审批制为注册制,使对债券市场的审批和监管向程序性审核过渡,从而在真正意义上建立市场化的债券发行体制。要建立市场化的债券发行体制,可从以下四个方面着手推进:

1. 统一企业债券品种,由发行审批制向注册制过渡

我国债券发行注册制首先可从企业债券着手,再向金融债券推进。2007年9月中国银行间市场交易商协会成立,原来由人民银行审批的所有企业债已变更为在银行间市场交易商协会注册。通过几年的实践,银行间市场交易商协会已具备了承担企业债券注册发行管理的能力,因此,可以将目前由发改委审批的公司债和证监会审批的公司债、可转债转由银行间市场交易商协会统一管理,取消名目繁多的企业债券种类,由发改委、证监会和银行间市场交易商协会共同制定统一的企业债券发行条件、标准、程序和流程,最终实现债券的市场化发行。

2. 完善债券市场信息披露机制

在美国的债券市场中,发行人除了披露财务、业务等信息以外,还要披露历史信用记录,包括银行贷款偿还情况、贷款集中度、历史信用违约记录以及高管人员的信用记录等,其根本目的在于更充分地保障债权人的利益。现阶段,在我国即使是上市公司还存在信息披露不及时,甚至对投资者隐瞒信息的违法违规行为。因此,要实现债券的市场化发行前提之一就是要建立和完善相应的信息披露制度,从法律上加以明确和规范,提高违法违规成本。同时,还应建立畅通的、有效的信息披露通道,使投资者能够方便、及时地了解到相应的信息,做出相应的投资决策。

3. 完善担保制度,建立市场化风险定价机制

在债券的发行环节中,尤其是企业债的发行过程中,应积极推广专业担保机制,允许资信良好的企业自主选择是否担保发行。此外,实现市场化的发行机制还应该实现债券发行利率的市场化定价。目前,企业债在二级市场交易价格虽然已经实现了市场化,但发行利率仍然沿用审批的办法,这不利于债券市场化风险定价机制的建立。因此,应该逐步取消对企业债利率的上限管制,充分实现利率的市场化定价。

4. 改进我国信用评级制度,为债权人提供权利保障

随着公司债券市场的发展以及各种非政府信用债券的引入,信用评级机构的重要性也将日益突出,为了促进我国债券市场的进一步发展,就必须完善我国的信用评级机制。

要加强信用评级机制,我们必须加强和完善债券市场信用评级的法律法规建设,同时加强市场监管力度,政府部门可以结合信用评级机构的发展情况,通过对发行主体强制性采用某些评级机构的评级等方式鼓励有竞争力的信用评级机构脱颖而出,从政策上为评级行业的发展提供良好的外部环境。

此外,我们还应该重视评级技术,专门设立研发部门进行技术研究,让评级人员真正从事研发工作,在实践中积累不断提高自身技术水平;还可以通过允许国外著名信用评级机构以参股或建立子公司等多种形式参与我国信用评级市场,以便学习国外信用评级方面的先进经验和技术方法,在较短的时间内建立起有权威和公信力的信用评级机构。

加强信用评级机制,应该尽快建立企业信用评级数据库,企业资信评级的核心在于准确地判断企业的违约概率和违约损失,而作为检验评级结果的唯一途径,没有评级数据库就无法评估违约损失。就我国目前的情况来看,可以通过建立企业财务数据过滤器,对企业提交的财

务报表的真实性进行检验,也可以根据已有的违约和正常企业的历史财务数据进行分类评估。

（二）市场参与者自由选择交易场所和方式,实现跨市场的发行和交易

所谓统一的债券市场是指资金可以自由流动的市场,市场参与者可以按照市场原则自由选择交易场所和交易方式。由于各市场有着不同的功能,对应不同的市场需求,简单的合并不符合市场的要求,因此,目前应采取措施进一步取消各市场交易主体的限制,增加跨市场交易的品种,优化目前市场的托管结算体系,使资金和债券可以在各个市场自由流动,从而平抑各市场收益率的差异,达到债券市场实质上的统一。

1. 进一步提高市场投资者的交叉程度

目前,证监会和银监会虽已推动上市商业银行重新进入交易所债券市场,两个市场的分割有所打破,但仍然存在一定分割:一是商业银行进入交易所市场后交易方式仍然存在限制,银行不可以从事回购交易,仅允许其通过交易所固定收益平台从事国债、企业债、公司债等债券品种的现券交易,以及经相关监管部门批准的其他品种交易。二是银行间债券市场的投资者包括了商业银行、外资银行、保险公司、证券公司、基金公司、财务公司、汽车金融公司等多种金融机构,机构类型日趋多样化,但自然人、法人等普通投资者仍然无法直接参与其中投资。

2. 增加可进行跨市交易的债券品种

投资者可以通过各个市场同一交易品种的跨市交易获得套利机会,从而加强各个市场收益率的相关性,形成统一的市场利率。具体来说,就是增加跨市场发行的交易品种,比如:允许金融债券在交易所挂牌交易,公司债进入银行间市场化等等,并促进跨市场发行债券的跨市场交易。

3. 丰富市场交易主体

为了提高债券市场流动性,还应进一步扩大债券市场参与者范围,允许具有不同的资金需求和资产负债状况的机构投资者参与债券市场,丰富市场交易主体。从成熟债券市场看,美国国内债券投资者主要是银行、基金、个人、保险公司等,各类投资者持有债券比例比较平衡。因此,为发展债市规模,提升债市层次,推进债市向深度发展,在目前情况下,我们应该从丰富银行间债券市场的参与者结构入手,营造宽松、灵活、公平的政策环境,提升债市的吸引力,开放多种进入债市的通道,构建塔状的多层次、多元化债市格局。

(三)建立集中的债券托管结算系统,促进债券市场资金的自由流动

我国交易所市场和银行间债券市场间存在着交易结算方式的差异,这种交易结算方式的差异在很大程度上影响了市场效率。虽然转托管渠道能够满足投资者跨市场转托管的要求,但对投资者来说,要实现跨市场交易必须在两个托管结算机构分别开立账户,还是在一定程度上影响了交易的效率和风险的控制,不利于投资者进行资产管理。因此,转托管只是过渡方案。从长远看,最终目标应当是在遵循市场化原则的前提下,建立真正统一高效的债券托管系统,使债券场外市场和交易所场内市场能共同协调发展,这是我国债券市场统一互联的基石。

统一托管本质上就是不再区分场内、场外托管系统,所有的债券投资者均在托管结算后台开立唯一的债券托管账户,投资者以这个唯一账户在各个市场内进行所有债券品种的交易结算,以实现跨市场投资者和跨市场交易券种在银行间债券市场和沪深两个交易所债券市场之间的自由流动,从而满足投资者高效、安全的跨市场交易需求,并促进市场整体效率的提升(见图4-11)。

中央国债登记结算公司作为财政部唯一授权主持建立、运营全国债券托管系统的机构,从其内部管理制度、业务体系、市场运行的监控、境外合作等方面衡量,有能力集中统一托管全国的债券。在统一负责债券的托管和过户的具体流程中,中央国债登记结算公司能够及时、准

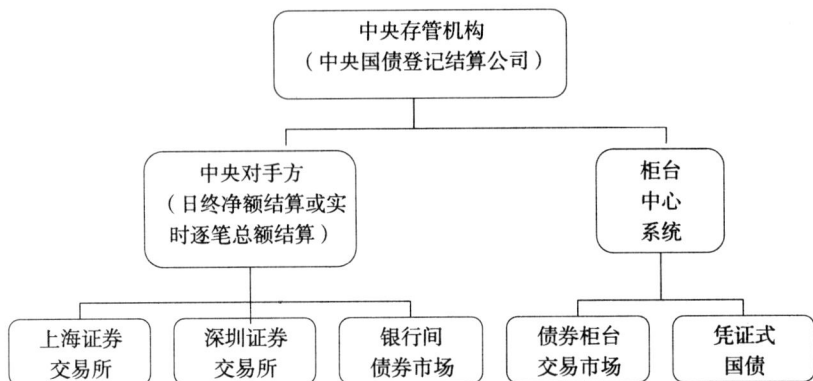

图4-11 跨市场的统一托管体系模式

确、客观地掌握市场监控信息,能够有效协助监管部门掌握市场动态、把握市场变化、对违规行为进行报告并协助处理,因此,这种安排也能为市场监管者从托管和结算环节进行统一监管和风险控制创造必要条件。如图4-11所示,统一托管方案具体包括以下内容:

1. 中央国债登记结算公司为所有债券的总托管人

目前银行间债券市场和债券柜台市场的登记和托管模式可以保持不变。对于交易所债券市场而言,目前在中证登上海、深圳分公司托管的所有债券均改为以一级托管模式托管在中央结算公司;上海、深圳交易所负责对各自交易所市场债券买卖指令的撮合成交;中证登上海、深圳公司则为各自债券交易的中央结算对手方,负责结算对手的交易清算和违约担保;中央国债登记结算公司负责交易所市场债券交易清算后的债券过户。

2. 投资者的跨市场交易

在统一托管平台上,投资者可以在中央国债登记结算公司开立债券一级托管账户,并在该账户下根据其在各个交易场所的交易需求开立对应的子账户,即投资者在中央国债登记结算公司开立的债券账户可下设三个子账户,分别对应银行间债券市场和上海、深圳交易所债券市场。投资者在各个市场进行债券交易使用其对应子账户,而中央国债登记结算公司则根据投资者的指令为其办理所持有债券在不同子账户之间的转移,即子账户转账。由此,投资者可将其持有的债券在不同子账户中自由流动。

可见,通过债券市场的统一托管,各个债券市场之间的联动性将会增强,整个债券市场的流动性也会提高,从而有利于债券的发行、交易以及市场价格的形成。总的来说,实现债券市场的统一,有利于打破市场分割局面,提高债券发行和交易的效率,推动场内和场外市场、批发与零售市场的融合,并最终提高整个市场的运作效率。

(四)引入净额结算和中央对手方机制,大力发展场外交易市场

在我国,债券市场投资者结构以机构投资者为主。截至 2009 年年末,我国机构投资者债券持有量已占全部托管量的 90% 以上,因此,我国债券市场总体上属于批发交易性质,而批发交易采用一对一询价方式要优于交易所集中竞价的撮合方式,场外交易模式能很好地满足这个要求。从这个意义来说,发展我国债券市场应该坚持以银行间的场外债券市场为主的发展道路。但是,我国场外的银行间债券市场透明度不高、交易效率较低等问题限制了我国债券场外市场的发展。面对这些问题,为了大力发展我国场外的银行间债券市场,我们要通过引入净额结算和中央对手方机制来加强银行间债券市场的交易、结算等系统的基础设施建设,并推广电子化的交易方式增加场外债券市场的透明度,从而为活跃债券市场提供有力的制度支持。

1. 建立净额结算和中央对手方机制,提高市场整体流动性

中央对手方(central counter party,以下简称 CCP),是指在证券交割过程中,以原始市场参与人的法定对手方身份介入交易结算,充当原买方的卖方和原卖方的买方,并保证交易执行的实体,其核心内容是合约更替和担保交收。合约更替是指买卖双方的原始合约被买方与CCP 之间的合约以及卖方与 CCP 之间的合约所替代,原始合约随之

撤销;担保交收,是指 CCP 在任何情况下必须保证合约的正常进行,即便买卖中的一方不能履约,CCP 也必须首先对守约方履行交收义务,然后再向违约方追究违约责任。

中央对手方机制的实质是通过介入交易,将市场参与人之间的双边信用风险转换为 CCP 参与人之间的标准化信用风险。因此,对于参与人众多、信用复杂的证券市场来说,具有健全风险管理制度的 CCP 机制将大大降低市场信用风险,有利于增强参与者的投资信心,促进交收,活跃市场交易。

所谓净额结算,是通过对参与人证券和资金账户的借方和贷方进行轧差,得出相对全额结算小得多的净额交收责任(在交易活跃的市场中,净额结算量可能只是全额结算量的几十分之一),以减少证券和资金交付的数量和金额,降低市场参与人的操作风险、流动性风险和交易成本,提高市场效率。在净额结算制度安排中,中央对手方机制因担任市场参与者交易头寸轧差的共同对手方而扮演着极其重要的角色。其主要作用在于:一是通过多边净额结算降低市场风险;二是减少市场参与人的流动性成本;三是确保市场参与者成功交收;四是建立质押制度控制风险;五是通过对参与人的证券和资金净额进行衡量确定质押额度。

近年来,我国债券市的快速发展对交易结算方式提出了更高的要求,市场规模的迅速扩大对现行全额结算方式提出了挑战,目前的单一交易、逐笔全额结算方式已无法满足市场发展的需要,市场对净额结算机制的需求日益迫切。在此情况下,中央对手方机制作为净额结算的市场基础,其建立和推广也就显得十分必要。在具体的实施过程中,可选择迫切需要 CCP 的参与者和产品类型进行试点,在总结经验的基础上逐步推广。由于银行间债券市场中的日交易笔数和结算量普遍高于市场其他参与者,尤其是在做市过程中,做市商随时可能出现需要平仓的大额头寸,银行间市场对净额结算需求较为迫切。因此,可考虑在银行间市场推出 CCP 服务,建立净额结算制,并使得逐笔结算与净额结算并存。在这种并存的体制下,市场的参与者可以自由选择哪种结算方式,这不仅可以提高市场参与者的可选择性和灵活性,还可以提高结算效率,改善市场流动性并降低结算成本。

2. 推广网上交易的电子交易方式,提高场外市场的交易透明度

相对于场内的债券市场而言,我国场外交易市场的透明度不高是场外债券交易市场的主要弊端,电子化交易系统的采用不仅可以解决场外债券市场的交易透明度问题,同时还可以显著提高债券交易的效率。以美国为例,美国纳斯达克市场的诞生宣告了现代场外市场的产生。以信息技术为支撑的现代场外市场有效地解决了信息不畅的问题,提高了价格信息传输和交易执行效率,极大地降低了市场运行成本。因此,发展电子化交易系统已经成为加强债券市场基础设施建设的首要任务。

电子化交易系统的使用和推广首先能够使买卖双方可以在各自的计算机终端上自由询价、报价,从而降低固定资产成本和交易组织成本;其次,在电子交易系统中,我们可以通过电话、传真、网络报价系统、场外公告板等形式,消除信息获取的地区差异,统一市场价格,以降低信息搜寻成本,提高市场效率;最后,建立在网络上的单一市场,可以采取统一规则,由专门的机构凭借新技术实行实时监控,随时掌握全部市场的情况,便于监管,从而降低风险控制和监督成本。

六、结　语

由于长期以来受观念和体制等方面的束缚,我国债券市场尤其是企业债券发展滞后,并在发行、交易、托管等环节上存在分割。总的来说,我国债券市场的发展的根本问题是统一债券市场的监管和托管结算体系,要实现我国债券市场的长远发展,必须从建立统一跨市场的托管结算体系的改革入手,打通交易所和银行间两个市场,实现债券在两个市场间自由流动,共同促进两个市场的发展。

第五章　商业银行与融资融券业务

2010年3月,融资融券交易试点在我国沪深证券交易所正式启动。融资融券业务①作为一种证券信用交易,在海外证券市场已经是一种普遍实施的成熟交易制度,是证券市场基本职能发挥作用的重要基础。在我国融资融券试点阶段,证券公司从事融资融券业务,还不能从其他机构融通资金和证券。而从不同国家与地区发展融资融券的经验来看,虽然采取的融资融券模式有所不同,但是商业银行在转融通环节均扮演着重要角色。

一、国际上开展融资融券业务的市场功能

(一)改变市场单边运行格局,推动金融衍生品市场发展

一般情况下,融资融券业务使投资者不仅可以在预期股票上涨时通过融资买入股票做多,而且可以在预期股票下跌时通过融券卖空进行做空。这样改变了以往投资者只能通过买入股票等待上涨获利的模式。与其他金融衍生工具相比,融资融券业务杠杆较小,总体风险可控,并可作为相关套保或套利操作的支持工具,例如,融资融券利于完善股指期货的套利机制。

---

① 融资融券又称信用交易,可分为融资交易和融券交易,指证券公司向投资者出借资金供其买入证券,或出借证券供其卖出的经营活动。包括券商对投资者融资、融券和金融机构对券商的融资、融券。

作为金融衍生品创新的起点,融资融券业务的推出将极大地改变了金融市场的游戏规则,使券商及商业银行形成新的盈利模式。融资融券业务是境外券商重要的收入来源之一,美国券商 2007 年融资融券利息收入达到了 323 亿美元,占整个证券业净收入的 16％,如果加上相关的佣金收入,贡献率为 18％左右。花旗融资融券相关联的业务主要在投资银行以及托管银行中,2009 年花旗银行投资银行融资融券业务收入为 3.5 亿美元,其主要业务对象为各类对冲基金。日本近年来融资融券业务占券商代理交易额的比重达到 13％—16％。

(二)提高证券价格发现效率,推动价格稳定机制形成

在完善的市场体系下,融资融券业务的开展能够发挥价格稳定器的作用,即当某一股票价格暴涨时,投资者可通过融券卖出方式沽出股票,从而促使股价下跌;反之,当某一股票价值低估时,投资者可通过融资买进方式购入股票,从而促使股价上涨。融资融券交易可以将更多的信息融入证券价格,为市场提供双向的交易机制,通过融券卖出或融资买入,提高证券价格发现的效率,在股价被严重低估或高估时,发挥促使股价回归的积极作用,有助于市场内在价格稳定机制的形成,有效降低极端价格出现的概率。Chase Manhattan Bank(2000 年 8 月)的研究报告显示,卖空交易量与股价指数之间存在着极为显著的正向变动关系,指数高涨时卖空量大,指数低迷时卖空量小,这表明卖空交易能起到平缓股价指数剧烈波动的作用。Anchada Charoenrook 和 Hazem Daouk(2003)通过对 23 个发达国家和 88 个新兴市场国家 2001—2002 年证券市场的研究发现,在允许卖空交易的发达市场国家中,股票收益总的波动性要比禁止卖空交易的新兴市场国家要低(见图 5-1)。

香港曾在 1987 年经历了大股灾的考验,《香港证券业检讨委员会报告书》指出,香港股票市场缺乏卖空机制是导致当时市场效率不足的主要原因。1994 年 1 月,香港联交所在香港市场处于高点时正式推出受到严格监管的卖空试验计划。在正式推出卖空机制之前的 4 年中,

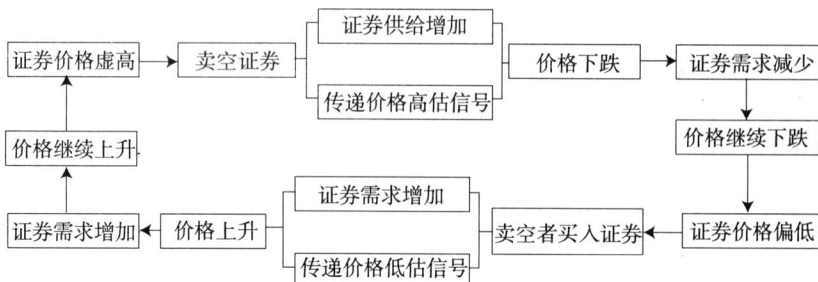

图 5 - 1 卖空价格发现作用机制传导

香港恒生指数一直呈上升态势,在卖空业务推出后,香港结束了长达 4 年的单边上涨行情,恒生指数开始回调。可见香港卖空机制的推出有助股价回归真实价值,有效防止了市场泡沫进一步膨胀,发挥了稳定市场的作用。

(三)融资融券业务对证券市场交易金额具有一定的放大效应

从国际经验看,融资融券的推出有助于提高市场交易的活跃程度和增加交易量,增强市场流动性。美国和日本的证券信用贷款规模一般低于证券市值的 2%,但是融资融券的规模占证券交易金额的比重却达到 16%—20% 左右(见图 5 - 2)。中国台湾地区证券融资融券交易的规模则占到总交易量的 20%—40% 之间(见图 5 - 3)。2007 年中国香港卖空交易成交额达 1.3 万亿港元,是 2004 年的 10 倍,而在市场成交额中所占的比例也上升至 6%,比 2004 年增加了一倍,对市场流动性有明显的促进作用。

但是,当金融市场出现极端情况,若短时期内投资者对未来证券价格走势的判断趋同,融资融券业务将加剧证券价格的波动幅度。面对融资融券业务对证券市场的放大效应,监管机构一般通过交易机制设计来进行严格的风险控制,例如,可以通过调高或调低保证金比率及时控制投资者的杠杆倍数,以提高投资效率和安全性。

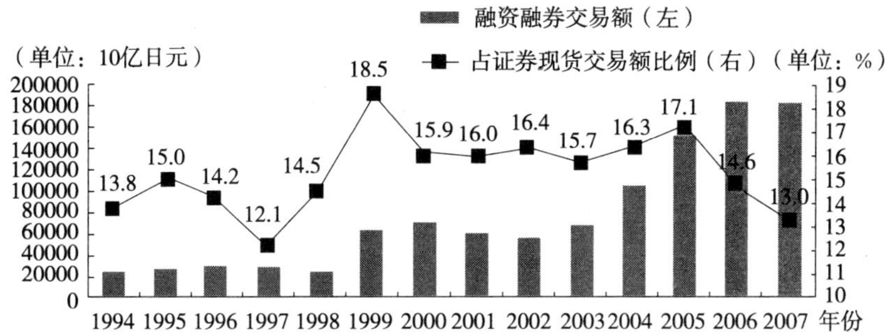

图 5-2 日本东京证券交易所融资融券交易额占证券现货交易额的比例

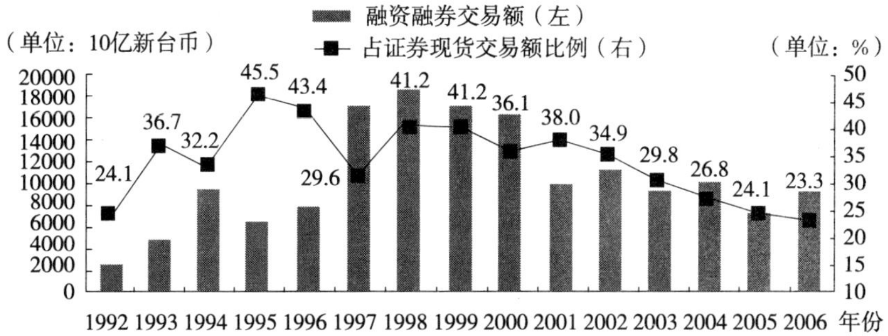

图 5-3 中国台湾证券交易所融资融券交易额占证券现货交易的比例

二、商业银行参与融资融券
业务模式的国际比较

融资融券交易是一种信用交易,目前国际证券市场融资融券普遍采取了外部信用的模式。证券公司在从事融资融券业务的过程中,其资金和证券有限,往往不能满足投资者的需要,在这种情况下,证券公司可以根据需要向银行或专门设立的证券金融公司借款或借券,从而形成转融通机制。开展融资融券业务的国家或地区根据自身金融体系和信用环境的完善程度,采用了适合自身实际情况的转融通模式,可以概括为三大类：以美国、中国香港为代表的市场化模式；以日本、韩国为代表的集中授信模式；以中国台湾为代表的双轨制模式。在不同转融通模式中，商业银行的作用机制也不尽相同。

（一）在美国、中国香港采取的市场化模式中，商业银行直接向证券公司进行资金融通

19世纪融资融券交易开始在美国出现并迅速发展。作为全球金融市场最发达的国家，美国的信用体系十分完善，货币市场与资本市场高度一体化，证券公司拥有较高的信用等级，这给美国采取市场化融资融券模式提供了坚实的基础，也决定了美国商业银行直接向证券公司融资融券，并未设立证券金融公司。

美国投资者进行信用交易时，向证券公司申请融资融券，证券公司直接对投资者提供信用。而当证券公司自身资金或者证券不足时，证券公司可以直接向银行申请贷款或者回购融资，向非银行金融机构借入短缺的证券。在这种市场化模式下，证券公司一般能够根据客户需求，顺利、方便地从银行、非银行金融机构调剂资金和证券头寸，并迅速地将融入资金或借入的证券配置给需要的投资者（见图5-4）。

（二）在日本、韩国集中授信模式下，商业银行通过参股以及向证券金融公司融通资金而发挥作用

亚洲部分国家政府通过设立带有垄断性质的证券金融公司，向需要资金或证券的证券公司进行转融通，而证券公司则负责对投资者的融资融券环节。应当说，证券金融公司是亚洲国家和地区在证券信用交易制度方面的一项创新，是在市场经济和证券市场尚未发育成熟的特定背景下所产生的一项制度。事实证明，证券金融公司在这些特定国家和地区证券市场发展中发挥了积极的作用。

日本于1951年推行保证金交易后不久，推出融券卖空制度。1954年日本通过了《证券交易法》，随后通过中央银行注入17亿日元成立专

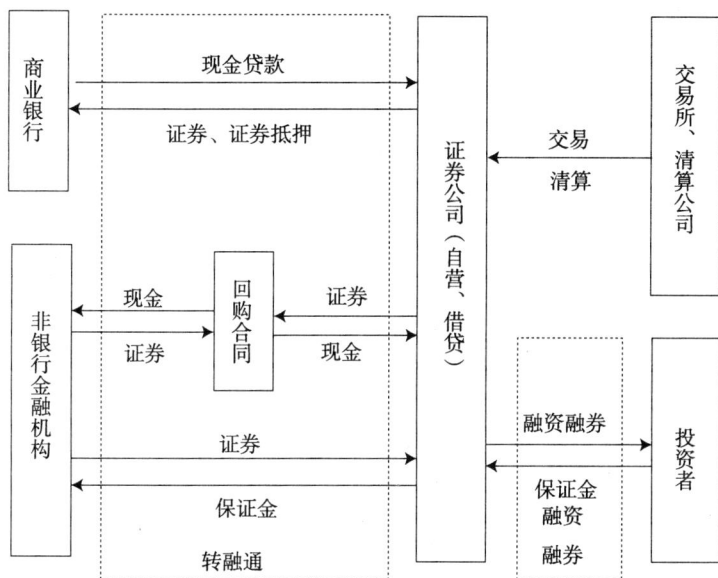

图 5-4　美国商业银行在融资融券业务中的角色定位

业的证券金融公司,专门负责向证券公司提供信用交易的资金。1955
年日本对证券交易法做了修改,指出要对证券金融公司进行较严格的
监管,规定大藏省负责对新成立的证券金融公司进行审批,并且证券金
融公司的业务逐步从股票交易的融资扩展到债券交易的融资。20 世
纪 70 年代中期以后,随着债券市场的发展,债券交易融资规模一直不
断上升,使原本占主导地位的股票融资交易发展呈下降趋势。

　　从日本的集中授信模式看,专业化的证券金融公司处于整个融资融
券业务的核心和垄断地位,由证券金融公司而不是证券公司来连通货币
市场和其他非银行金融机构。证券公司与商业银行在证券抵押融资上
被分割开,由证券金融公司充当中介,并由其控制着整个融资融券业务
的规模和节奏,从而控制信用交易的倍增效应。而证券金融公司可通过
短期资金市场、日本银行和商业银行来筹措资金或股票(见图 5-5)。

　　韩国开展融资融券业务采用了高度集中的模式,仅设立了一家证

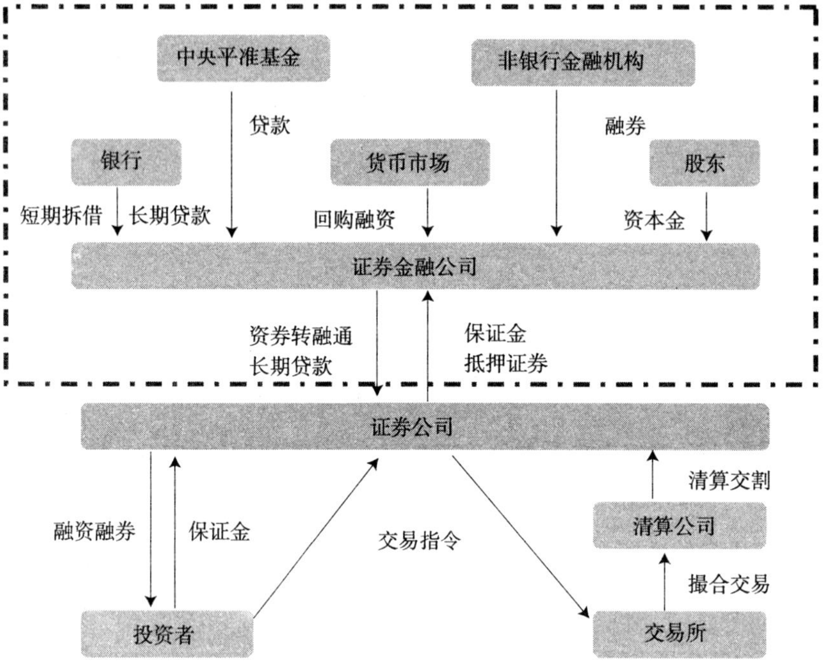

图 5-5　商业银行在日本融资融券业务中的作用

券金融公司,银行信贷的对象为证券金融公司(见图 5-6)。

(三)中国台湾实行双轨制,商业银行承担着双重角色,既可以向证券金融公司融资融券,也可以直接向证券公司提供信贷支持

中国台湾实行双轨制的集中授信模式。在台湾证券公司中,部分拥有直接融资融券许可证的公司可以给客户提供融资融券服务,并可以从证券金融公司转融通。而没有获得许可的证券公司只能接受客户的委托,代理客户的融资融券申请,由证券金融公司来完成融资融券的服务。

有融资融券业务资格的证券公司既可以通过证券抵押的方式从证券金融公司获得资金,也可以将不动产作抵押向银行和其他非银行机构融资,因此证券金融公司并不是资本市场和货币资金市场之间唯一的资金通道(见图 5-7)。

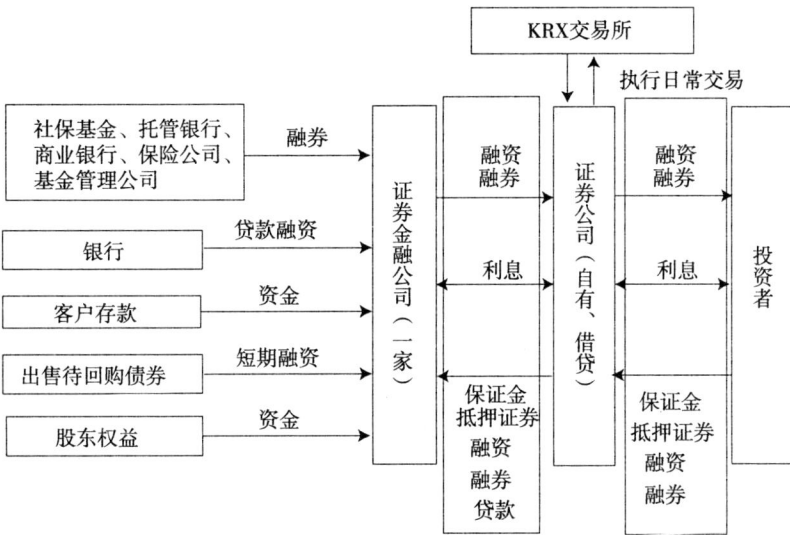

图 5-6 商业银行在韩国融资融券业务中的作用

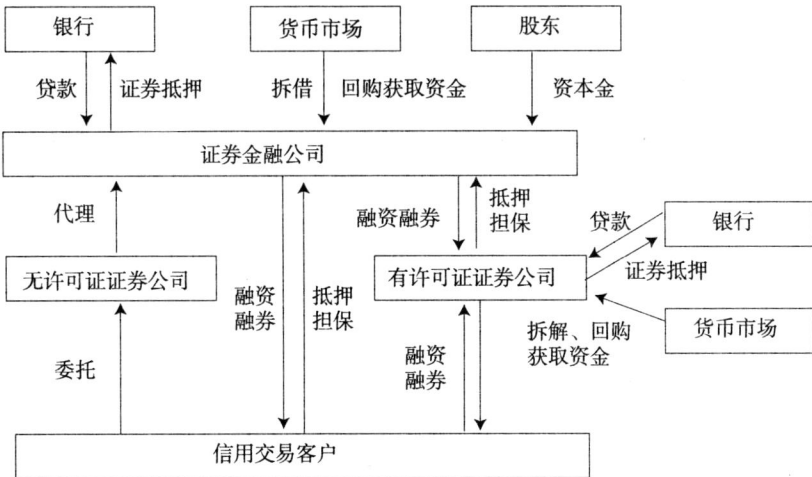

图 5-7 商业银行在中国台湾融资融券业务中的作用

根据中国台湾金融市场不断发展的客观需要,最先由复华证券金融公司垄断融资融券业务,之后逐渐放开证券金融公司的设立,最终形成双轨制,在 1990 年之后台湾信用交易比例不断扩大。

三、我国商业银行参与融资融券业务的启示与借鉴

通过比较美国、日本、韩国和中国台湾地区融资融券的模式发现,在信用体系建设有待完善、资本市场发达程度有待提高的前提下,设立证券金融公司的专业化模式是较为现实的选择,通过在商业银行与证券公司之间建立一道防火墙,可以更为有效地控制金融风险的传导。在日本、韩国及中国台湾证券金融公司(见表 5－1)的运作过程中商业银行扮演着重要角色。

表 5－1　美国、日本、韩国、中国台湾证券金融公司情况

	美国	日本	韩国	中国台湾
证券金融公司	无	❖日本证券金融公司 ❖大阪证券金融公司 ❖中部证券金融公司	❖韩国证券金融公司	❖元大(原复华)证券金融公司 ❖环华证券金融公司 ❖安泰证券金融公司 ❖富邦证券金融公司
证券金融公司业务范围	无	❖标准融资融券贷款 ❖协议融资融券贷款 ❖债券回购和借入借出	❖证券融资 ❖融券业务	❖融资融券 ❖转融通 ❖认股融资 ❖证券承销商承销融资 ❖有价证券交割款项融资

资料来源:作者整理

(一)证券金融公司一般具有垄断性质,有利于证券市场金融规模调控

以日本、韩国为代表的部分国家设立半官方性质、带有一定垄断性

质的证券金融公司为证券公司提供资金和证券的转融通,证券公司仅仅负责对投资者融资融券的环节,以此来调控流入和流出证券市场的信用资金和证券量,对证券市场信用交易活动进行机动灵活的管理。

证券金融公司可以比较好地解决证券公司和证券市场的资金融通问题,对于保证证券市场的流通性、活跃证券市场以及打击地下信用行为,起到了不可替代的作用。同时,证券金融公司发挥着防范和化解金融风险的目的。韩国和中国台湾地区的经验证明,由证券金融公司按严格的条件集中办理证券融资融券,贯彻了银行证券分业管理的原则,更能体现管理层对证券市场的调控意图,在证券市场发展早期便于防范和控制风险。

(二)商业银行在融资融券业务发展中扮演的角色至关重要

1. 从股权结构看,银行一般是重要的出资人

日本要求证券金融公司资本金为 5000 万日元以上,韩国要求法定资本额不得少于 20 亿韩元,中国台湾要求其实收资本额不得少于新台币 4 亿元。中国台湾地区设立复华证券金融公司时,实收资本为 4 亿元,由光华投资公司、中国台湾银行、土地银行、中国信托投资公司及台湾证券交易所分别按 47%、16%、16%、16% 和 5% 的比率出资。安泰证券金融公司的股权结构中前两大股东均为商业银行,银行股份占比超过 20%。

日本和韩国证券金融公司的出资者主要是银行和证券公司,两者的出资额约占注册资本的 40%—60%。日本证券金融公司(JSF)出资人包括瑞穗实业银行、摩根大通银行等大型银行机构。从大阪证券金融公司的股东结构中我们可以看到瑞穗实业银行、三井住友银行等大银行的身影(见图 5-8)。截至 2009 年 3 月底,韩国证券金融公司股权结构中银行业占比约为 33%(见图 5-9)。

2. 银行是证券金融公司获取资金的重要来源

融资融券业务可以将货币市场和证券市场之间的资金壁垒打通,

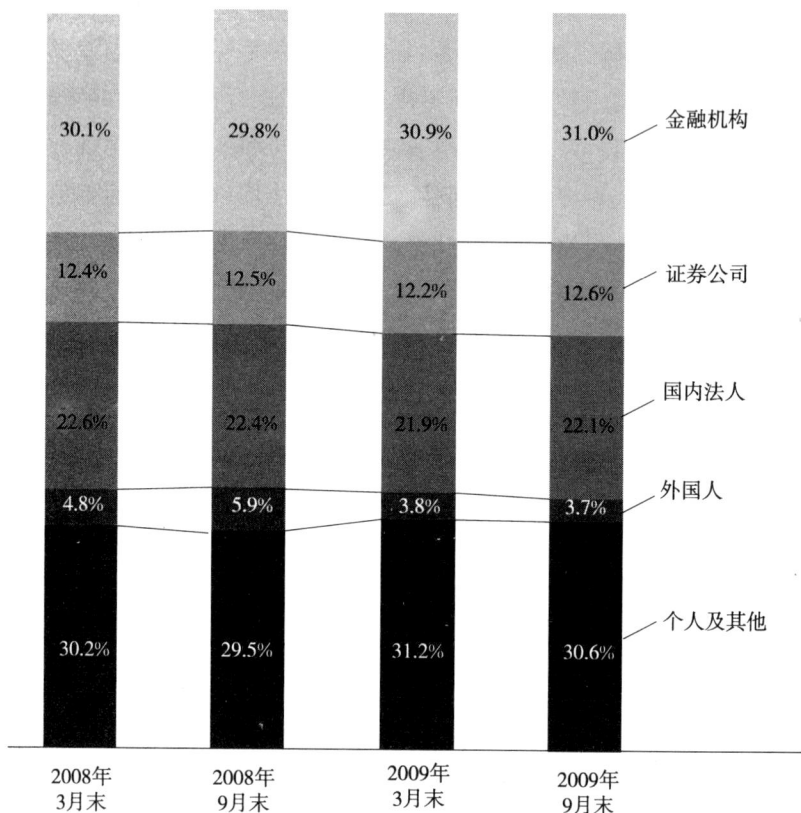

30.1%	29.8%	30.9%	31.0%	金融机构
12.4%	12.5%	12.2%	12.6%	证券公司
22.6%	22.4%	21.9%	22.1%	国内法人
4.8%	5.9%	3.8%	3.7%	外国人
30.2%	29.5%	31.2%	30.6%	个人及其他
2008年 3月末	2008年 9月末	2009年 3月末	2009年 9月末	

图 5－8　日本大阪证券金融公司的股权结构

资料来源:日本大阪证券金融公司。

使货币市场资金通过相关金融机构进入资本市场,为资本市场提供充足的流动性,提高整个金融市场的运行效率。同时融资融券业务也为提高银行积累资金的利用效率提供了途径。通过对日本、韩国、中国台湾地区证券金融公司负债结构的考察发现,商业银行贷款是证券金融公司最主要的资金来源。日本证券金融公司(JSF)各项负债中,商业银行借款占比最高,2008 年 3 月底至 2009 年 3 月底,商业银行的借款占其负债总额的比重约为 32％,其他资金来源详见表 5－2。截至 2009 年 3 月,韩国证券金融公司银行贷款占总负债的比例为 21％。而台湾

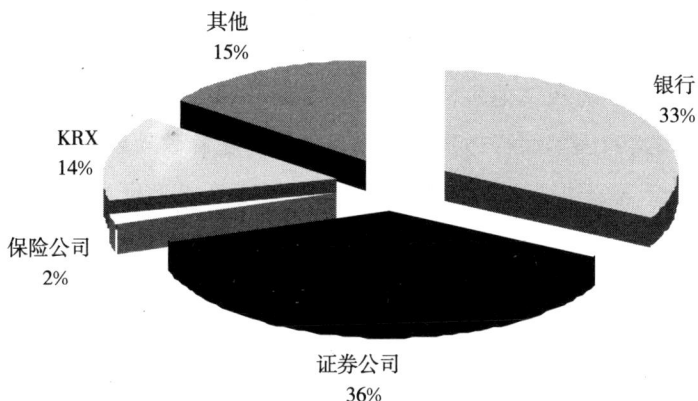

图 5-9 2009 年 3 月底韩国证券金融公司股权结构

资料来源:韩国证券金融公司。

证券金融公司对银行借款的依赖程度更高,2008 年安泰证券金融公司银行短期借款占比高达 58%。

表 5-2 2008 年 3 月底至 2009 年 3 月底日本证券金融公司负债

(单位:百万日元;%)

	金额	占总负债的比例
活期存款	1387800	26.8
银行借款	1676310	32.32
商业票据	15000	0.2
回购协议的支付	637881	12.3
融券存入保证金	791540	15.26
抵押证券	244306	4.71
借入证券	332259	6.41
其他负债	100948	2
总负债	5186044	100

资料来源:日本证券金融公司。

从不同国家与地区发展融资融券的经验来看,虽然各国采取的融资融券模式不同,但商业银行在转融通环节均扮演着重要角色。融资融券的发展是一个渐进推动的进程,在试点阶段,我国证券公司从事融资融券业务,还不能从其他机构融通资金和证券,限制了融资融券业务的市场规模,这和国际通行做法有着显著区别。随着政策松动,不论通过参股证券金融公司介入信用交易的转融通业务还是向证券公司直接融资,商业银行的参与是必不可少的。

融资融券的推出一般意味着资本市场发展金融衍生品的开端。根据国际经验,在融资融券推出之后,会陆续推出股指期货、国债期货、外汇期货等相关金融衍生业务。金融衍生品的陆续推出将极大地改变我国金融市场的游戏规则,将使商业银行之间相关业务市场份额的争夺日益激烈,这要求商业银行不仅要立足当前,还要放眼未来,研究商业银行参与融资融券业务发展不同阶段的角色定位。

(三)融资融券业务开展初期,我国商业银行的首要任务是展开相关业务对接

1. 银行需对接资金存管和清算业务

我国《证券公司融资融券业务试点管理办法》规定,证券公司经营融资融券业务,应当以自己的名义在商业银行分别开立融资专用资金账户和客户信用交易担保资金账户(见图5-10),这在一定程度上将增加银行的资金存管和代理清算业务。

获得融资融券业务存管资格银行的银证业务市场占有率将进一步扩大,形成强者更强的局面。融资融券业务推出后,将引发有融资融券需求的客户向有业务经营资格的券商和银行转移,优质客户将进一步向这类券商和银行集中,而其他券商和银行的市场空间将进一步被压缩。

2. 尝试在理财产品设计中引入信用交易机制

目前商业银行直接投资于证券市场的理财产品,主要是与信托公司合作的新股申购信托理财产品。在融资融券业务推出后,在监管规

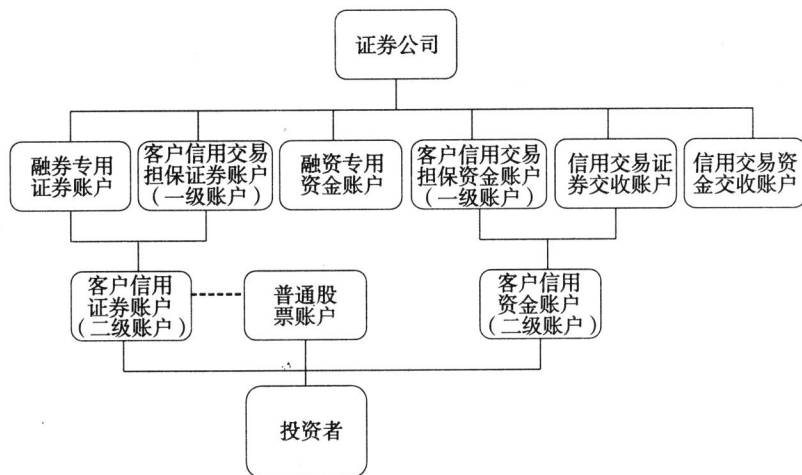

图 5-10　融资融券业务涉及的账户情况

定的范围内,商业银行可以尝试在新股申购时引入信用交易机制,扩大新股申购的资金规模。

3. 完善托管业务

融资融券服务可为托管业务客户提供更完善的增值服务,这有利于吸纳更多新客户,从而推动整体托管业务量及资产值的扩大。

4. 应对公司业务的影响

目前,券商的自有资金运用主要有自营业务、购买债券、新股申购等,而在融资融券推出后,有试点资格的券商就会将较多的自有资金用于为客户提供融资,存入银行的资金会有所减少。

(四)商业银行应利用融资融券推出的契机,把握前所未有的银证合作机遇

面对融资融券业务推出后证券公司市场格局的新变化,我国商业银行应在现有基础上,进一步加强与获取资格券商的战略合作关系,并在资金价格、融资支持、客户营销、创新合作等方面予以最大化资源倾

斜,争取新增信用交易客户的第三方存管资金和清算业务,同时也可与此类券商开展联合营销,通过优惠措施吸引非创新类券商的第三方存管客户的证券账户向此类券商转移。

银证合作还体现在以下几个方面:第一,优质客户资源共享。能参与融资融券业务的投资者必然是优质客户,这部分高端客户资源将成为各银行、券商关注的焦点,银行需要与证券公司合作,加深在优质客户资源共享及共同开发客户方面的合作,这有利于促进银行理财业务的拓展。我们预计,随着融资融券业务逐步扩大,新一轮优质客户资源的争夺将更加剧烈,银证竞争格局面临再一次洗牌的机遇。第二,客户授信与征信合作。证券公司首先要建立对客户的授信评级体系及风险监控系统,并要对客户进行授信审核,而对于银行来说,一方面已有完善的制度与评级体系,同时又积累了丰富的经验,证券公司与银行进行授信合作可以更好地控制风险。

(五)商业银行应积极参与组建证券金融公司,股权比例应控制在30％左右

日本、韩国、中国台湾地区的证券金融公司都采用了股份有限公司的形式。日本最初设立了9家证券金融公司,1956年4月合并为3家,均为上市公司。日本三家证券金融公司分别为日本证券金融公司、大阪证券金融公司以及中部证券金融公司(详见表5-3)。证券金融公司虽属于非银行金融机构,但中央银行将其视为商业银行看待,其主要提供股票抵押贷款、短期证券抵押贷款、债券抵押贷款、股票融券以及债券融券等几个方面的融资融券服务。韩国证券金融公司成立于1955年,是目前为止韩国证券融资唯一专门机构,是韩国证券信贷的主要来源。中国台湾地区1980年设立复华证券金融公司,后增为4家,现为元大(原为复华证券金融公司)、环华、富邦和安泰证券金融公司。

表5-3　日本三家证券金融公司情况

	日本证券金融公司 （JSF）	大阪证券金融公司 （OSF）	中部证券金融公司 （CSF）
设立时间	1927年7月	1933年9月	1943年8月
再登记时间	1956年4月	1956年4月	1956年4月
资本金	100亿日元	35亿日元	2亿日元
机构所在地	东京	大阪	名古屋
组织形式	股份有限公司上市公司	股份有限公司上市公司	股份有限公司上市公司
股本结构	证券公司26.8% 金融机构36.1% 其他法人13.9% 个人等23.2%	证券公司18.4% 金融机构34.8% 其他法人23.7% 个人等23.1%	证券公司24.3% 金融机构18.8% 其他法人21.5% 个人等35.4%

资料来源：公司年报、中银基金。

当前我国《试点管理办法》虽暂未提及银行介入转融通业务,但未来商业银行的参与是不可或缺的。根据亚洲部分国家和地区证券金融公司的运作经验,我国发展转融通的可能路径将是组建3—5家证券金融公司,形成转融通的寡头垄断格局。

1. 积极参与证券金融公司的发起,出资比例以30%左右为宜

从日本、韩国以及中国台湾地区证券金融公司的组建模式来看,商业银行均作为重要的出资人参与其中,发挥着举足轻重的作用。我国商业银行未来可能通过参股证券金融公司介入证券信用交易的转融通业务,以获得稳定的投资回报。结合国内的实际情况,我们预期会由商业银行、证券交易所、证券登记结算公司、大型创新试点类证券公司等机构共同发起设立证券金融公司。借鉴日本、韩国、中国台湾地区证券金融公司股权结构特征,我国证券金融公司设立时银行的出资比例应保持在30%左右。

2. 创新盈利模式,提高收入水平

随着证券市场在金融体系中地位的上升,商业银行面临的"脱媒问题"将逐步加强,商业银行应当在金融创新产品发展进程中挖掘新的利润增长点。从日、韩及中国台湾地区发展情况来看,商业银行向证券金融公司提供融资业务是一个必然趋势。我国一旦转融通业务放开,银行将可以向证券市场提供资金融通,这将是一块很大的"蛋糕",这将为银行提供新的利润增长点。因此,商业银行应当积极探讨把握机会,优化资产结构,不断突破寻找新的盈利模式。

从日本证券金融公司(JSF)的盈利情况来看,融券业务利润贡献度较大。在日本,日本证券金融公司处于绝对垄断的地位,从 2009 年12 月的数据看,其融资总金额占日本三大证券金融公司融资总额的92.6%,融券总额占日本三大证券金融公司融券总额的 96.2%(见表 5-4)。

表 5-4　2009 年 12 月日本证券金融公司融资融券市场份额

(单位:百万日元;%)

	融资平均余额	融资市场份额	融券平均余额	融券市场份额
日本证券金融公司(JSF)	296828	92.6	303391	96.2
大阪证券金融公司(OSF)	23542	7.3	11690	3.7
中部证券金融公司(CSF)	283	0.1	6	0.1
总计	320653	100	315087	100

资料来源:日本证券金融公司。

日本证券金融公司 2009 年 3 月至 12 月底的营业收入中,融资融券收入在营业收入中的占比为 46.9%(见图 5-11),融资业务的贡献率为 25%,融券业务的贡献率为 57%。另外,其 100%控股的信托公司对其利润贡献较大,约为 20%。

证券公司向日本证券金融公司融资的利率水平随着日本央行政策利率的变化而变化,平均水平约为 0.97%,而融券的成本一直保持在稳定的水平,约为 0.4%(见图 5-12)。

（单位：百万日元）　　　　　　　　　　　　　　　（单位：%）

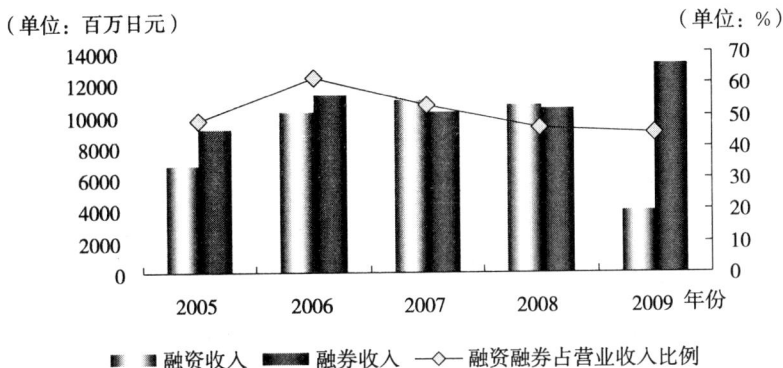

■ 融资收入　　■ 融券收入　　—◇— 融资融券占营业收入比例

图 5 - 11　日本证券金融公司融资融券收入发展情况

资料来源：日本证券金融公司。

（单位：%）

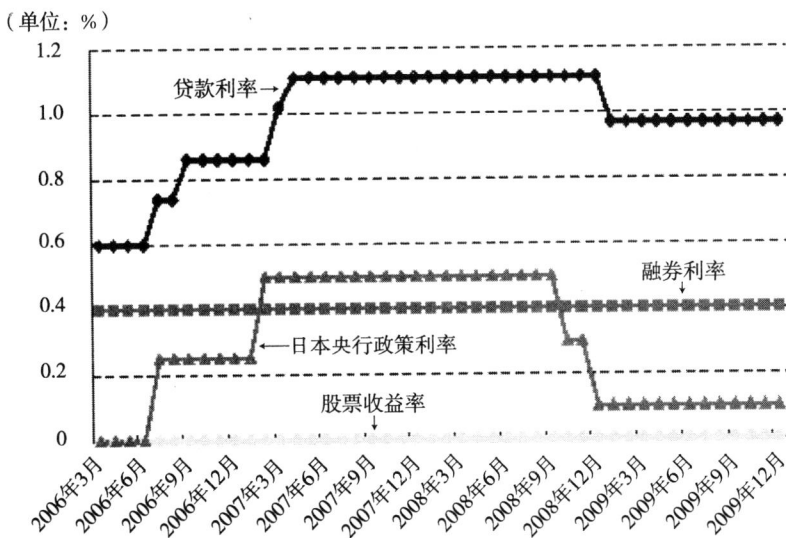

图 5 - 12　日本证券金融公司提供融资融券业务的利率水平

资料来源：日本证券金融公司。

日本证券金融公司向证券公司提供融资服务的利润率水平在 20

世纪 80 年代末、90 年代初保持在较高水平,约为 3.75％,之后一路下滑,2002 年 5 月之后有所提升,2009 年调整为 1.37％(见图 5-13)。

（单位：%）

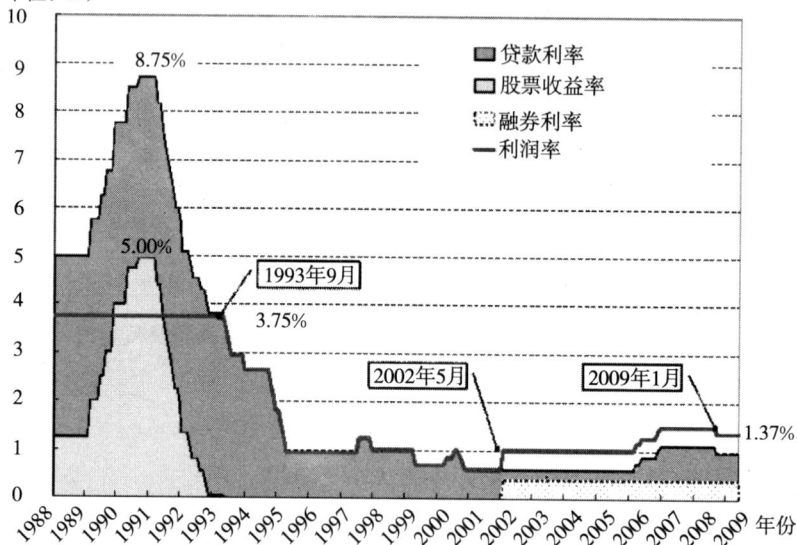

图 5-13　日本证券金融公司融资业务利润率的变化

资料来源：日本证券金融公司。

（六）融资融券业务对银行带来的潜在风险不容忽视

随着我国融资融券、股指期货等金融创新业务的发展,我国商业银行不仅要研究业务收益,还应充分考虑由此带来的潜在风险。第一,杠杆放大效应更加复杂。证券信用交易将通过银行信贷融资放大银行的信用规模,所带来的虚拟资本增长比一般信贷引起信用扩张的乘数效应将更为复杂。第二,抵押证券大幅贬值的风险。证券金融公司以证券为抵押向商业银行申请贷款,抵押证券的价值与证券市场的关联度很大,当市场出现极端情况,证券市值面临大幅下滑的风险时,银行需要考虑通过强行平仓来保证自己资金的安全。第三,第三方存管流失的风险。我国一旦设立证券金融公司原本可以由银行提供的第三方存管职能可能会被证券金融公司取代,商业银行应充分评估证券金融公

司的设立对其现有业务份额的潜在影响。因此,对于融资融券业务的
开展,商业银行在积极跟进的同时,要把握风险点,优化资产组合,在稳
健、审慎经营中不断积累经验和完善风险控制制度。

第六章　中低收入者住房困境破局

2009 年第二季度以来,我国的房地产市场在全球经济下滑之时异军突起,引领中国经济率先步入复苏通道。2010 年上半年,我国房地产价格仍旧呈现出一路高歌猛进之势,房价大幅连续快速上涨。然而,这却对中国经济未来的持续平稳增长埋下了种种隐患。房价过快上涨将挤占居民消费,成为扩大消费和调整经济结构的重要障碍,引发的房地产泡沫还将加剧宏观经济的波动和金融系统风险。更重要的是,房价过快上涨导致富者愈富、贫者愈贫,"马太效应"使得中低收入者的住房困难问题越加突出,这与缩小收入分配差距,建设社会主义和谐社会的目标出现了严重背离。当前,对中低收入者住房困境问题的解决不仅关系到宏观经济的稳定运行和经济增长模式的转型,也更关系到社会的公平与和谐。

一、中低收入者的住房困境:现状与成因

(一)保障性住房政策的历史演变

中国的保障性住房从其历史演变轨迹来看,走过了一条住房保障属性从"加强——弱化——回归——执行"的过程。

第一阶段:加强阶段。1998 年 23 号文件推动的房地产制度改革,标志着福利分房向住房货币化、商品化的转变,确立了多层次房屋供应体系,即:最低收入者租用廉租房;低收入者可购买经济适用房;中低收入者可申请购买限价房等;中高收入者的住房问题由市场解决的多层

次房屋供应体系。除廉租房外,限价房和经济适用房都是以直接出售的方式提供给保障对象,购买者拥有全部产权或者受限制产权。作为房改的核心文件,这是历史上第一次从制度层面清晰界定的一个针对不同收入家庭实行不同住房供应的政策。

第二阶段:弱化阶段。2003 年 18 号文件正式明确房地产业作为国民经济的支柱产业,提出要逐步实现多数家庭购买或承租普通商品住房,努力使住房价格与大多数家庭的住房支付能力相适应。这使得普通商品房逐步成为市场的供应主体,经济适用房的地位在实际执行层面被不断弱化。因此,2003—2006 年经济适用房新开工面积逐渐下降,供地面积受到压缩,并在一定程度上恶化了保障性住房供应的不足。

第三阶段:回归阶段。2007 年 24 号文件标志着房地产政策开始重新回归住房的保障属性。1998 年房改以来保障性住房供应不足,导致部分城市中低收入家庭的住房问题恶化,并引发公众对民生问题的担忧。在此背景下,2007 年的调控政策强调将廉租房作为保障性住房建设的重点。这包括扩大廉租房的保障范围,多渠道增加廉租房房源与资金来源。同时,土地供给方面,特别指出廉租房、经济适用房、中小套型商品房建设用地年度供给量不得低于 70%。然而,由于各地政府和房地产商在保障性住房上都没有足够的动力和激励,即前者不能获得土地收入,后者不能获得同商品房一样高的利润和收益,使得上述保障性政策并没有得到真正的执行。

第四阶段:执行阶段。2008 年以来,中国的房地产市场因受到次贷危机的影响房地产价格出现了短暂的向下调整,但随着国家 4 万亿投资刺激计划的启动,房地产在 2009 年 6 月份出现了逐步快速回暖,全国各地的房地产价格再次出现了连续快速飙升,中低收入者的住房困难问题再次成为关系民生和经济稳定增长的重大社会问题。2010 年 4 月 17 日的 10 号文件代表强调房地产的保障属性开始从政策层面转向落实执行层面。本轮调控政策通过建立地方政府问责机制、编制保障性住房建设规划、扩大保障性用地供给等主线,开始将政策侧重点转移到执行层面。按照计划,2009—2011 年将解决 750 万户城镇低收入家庭和 240 万户棚户区家庭的住房问题。2010 年建设各类保障性 300 万套、棚户区改造住房 280 万套、农村危改房改造 120 万套。

(二)当前中低收入者住房困境现状

中低收入者的住房困境问题在房价上涨过快涨幅过大的今天显得尤为突出。2010 年 7 月,全国商品房均价达到 4995 元/平方米。尽管 7 月份房地产价格相对前几个月略有下降,但房价过高、泡沫成分过大依然是当前我国房地产市场存在的主要问题。通过采用房价收入比、价格租金比等 6 个指标,对我国房地产市场泡沫进行了测度和衡量,结果表明至少有 80% 的可能认为我国房地产市场已经存在严重泡沫。从价格上涨速度看,2010 年以来,更是出现了月均环比 1.0% 以上的涨幅,而历史月均环比上涨达到 0.5% 都属于上涨较快的时期。目前房价已远远超过 2007 年时的水平,部分楼盘价格甚至翻了一倍多。事实上,不仅我国普通商品房价格过高,就是经济适用房等保障性住房价格也偏高。在英国每套经济房价格是家庭年收入的 3 倍左右,香港公屋的平均租金只相当于市场租金的 30%。与经济发展和收入水平相比,我国的保障性住房价格明显偏高。比如即使是经济适用房,其房价收入比也在 6∶1 的国际警戒线之上。房价过高、泡沫过大造成的最直接后果至少包括以下几个方面:

1."挤出效应"制约居民消费的扩大,成为经济结构调整的障碍

房价上涨过快导致近年来居民购房的首付款和月供不断增加,月供和租房支出占居民消费总支出的比重也不断提高。购房支出增加,占比提高,挤出了购房者在其他生活和发展方面的支出,严重制约着居民消费的持续扩大。尤其在国际金融危机的大背景下,房价过快上涨挤出了居民消费,扭曲社会资源配置,已经成为扩大消费和调整经济结构的重要障碍。

2. "再分配效应"拉大居民收入差距,加剧中收入者住房困难

住房既是普通商品又是投资品,房价上涨对不同的居民户的财富存量会产生不同的影响。对无住房的家庭而言,房价上涨增加了租房支出和购买自有住房的难度,使这部分人的购房梦想变得越来越渺茫;对有自有住房家庭而言,房价上涨增加抵押贷款消费;对于有房且用来投资的家庭而言,房价上涨不仅能获取出租和出售收益,而且还可以获得更多的抵押贷款,是房价上涨最大的受益者。总的来看,房价过快上涨导致的最终结果是富者愈富、贫者愈贫,"马太效应"进一步强化,中低收入者的住房困难问题越加突出,这与缩小收入分配差距,建设社会主义和谐社会的目标相背离。

3. "正反馈效应"加剧宏观经济波动和金融系统风险

从经济波动角度看,在经济扩张期,房价上涨进一步推高了经济增长,在经济收缩期,房价下降引起经济增长进一步放缓。供给方面,在房价上涨时,开发商和银行预期价格继续上扬,从而导致信贷和投资开发增加;需求方面,房价上涨导致投资需求增加,在短期供给缺乏弹性的情况下,需求大幅增加必然会拉动房价快速上涨。由于产业关联性高,房地产市场活跃将带动建筑、冶金、建材、运输和金融等几十个相关产业的快速发展,从而加速经济增长;同样,在经济萧条时期又会加速经济的下滑。此外,大量事实证明,房地产泡沫极易引发系统风险并导致金融经济危机。从 1990 年的日本、1991 年的瑞典、1993 年的挪威、1994 年的芬兰、1997 年的亚洲金融危机再到此次全球金融危机,无一例外。概括来讲,房地产泡沫引发系统风险和经济金融危机的原因主要有:

(1)房地产贷款具有很强的"顺周期效应"。当经济景气上升时,房价上涨,借款人以价值被高估的房地产作为抵押增加了其借款能力,银行扩大信贷,房价等资产价格进一步上升,泡沫不断滋生、膨胀;当泡沫破灭时,房价大幅下跌引起银行不良贷款率猛增,信贷供给不足导致企业投资减少,经济陷入衰退,失业和违约率进一步增加,经济步入下降通道。

（2）房地产不仅是消费品，也是投资品，容易引发资产价格泡沫。是否控制资产价格泡沫从来都是货币政策在经济增长和金融稳定上面临的二难（trade-off）选择。

（3）同一般资产价格泡沫不同，房地产具有更强的"传染风险"。当房地产价格下跌时，以房地产作为抵押贷款物的借款人将因抵押资产价格下跌而出现资产负债表的恶化，导致风险由房地产业传导到其他行业。

（4）房地产对开发商和购房者都具有很强的"杠杆性"。对开发商来说，前期只需向政府交纳部分土地价款，开发商再以土地使用权合同作抵押向银行申请贷款，获得大部分地价（如80％）的贷款；然后，开发商同建筑企业签订建筑承包合同，再以建筑工程的名义向银行融资；当工程仅完成部分时，开发商进行商品房预售，个人按房价的70％向银行进行按揭贷款。对居民来说，通过按揭贷款方式，可以使居民从房价的快速上涨中获得投资性收益，首付成数越低、交易环节的税负越少，杠杆率就越大。

（三）中低收入者住房困境的根本原因

当前，中低收入者陷入住房困境主要是以下原因共同作用的结果。

1. 保障性住房供给不足：住房困境的根本原因

近年来政府加大了保障性住房投资建设力度，但截至目前，包括经济适用房、"两限"房和廉租房等在内的保障性住房供应依然严重不足，这主要表现在两个方面：从投资看，2009年经济适用房投资占住宅投资的比重仅为4.4％，而2010年1—4月这比重进一步下降，90平方米以下住房投资占整个住宅投资的比例了仅为30.5％，而经济适用房的投资比例更仅只占3.3％（见表6-1）；从经济适用房的供给看，2009年全国住宅竣工面积5.96亿平，经济适用房竣工面积占比仅为6％，从2000年的26％持续下降20个百分点，这与商品房价格的持续上涨、供应量不断猛增的状况形成了鲜明对比，这种"冰火两重天"的供应格局反映出中低收入家庭在繁荣的房地产市场发展背景下如何被挤出市场;从经济适用房的总存量看,中国大陆目前的这一占比仅为10%左右(从1998年算起),而从国外经验来看,历史上,英国的保障性住房占住房存量的曾一度接近60%、日本超过50%、中国香港地区超过45%、新加坡超过90%。供需结构错位、保障性住房存量严重不足是造成中低收入者住房困境的根本原因。

表6-1　住宅投资分类比重　　　　　　(单位:%)

年份	住宅	90平方米以下住房	经济适用房	别墅、高档公寓	普通商品住宅
2007	100	23.3	4.6	10.4	61.7
2008	100	29.1	4.4	8.9	57.6
2009	100	32.6	4.4	8.1	62.9
2010.1—4	100	30.5	3.3	9.1	66.1

资料来源:根据国家统计局相关数据测算。

　　造成保障性住房供给不足的关键制度性原因在于"土地财政"模式使得中央政府加大保障性住房供给的政策难以落到实处。一方面,在土地供给总量不足或有限的情况下,部分地方政府对"土地财政"的依赖使之倾向于优先供给商品住宅与商业地产用地,而最大限度地压缩保障性住房用地,在地价与房价高企的情况下尤其如此。在"土地财政"模式下,地方政府和开发商都缺乏足够的动机来参与保障性住房的建设,造成保障性住房的供给严重不足。另一方面,地方政府又缺乏足够的资金去实施保障性住房建设。

2. 保障性住房的保障面太窄,标准太高

　　目前,保障性住房的申请人员仅限于户籍人口,而常住人口被排除在保障范围之外。另一方面,随着房价的快速攀升,原有的申请标准已变得过于严格,使得大部分中低收入人群在收入上达不到申请条件。再者,随着房价的大幅快速攀升,我国的保障性住房价格明显偏高。目前,即使经济适用房价格的房价收入比也在6:1的国际警戒线之上,远远超过中低收入人群的实际支付能力。

3. 保障性住房的定位模糊,导致"权力寻租"或"弃购"

经济适用房或两限房由于存在产权的转让、分享、移交,一部分中高收入群体和社会特权者利用保障性住房在申请、审核和退出机制上的缺陷进行"权力寻租",保障性住房在一定程度上被异化为新的投资工具。例如,在申请环节,由于当前居民就业的多样化和居民收入的多元化,使得居民的隐形收入难以统计,加上个人及家庭收入信息制度还不健全等原因,使得家庭收入的统计审查难以准确;在审核环节,目前对保障性住房的审核主要依靠社区审核,缺乏进一步审核把关,审核机制易流于形式;在退出制度上,不再符合条件的保障人仍旧享受保障性住房。另一方面,由于保障性住房在位置、区域及配套条件上定位模糊,造成教育、医疗等方面的不均衡,导致保障性住房被"弃购",保障性住房的保障功能和公平功能受到诟病。

4. 房地产泡沫的膨胀,中低收入者住房困境被加剧

房地产泡沫的膨胀进一步加剧了中低收入者的住房困境,并且不同收入群体的房价收入比差距在不断扩大。根据测算,2009 年,全国最低收入户(占总人口的 20%)的房价收入比高达 20.9,高收入户(占总人口的 20%)的房价收入比仅为 3.8,前者是后者的 5.5 倍(见表6-2)。不同收入家庭的房价收入比差距悬殊,对高房价的负担能力相差巨大,导致我国住房消费和分配的严重不公,中低收入者住房问题显得更加突出。

表 6-2　全国不同收入阶层的房价收入比

年份	低收入户	中低收入户	中等收入户	中高收入户	高收入户
2001	19.6	13.2	10.2	8.0	5.1
2008	18.8	11.4	8.3	6.0	3.3
2009	20.9	12.5	9.1	6.7	3.8

资料来源:根据国家统计局《中国统计摘要》数据测算。

二、破局之路：从国外经验借鉴到
中国的现实选择

（一）借鉴国际经验，完善保障性住房的保障模式

1. 实物与货币补贴相结合：美国经验的借鉴

在美国，通常年收入低于 2 万美元的家庭被视为低收入或者是贫困家庭，来自这样家庭的人口目前约有 3900 万人，占美国总人口的 12.1％。美国政府多年来为解决这部分低收入者的住房问题绞尽脑汁，想了很多办法，终于形成了一套比较完善的住房保障制度。

（1）实物补贴

一是公共住房，指政府房屋署拨款建设并直接管理的房屋。这种房屋主要用于出租，其租金标准根据家庭收入而定，一般为家庭收入的 1/3。二是廉租公屋，指政府为低收入偏上家庭提供租住的公有住房。其家庭年收入限制标准相对较高，如一家一口为 28150 美元，两口为 32150 美元，一般租金标准要超过家庭收入的 1/3。一旦家庭收入超过标准，便要搬出去，否则，将大幅度提高租金，租金高达基准租金的 5 倍以上。根据分类供应制度的要求，采取切实可行的措施，保证中低收入者能买得起或租得到相应的住房。低收入者租住符合政府规定要求的住房，只支付其家庭收入 25％的租金，超过部分的房租由政府代付。

（2）货币补贴

一是租金补贴。主要是针对低收入者承租私人房屋的，政府鼓励私人将符合出租标准的房屋出租给低收入者。当低收入者承租后，低收入者将自己收入的 1/3 付给房主，其余部分房租由政府代付。二是购房补贴。根据美国前总统布什 2003 年签署的《美国首付款法案》，凡能够支付月供房屋抵押贷款、但没有足够的钱支付房屋首付款的美国家庭，可向地方相关机构申请低收入家庭特别资助，政府将帮助购房者

交齐首付款和办理房屋过户手续时的有关费用。为购房的中低收入家庭提供 1 万美元或者是住房买入价格 6％的首付款资助,该法案每年至少帮助 6 万低收入家庭支付首付款和交易费用。

（3）用义工降低修缮成本

由于劳动力成本高昂,美国修缮房屋的费用中人力成本一般要高于材料费。对此美国政府和很多社区组织都鼓励年轻的志愿者无偿帮助低收入者进行房屋修缮,大大降低了他们的修缮成本。志愿者借此得到较好的履历记录,在今后的就业过程中受到用人单位的优先录取,而接受援助的居民则有义务以社区义工等形式回报社会。

2. 发放住房补贴:德国经验的借鉴

租房补贴制度是目前德国对低收入居民住房保障的主要方式。德国约有 60％左右的居民租住住房,其中约 1/3 租住公共住房,2/3 租住私人住房。近年来,为保证每一家庭都能够有足够的住房租金支付能力,德国相关法律规定,居民实际缴纳租金与可以承受租金(一般为家庭收入的 1/3)的差额由政府承担,补贴资金的来源由联邦政府和州政府各承担 50％。此外,财政还给予收入较低的购房人不同程度的购房补贴。目前,约有 86％的德国人都可以享受不同额度的住房补贴。至于将房子租给谁,德国政策规定主要取决于谁"对社会帮助的需求最紧迫"。首先,无房户原则上会得到优先照顾。其次,收入低也是一个重要的参考因素。如果一个家庭每月用于房租的支出大大超过月收入的30％,就算困难户。第三,失业者、多子女家庭、孕妇、单身母亲、残疾人、病人、社会弱势群体,以及原住房条件恶劣等等,也都在考虑之中。

3. 政府建房为主:新加坡经验的借鉴

该模式以新加坡为典型代表。按照 1964 年推出的"居者有其屋"组屋计划,新加坡政府成立专门的法定机构,对占住户 80％的中低收入者,统一供应组屋,并实行严格的限房价、限户型政策,保证大多数居民买得起组屋。政府规定,每户中低收入家庭可以购买一套组屋,购买组屋居住不满 5 年出售要交较高的税。同时,还对少数低收入困难家庭实行更加优惠的住房保障政策。(1)对占居民家庭总数 8.5% 的困难户供应由政府补贴的小户型组屋。政府补贴标准为:两室一套的,政府补贴购房总价的 1/3;三室一套的,政府只补贴 5%;四室以上大户型的不补贴。(2)对占居民家庭总数 8.5% 的特困户(月收入不超过 800 新元的家庭)政府租给面积更小的旧组屋(一般为 40 平方米左右),月租金仅为十几新元。

4. 法律强制:法国经验的借鉴

该模式以法国、德国为典型代表。法国政府专门颁布法律,从 2000 年开始,规定任何开发商在住宅建造规划中,至少拿出 20% 的面积,卖给社会福利房屋管理公司,由其出租或出售给低收入者,并提供房屋的日常维护和管理,其余 80% 则按市场价格销售。这样做的好处:一是促进了不同社会层次的居民相互掺杂和融合,防止人为地将一座城市分割为富人区和穷人区,特别是避免出现贫民窟;二是促进了街区内多种多样的经济文化生活的融合。

针对第二次世界大战后大量中低收入者住房困难的问题,德国政府于 1950 年颁布了第一个《住宅建设法》,推动福利性公共住宅的建设。其中大众化的公共住宅全部由国家投资兴建,主要向低收入、多子女及领取养老金者等家庭提供。为了避免人为造成两极分化,形成富人区和贫民窟,德国政府也规定,房地产商兴建一个住宅区,必须用 20% 的面积用来建造"福利住房"。经过多年努力,德国较好地解决了中低收入者的住房问题。

为解决第二次世界大战后住宅严重缺乏问题,日本政府在 1951 年颁布了《公营住宅法》,明确指出公营住宅的受益对象为低收入家庭。公营住宅计划极大地缓解了低收入家庭的住房紧张状况。根据 1996 年新修订的《公营住宅法》,日本公营住宅的来源有三:一是地方公共团体建设公营住宅;二是地方公共团体收购民间住宅;三是地方公共团体租用民间住宅。

5. 租售并举:中国香港经验的借鉴

该模式以中国香港为代表。香港是典型的高房价地区,居民平均住房面积标准较低,但中低收入居民的住房问题却得到了很好的保障。香港采取的住房政策主要包括:(1)居屋政策,是对中低收入者实施的购房优惠政策。政府无偿提供土地,由房委会组织建造居屋,并设立专项基金。设定优惠对象,一般要求家庭月收入不超过 2 万元,并进行动态调整。实行优惠价格,房屋的销售价格相当于市场价格的 60%—70%。政府提供抵押贷款担保,贷款比例为房价的 95%,期限 20 年,具体由房委会担保。限制产权,5 年内出售,只能按原价出售给房委会,第二个 5 年内出售,要以房屋时价出售给房委会;10 年以后出售,可以自由上市,但同时要将增值收益的 45%—55% 交给房委会。(2)公屋政策,即优惠租房政策。租房资格限定为:单身月收入 4600 元以下;两口之家月收入不超过 7600 元,三口之家月收入不超过 9500 元,四口以上之家月收入不超过 2 万元。根据不同居住情况,实施低租金政策。人均建筑面积 5.5 平方米以下的,租金占家庭收入的 15%;人均 7 平方米的,租金占家庭收入 18.5%。公屋平均租金水平仅相当于市场租金的 30%。

6. 政府主导,实物建房:我国住房保障模式的现实选择

近年来,我国也建立了包括经济适用房、廉租房、"两限"房等在内的住房保障制度,并且投资和建设规模逐年扩大,但由于保障性住房的保障对象覆盖面低,中低端住宅的供给不足,中低收入者的住房问题依然没有得到很好的解决。从政策实践来看,世界上也没有哪个国家和地区将住房问题全部推向市场。我国房地产政策要坚持以科学发展观为指导、坚持以人为本,从构建社会主义和谐社会的高度出发,构建以政府为主导的住房保障体系,避免过度市场化。同时,正确处理房地产在拉动经济增长与满足老百姓住房需求、建设发展与土地保护、价格调控和泡沫预警之间的关系。建议各级政府成立以政府主管领导牵头和负总责,建设、发改、土地、金融、规划等相关部门为成员的联席会议制

度,制定和解决本地区房地产和保障性住房规划、供地、融资、建设、定价、销售和服务等各个环节中的政策及实施问题,保证房地产政策的权威性、一致性、协调性和稳定性。

从世界各地经验来看,一般而言,那些面积狭小、土地资源紧缺、人口密度大的国家和地区,都实行以政府建房为主的住房保障模式,并且取得了不错的效果。我国拥有 13 亿多人口,人均耕地面积还不及世界平均水平的一半,"人多地少"是我国的基本国情。基本国情决定了我国住房市场只能走小户型、低耗能、集约型的发展模式,不能走美国那种大户型、高耗能、分散式的发展道路。此外,土地资源稀缺、住房需求缺口巨大、居民收入差距悬殊,决定了我国应采取以实物建房为主来解决中低收入家庭的住房问题。具体而言,一是中等偏低收入家庭,购买政府投资建设的经济适用房或限价房,并且其标准随经济发展不断下移。二是对低收入者,以租住政府建设廉租住房和公共租赁房为主,范围不断扩大。三是提倡公平、合理和理性的住房消费,根据户型和人口制定不同的房价和租金水平。

(二)建立政府房贷机构,加大金融对中低收入者的支持力度

1. 美国房贷承销机构的经验教训

(1)美国房贷承购机构与房屋市场共同成长和发展。在发展初期阶段,支持房贷一级市场的发展和成熟。20 世纪初的几十年内,美国经历了城市化和人口高速发展时期,这一社会结构的变化促进了对住房的巨大需求。而此时,住房金融业发展相对滞后,房贷资源有限且贷款条件苛刻。为了缓解房贷快速发展而贷款发放机构资金不足的矛盾,国会于 1938 年成立了联邦国民抵押贷款协会(简称房利美)。起初该机构是联邦住房和城市开发部(HUD)的一部分,功能是收购联邦住房局(FHA)和退伍军人管理局(VA)发行和担保的房贷,使房贷市场具有流动性,为房贷发放机构提供资金,促使它们增加房贷供给,缩小房贷资源供给上的地区差异。房利美主要通过发行无抵押债券筹集收

购房贷的资金,大大改善了住房金融系统。到 20 世纪 50 年代,大部分新发放房贷期限由 5—10 年延长到 20—30 年,还款方式可选择固定利率和按月分期摊提本金,按揭成数由 50％提升到 80％。这些措施大大促进了房屋建造和销售,使美国住房存量在 1940—1950 年增长了 20％。

在成长阶段,通过房贷证券化将房贷二级市场延伸到资本市场。1966 年以后,随着短期国库券利率上升,美国居民存款从银行流向国库券,银行房贷资金短缺,银行难以利用存款等传统融资方式满足巨大而快速增长的房贷业务。这促使房贷发放机构突破将房贷持有到期的业务模式,开始探讨将资本市场资金纳入房贷发放领域。联邦政府设计了一种创新机制:在房贷发放机构和资本市场间建立一个中介机构,统一收购住房按揭贷款,通过住房按揭贷款证券化转换成债券形式向投资者销售,将房贷融资来源延伸到资本市场。与此同时,美国房贷承购机构设置上进行了三大调整:一是 1968 年国会将当时的房利美一分为二,形成政府住房抵押担保协会(简称吉利美)和新的房利美。吉利美依然作为政府的一个部门,继续收购联邦机构包括 FHA、VA 等发行的房贷,并为其提供担保,同时还增加了一项新功能:与其他大银行联合将房贷通过证券化方式向市场发行销售。吉利美完全由联邦政府的信用支持,它发行和担保的房贷债券实际上是唯一真正由美国政府作最后担保的房贷证券,因此也具有和美国政府同样的信用评级。二是新的房利美成为政府资助企业的一部分,政府资助企业是由美国国会颁发营业执照的私有企业,新的房利美不再承担政府发行房贷的担保功能,但增加了承购政府机构担保以外的房贷的功能,并可将这些房贷通过证券化向资本市场发行销售。1970 年房利美在纽约股票交易所上市。三是联邦政府为了结束新的房利美的垄断地位,促进房贷二级市场竞争,于 1970 年成立了另一家类似于房利美的政府资助企业——联邦房屋贷款公司(简称房地美),该机构以后也在纽约股票交易所上市。至此,美国联邦政府构建了一套庞大的住房金融体系,即政府拥有的吉利美以及政府资助的房贷企业,其中房利美和房地美(以下简称"两房")是政府资助的房贷企业的核心部分。截至 2007 年年底,"两房"拥有和担保的房贷占美国 12 万亿美元房贷的近 50％,"两房"发行的房贷证券化产品占美国全部 8 万亿美元房贷证券化产品的80％。而吉利美只收购联邦机构发行或担保的房贷。"两房"成为美国房贷和房贷证券化市场绝对的主导力量,从市场份额看,房利美最大,房地美位居第二,吉利美规模最小。

(2)美国房贷承购机构促使房屋住宅市场和房贷金融市场共同繁荣。美国国会创办"两房"的目标定位:一是通过房屋抵押贷款的买卖为居民,特别是中低收入居民提供充足、广泛的低成本房贷资源,提高住房拥有率;二是为住房抵押贷款提供稳定的二级市场以促进房贷流动性、稳定性和低成本,保障银行系统可以正常提供抵押贷款;三是将房贷市场统一化,利用金融系统中的创新金融工具包括住房抵押贷款支持证券(MBS)及其衍生产品,以维持房贷市场流动性,确保历史上发生过的房贷流动性短缺问题不会重演。美国政府对于房贷承购机构的构想和实践是一项有利于各方,具有广泛社会意义的金融创新。

首先,为居民提供充足的低利率房贷资金,促使居民住房拥有率大幅提高。房贷承购机构通过发行无抵押债券和房贷资产证券化,突破了传统存款融资方式,为房贷发放机构筹集了充足资金。由于它们拥有与美国联邦政府相同的信用评级,可获得低成本的资金用以改善购房者贷款条件,并提供低利率房贷。如美国购房者享受着世界上最宽松优惠的贷款条件(特别是其中的 30 年固定利率可提前还款分期摊提房贷,更是美国房贷产品在世界房贷业中的杰作)、房贷最高可达零首付以及购房者自由选择浮动利率或固定利率等多种组合等。同时房贷承购机构将政府补贴带来的资金低成本好处转移到房贷市场,支持了低房贷利率,使合格房贷利率通常比大额房贷低 25 个基点左右。

按照美国创办"两房"的初衷,"两房"鼓励房贷发放机构向中低收入居民提供低成本贷款,以支持被银行业忽视的群体,促进居民住房拥有率增长。20 世纪 90 年代证券化高速增长以来,房贷余额和住房拥有率均大幅上升(见图 6-1)。

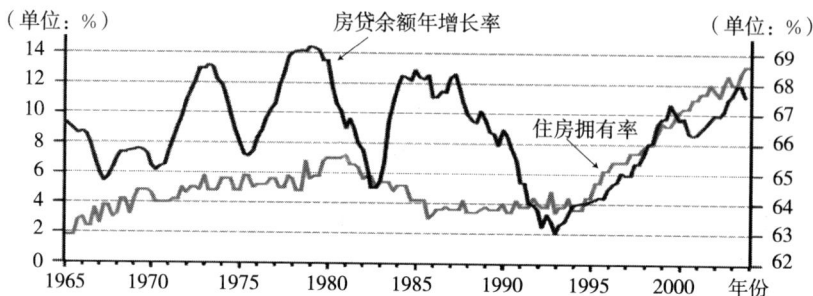

图 6-1　美国居民住房拥有率和房贷余额增长

注:房贷余额年增长率——左轴,住房拥有率——右轴。

资料来源:HUD,2006 年。

其次,改善银行资产负债结构,促使银行房贷业务快速发展。房贷作为长期资产特别是其中的固定利率贷款,对银行而言,不可避免地具有利率风险、流动性风险和违约风险等三大风险,房贷承购机构推动的证券化能使银行更好地应对这些风险。例如:银行可灵活选择保留浮动利率房贷资产,让客户承担利率风险,还可出售固定利率房贷资产给"两房",让"两房"承担利率风险,从而规避利率风险;银行还可将房贷资产出售给"两房",然后购入"两房"发行的 MBS,将欠流动性、具有违约风险的资产变成流动的、不具有违约风险的资产,从而解决房贷资产流动性问题。证券化作为资产负债表的积极管理手段,为银行在资产组合期限、风险、收益方面增加了更多的选择。同时证券化使银行多了一项灵活的再融资手段,银行通过出售长期资产获得资金来源,既可应对存款减少对资金来源的压力,也可应对负债短期化趋势,避免资产/负债期限错配。

发放和出售房贷模式改变了银行将长期房贷资产持有到到期日的传统资产组合单一模式。银行出售房贷资产减少了资本占用,即使考虑银行出售贷款资产后再购买房贷债券,也由于"两房"发行的证券化产品风险权数远低于房贷,银行也可减少资本占用,借以提升了银行资本回报水平。同时房贷资产业务转变成表外收费业务增加了收费收入,拓展了银行的中间业务。

最后,次贷危机中房贷承购机构的深刻教训。第一,"两房"的职能定位存在缺陷,导致市场制约机制失灵。"两房"是半官方、半市场化性质的机构,它拥有政府执照,但也是公开上市的私有营利机构。美国政府资助企业(GSE)法明文规定:它们不由政府直接出资,其债务完全由自己承担,联邦政府不以其信用对"两房"发行的债券提供任何担保。但由于"两房"与联邦政府的历史渊源和半官方身份,特别是"两房"高管大多出于白宫官员和其他政府机构,这使"两房"的官方色彩挥之不去。同时,"两房"实际上也得到联邦政府诸多优惠和支持,如它们发行的债券信用评级仅次于国库券、豁免证券交易委员会登记和报告手续、豁免州和地方政府收入所得税、资产被划入低风险类、在财政部有22.5亿美元信用额度、资本充足率要求远低于银行的8%,同时美国政府对"两房"的补贴每年超过150亿美元。

市场关于"两房"得到政府实际担保的假定最集中地体现在其债券评级和收益率上。"两房"信用评级在美国公司中一直居于最高位,仅次于国库券,相应地"两房"发行的债券利率仅略高于国库券,远低于普通公司债券。据标准普尔估算,若没有联邦政府潜在担保,房利美信用等级最高为A−,房地美为A+。正是因为市场对"两房"安全性的假定,使它们即使从事高风险业务,其债券成本也不会相应上升。事实上,对"两房"的市场制约机制已经失灵。

第二,监管机制失灵,"两房"的经营杠杆率过高,且过度涉入高风险业务。"两房"的高杠杆经营是金融市场中罕见的。"两房"具有资产和风险集中的特征,本应维持高于其他银行的资本充足率,但相反,监管机构对它们的资本金要求远低于银行平均水平。根据美国OFHEO报告,2007年年底"两房"核心资本为833亿美元,比监管要求的最低资本金要求仅高出74亿美元,而它们的债务和担保总额为5.2万亿美元,其杠杆率高达 62：1。没有一家金融机构有这么高的杠杆比例,更没有一家企业在这么高的杠杆率下能获得 AAA 信用评级。这实际上是失去了对"两房"的监管制约。

政府对"两房"暗贴和优惠的真正目的是为购房者提供低成本房贷,但实际上政府暗贴和优惠为"两房"带来的低成本融资好处并未全部转移给消费者。在缺乏有效制约机制的条件下,"两房"利用其低成本资金从事高风险业务为股东争取最大利益。这一点从"两房"的业务范围中可看出,"两房"有两大业务线和收入来源,分别对应于它们的两重身份和目标:

业务组合之一为房贷证券化。这一业务是为了实现其提供低成本房贷的社会职能,也是"两房"存在的基础。"两房"发行的 MBS 和 CMO 相对安全,也未参与 CDO 发行。虽然近几年"两房"也放松了对合格房贷标准的监督,但总体看,它们无论是在满足购房者需求还是自己财务审慎方面都尚且尽责。

业务组合之二为投资组合。为了实现股东利润最大化,"两房"不仅是房贷债券的主要发行者,而且也是主要投资者,而这些投资业务基本上没有国会赋予的社会功能。"两房"利用低成本资金投向较高收益率的次贷 MBS 等债券产品,大量购入私有 MBS,其中包含大量次贷 MBS,不仅如此,"两房"还积极参与债务市场以外的资本市场业务,例如衍生交易、对冲业务等。这使得次贷危机中,"两房"受到较大冲击。

第三,证券化产品设计过于复杂,而"两房"助长了复杂房贷证券的发行和交易。美国次贷危机的主要原因之一是证券化产品设计层次过多和证券化链条过长。1968 年由美国政府代理机构发行了最早的房屋贷款抵押证券 MBS(简称政府 MBS),该债券以优级房贷资产作抵押并且有政府担保,是一种无违约风险只有提前还款和利率风险的安全产品。自 1977 年始产生了以银行等非政府代理发行和担保的私有标识 MBS(简称私有 MBS),该债券主要以非优级房贷作抵押,没有政府机构担保,它将违约风险引进了 MBS,使 MBS 成为一种高风险资产。但由于这两种 MBS 结构相对简单,它将房贷资产池还款现金流直接转付给投资者,此时的 MBS 也被称做传统证券化产品。

MBS 产品主要面临提前还款、利率和违约风险等三大风险,传统证券化产品没有对收益/风险重新分配,为了弥补这一缺陷,1983 年创造出一种新证券 CMO。它根据不同期限和利率将 MBS 进一步细分为各种层级的独立证券,然后出售给投资者,并对资产池还款现金流按层级顺序支付给各层级证券持有者,意在将提前还款及利率风险细分到各种层级,并与不同的收益相匹配。这是最早的再证券化创新产品,由于这类产品的资产池主要是政府 MBS,投资者主要承担的仍然是提前还款风险,不涉及违约风险,这种创新证券化产品仍相对安全。

但是到 20 世纪 80 年代后期证券化创新方兴未艾,1988 年一种以重新分配违约风险为主的再证券化创新产品 CDO 横空出世。CDO 包含的抵押产品系列非常广泛,它的结构远超出政府 MBS,更多以私有 MBS 特别是次贷 MBS 作为抵押资产池。MBS—CDO 是 CDO 最主要部分,它的发行量自 2001 年以来快速增长,自 2005 年以后,MBS—CDO 更是迅速向次贷集中,次贷 MBS—CDO 又诱使 MBS 发行机构以次贷为主要资产池发行 MBS。这一循环使得次贷 MBS 特别是 MBS—CDO 成为次贷危机中的主要损失来源,它们在放大次贷危机损失和加深系统性风险中起到主要作用。

2. 建立我国政府型房贷承购机构,破解中低收入者住房困境

从美国经验教训及推动我国房地产业的发展看,建立政府房贷承购机构具有非同寻常的意义。

(1)满足中低收入者"居者有其屋",构建和谐社会。住房保障制度的健全,不仅仅是一个经济问题,而且是一个社会问题。切实解决好中低收入家庭的住房问题,是促进社会稳定、构建和谐社会的客观要求,更是关爱民生、重视民生的重要体现。十七大报告指出"科学发展、社会和谐是发展中国特色社会主义的基本要求,全面建设小康社会是党和国家到 2020 年的奋斗目标",并将"加快解决城市低收入家庭住房困难"列人覆盖城乡居民保障人民基本生活的社会保障体系。住房保障问题关系民生,关系到全面建设小康社会目标的实现,是达到和谐社会的关键。

从国际经验看,在市场经济国家里,高收入人群的住房需求主要由市场机制来调节,而中低收入人群却无法完全通过市场来满足基本居住权。因此,从保障中低收入人群基本居住权的角度出发,世界各国政府主要通过干预住房市场和建立住房保障制度予以满足。各国大多建立了专门的政府住房机构来推动住宅产业的发展,这些机构对提高中低收入家庭住房拥有率、保证社会稳定发展发挥了重要作用。但我国住房保障范围与国外相比较存在部分"真空",如正式实施的《城镇最低收入家庭廉租住房管理办法》只针对城市最低收入人群,这些人群占极小比例,而且不适用于城市外来务工人员。从我国现行的住房制度安排来看,经济适用房是解决中低收入家庭住房问题的主要政策,但经济适用房与国外的公房存在实质性的差别,其主要是用来解决有一定支付能力的中低收入家庭的住房问题,无支付能力的中低收入家庭却无法惠及,且住房供给量有限。故建立政府房贷承购机构是完善我国政策性住房金融体系的重要组成部分,是解决中低收入家庭住房问题的长效机制,也是构建社会主义和谐社会的重要一环。

(2)现有房贷发放机构难以满足中低收入群体的住房需求。目前房贷发放机构主要包括商业银行和住房公积金管理中心。我国商业银行以利润最大化为经营原则,发放住房抵押贷款的对象以中高端客户为主,对中低收入家庭的住房支持有限。住房公积金制度是针对中低收入家庭的住房保障制度,但目前住房公积金管理中心的资金来源渠道单一,可贷资金不足。据银监会统计,2007 年全国住宅抵押贷款余额接近 3 万亿元,而政策性个人住房抵押贷款余额仅为 4200 亿元。资金不足抑制了政策性住房贷款需求,不利于政策性住房金融作用的充分发挥。由此可见,目前商业性住房金融和政策性住房金融都无法满足中低收入者的住房需求。

（3）破解房贷证券化困局。我国自 2005 年开始房贷证券化试点以来，在三年多的时间里仅有建设银行发行了两期个人住房抵押贷款支持证券（MBS），而且从银行间市场的交易情况看，交易不甚活跃，产品的流动性不高。四大国有银行的住房按揭贷款占整个住房按揭贷款的 80％以上，但国有大银行参与证券化的意愿不强。住房抵押贷款总体上是一种比较优质的长期贷款，违约率较低，不到 2％，银行并不情愿将这类贷款进行证券化处理。因为将其证券化，实际就是将这部分优质资产出售，在商业银行没有更好的资金运用渠道的情况下，反而会减少银行部分收益。所以，针对当前我国房贷二级市场流动性不畅，房贷证券化市场发展缓慢的现状，应考虑建立政府房贷承购机构，使其作为二级流通市场的"造市商"，以中小商业银行和住房公积金管理中心的房贷证券化为突破口，逐步推进房贷证券化市场发展。

（4）促进房地产市场健康发展。按全面建设小康社会的要求进行测算，到 2010 年，我国需新建住宅近 60 亿平方米，新增住宅投资约 10 万亿元，净增住房抵押贷款 8 万亿元。这样大的规模决定了无论是商业银行还是住房公积金管理中心，都无法满足这种长期的大规模融资需求。

住房按揭贷款的期限一般都比较长，客观上造成了房贷发放机构大量资金的沉淀。国际经验表明，当抵押贷款资产占银行贷款资产的比例达到 30％后，证券化的必要性会凸显。1968 年，美国发展房贷证券化时，这一比例为 30％；香港成立按揭贷款证券公司时，这一比例为 25％。而我国工行、建行、中行和交行个人住房按揭贷款占境内贷款余额分别达到 13.7％、16.6％、19.6％和 12.6％，北京、上海、广州等大城市个人住房按揭贷款占贷款总额比例甚至超过了 50％。由于对个人住房按揭贷款的大量投入，现阶段我国一些中小股份制银行流动性风险已开始显现，随着利率市场化，银行存款资金来源不断减少，四大国有银行流动性问题也会成为关注的问题。构建房贷承购机构，承购商业银行和住房公积金管理中心的个人住房按揭贷款资产，将有助于拓展商业银行资金来源,推动房地产市场可持续发展。从这个角度来说,房贷承购机构可谓是"未雨绸缪"的举措,也是房地产市场健康发展的"推进器"。

3. 建立我国房贷承购机构的方案设想

中低收入家庭住房问题难以通过纯商业化模式解决,必须针对低收入家庭住房的层次性、差别性和阶段性,通过政府的积极参与,再加上市场化的运作,才能确保建设有序、公众受益和各方共赢的住房市场。

(1)市场机制与政府支持融合的设立模式。美国次贷危机表明,单纯的市场机制不能解决复杂社会需求结构下的住房问题,政府的干预必不可少。一个好的住房制度必然是由市场机制和政府支持有机构成而且各负其责的制度。实际上,各国政府大多根据住房市场的购买力差异,在相应的金融支持制度安排中,不同程度上采取了政策性住房金融与商业性住房金融相结合的方式。商业性住房金融机构主要依靠市场机制,解决中高收入人群的住房问题。政策性住房金融机构,通过一定的优惠政策,解决中低收入人群的基本住房问题。

我国在设立房贷承购机构时,要使其承担促进市场基础建设和发挥政策导向作用的双重责任。一方面,按照市场效率原则面向商业银行和住房公积金管理中心开展业务;另一方面,按照政策导向承购符合标准的中低收入家庭的住房抵押贷款和公积金贷款,并对其证券化,从而引导商业银行增加对经济适用房和两限房的贷款支持,调剂住房公积金管理中心的资金余缺,起到促进中低收入群体拥有自有产权住房和优化我国住房产业结构的作用。

(2)非盈利性的职能定位。房贷承购机构的职能定位将会直接影响住房结构升级和房地产市场健康发展。我们认为,我国应建立社会公共职能的、政府参与经营的、公司治理完善的非盈利性房贷承购机构,引入市场机制规范业务运作流程,拓宽市场渠道以增加中低收入者的住房资金来源,在市场导向和政策导向的双重引导下实现"居者有其屋"的社会目标。

首先,设立房贷承购机构时应坚持社会公共职能的目标定位。房贷承购机构设立后可以发挥不同的作用,而政府关心的更多的是社会功能、宏观经济影响等因素。所以政府设立房贷承购机构最注重它对于民生的改善,对住房产业和金融市场的稳定作用。基于此,必须对房贷承购机构的历史使命有清晰明确的规定,将其基本功能限定为帮助消费大众,尤其是中低收入家庭实现"居者有其屋"的愿景,同时实现维持住房金融体系稳定和房地产市场健康发展的目标。这样的社会公共职能要求决定了房贷承购机构的社会目标定位。

其次,房贷承购机构应由政府设立并经营。美国"两房"是政府支持、社会公众持股以商业化方式运作的住房贷款证券化机构。目前"两房"深陷危机的状况也引发我们对房贷承购机构设立和运营模式的反思。商业化运作是市场导向的,从根本上不可避免地存在市场失灵的风险;而公众持股决定了它的逐利本质,对利润的无限追求和对政府信用的滥用钝化了其抵御风险的能力。所以这种模式的房贷机构在遭遇系统性危机时不但难以解决问题,甚至会成为问题的一部分。我们认为,在推动社会和谐发展的过程中,作为政策性住房金融体系的重要组成部分,我国应建立政府直接经营管理的住房贷款证券化机构(可以借鉴香港按揭证券公司的相关模式)。房贷承购机构应由政府直接设立,是因为住房金融体系的建立关系到国计民生,政府可以借助法律手段、经济手段、行政手段强化住房金融机构的发展条件,也可以通过影响房贷承购机构间接对货币市场、资本市场进行调控。同时,借助政府背景,房贷承购机构成立之后有助于提高或强化房贷承购机构的资信力度,从而增强投资者信心,吸引更多投资者参与 MBS 市场。

再次,要完善房贷承购机构的公司治理。房贷承购机构应由政府批准的董事会直接领导,董事会成员由政府、专家和有关利益集团的代表等组成。借鉴香港住房按揭证券公司的经验,可在董事会下设投资决策委员会和风险管理委员会,通过特设的职能委员会来强化内控机制,规避业务操作中的风险。

最后,在业务运营层面应坚持市场机制的主导作用。政府作为市场规则的制定者、监督者和执法者,应该以社会利益最大化为目标,减少市场摩擦,提高市场运作效率和公平。因此,政府应着力于房贷承购机构的运行规则建立和组织架构建设,而在具体业务运营层面,政府的"行政主导"应让位于"市场主导",以便于提高房贷承购机构的运营效率,同时也给其他市场机构营造一个公平竞争的环境。

(3)承购和证券化政策性个人住房抵押贷款作为业务范围。业务范围的选择上,应以政策性个人住房抵押贷款的承购和证券化为切入口。目前,住房公积金管理中心的资金来源渠道单一,只能通过归集住房公积金方式获得政策性资金来源,而且住房公积金归集量又受到当地职工人数、工资水平、地方经济发展水平等条件的限制,不可能无限制增加。此外,住房公积金是按照属地原则进行管理的,不同地区的住房公积金不能相互调剂,一旦某个地方政策性住房贷款需求超过住房公积金归集量时,只能通过减少单笔贷款额、排队等待等办法来控制政策性住房贷款需求,这不利于政策性住房金融作用的充分发挥。因此,推行政策性个人住房贷款证券化来筹集更多的贷款资金就显得尤为迫切。同时,我国部分地区的政策性个人住房贷款余额已经达到一定规模,具备实施证券化的前提条件,如上海、北京、天津等地方的政策性个人住房贷款完全达到这一规模要求。考虑到市场承受能力,在最初起步阶段,住房抵押贷款证券化的量不宜太大,我国政策性住房抵押贷款发放对象是参与公积金缴存的城镇在职职工,贷款对象特定,信用基础较好,因此这部分贷款质量较好,实施证券化后比较容易得到市场认同,具备流通的条件。而且目前我国公积金的管理制度相当严格,风险控制程度较高,资金运用单一,比较容易集中优势力量开展这项工作。

与商业性个人住房抵押贷款证券化相比,公积金贷款证券化工作显得更为迫切,也更加适宜。因此,我们认为,推行房贷承购和证券化工作应从住房公积金贷款入手,渐次向中小商业银行房贷业务转移,经过一段时期的平稳运行后,再推进国有商业银行的房贷证券化。在产品设计上,目前宜采用国家信用担保的、最简单的过手证券形式(即政府 MBS)。

(4)建立我国房贷承购机构需关注的几个关系。

第一,与政府部门的关系。在政府房贷承购机构的组建模式上,建议由财政部或中投公司来出资设立。政府直接控股,提高了房贷承购机构的信用等级,减少了制度安排成本,更重要的是避免了私人股东扩张高风险业务、追求利润最大化的动机,从而保证政府赋予房贷承购机构的社会公共职能得以实现。考虑到我国金融企业与非金融企业之间的既定关系及 MBS 业务的复杂性、风险性,房贷承购机构应设定为非银行金融机构并纳入银行业监管体系,由银监会进行监管。鉴于其在房贷证券化中的重要作用,这种监管应比对银行的监管更严。其中关键是提高资本充足率,制定类似于银行业的基于风险的资本充足要求,并且经常性地进行检查。同时严格限定其业务经营范围,禁止其在逐利动机驱使下,涉入高风险投资领域。

第二,与商业银行的关系。房贷承购机构从商业银行手里批量承购按揭贷款,房贷承购机构在一级市场上为住房抵押贷款提供担保,充当无条件偿还贷款的保证者和保险者,所以它必须制定严格的住房按揭贷款质量标准,并在承购按揭贷款时对贷款的质量进行尽职审查和审慎评估。同时,必须保留一部分对不合条件房贷的违约追索权,而不能完全承担违约风险,以督促商业银行对房贷质量的控制。房贷承购机构对商业银行的这种监督压力,将迫使商业银行在发放按揭贷款时严格审核程序,准确地掌握风险评估的历史资料(违约率、损失率、提前还贷率等),密切关注抵押贷款余额、利差等重要变量的变化趋势,从而在源头上大大降低住房抵押贷款证券化过程中的风险。从这个角度可见,房贷承购机构将扮演房贷发放市场和房贷证券投资市场之间"防火墙"的角色。

第三,与住房公积金管理部门的关系。住房公积金贷款属于政策性金融,政府的社会保障意图一般通过较低的利率来实现,但资金来源受到很大限制,而且无法导入外部资金,只能专款专用。随着住房公积金发放规模的扩大,公积金管理部门将会产生增强流动性和分散风险的要求。鉴于目前商业银行,尤其是国有大银行对房贷证券化的积极性不高,所以房贷承购机构开展与住房公积金管理部门的房贷承购与证券化对接,是当下可行的业务。房贷承购机构进入公积金市场,可以让沉淀的住房公积金贷款变现,有助于公积金管理部门扩大住房抵押贷款发放规模。

第四,与其他参与主体的关系。有人担心,建立政府所有的房贷承购机构会将房贷证券化风险转移到政府部门身上。为了减少对政府的风险压力,需引入其他参与主体来分散抵押贷款的风险。随着我国住房抵押贷款进程的加快,信用领域的保险将是一个很大的市场,国外有经验的保险公司对此都倍加关注。我们建议采用内部担保和外部担保相结合的原则,先由证券发行主体 SPV 通过自身超额担保来实现内部信用增级(Ⅰ级担保),然后由保险公司对住房抵押贷款违约风险承担部分损失(Ⅱ级担保),最后再引入国家信用基础的房贷承购机构作为备用担保(Ⅲ级担保),这样对担保机构也可起到分散风险的作用。

(三)保低放高,扩大保障性住房的覆盖范围

住房既可以看做奢侈品和投资品,但更是生活必需品。因此,为满足中低收入家庭的基本住房需求,我国应坚持政府和市场两条腿走路,采取"保低放高"政策。所谓"保低放高",就是指政府为中低收入者提供廉价住房或优惠住房贷款,保证中低收入者买得起住房或者租得起住房;高收入者的住房问题则交由市场解决。长期来看,我国政府应解决住房市场 50%左右的需求。由于投入巨大、财政负担重,短期实现该目标不太现实,可以考虑走渐进式道路,采取逐年提高新增住房面积中保障性住房比重的办法。当前我国保障性住房占市场总供给的比例不到 10%(2008 年仅为 5.4%),如果今后每年提高 3 个百分点(增加

约2000万平方米),争取用10年左右的时间,将保障性住房的比例提高到40%左右。这样,中低收入者的住房问题就能够得到基本解决。目前我国城镇住房保障的对象只覆盖到户籍人口,应尽快将住房保障的对象扩大到城市常住人口。

此外,还应降低保障性住房(如经济适用房和廉租房)的价格,大幅减轻中低收入家庭的住房负担,增加这些家庭的其他消费性支出。在英国每套经济房价格是家庭年收入的3倍左右,香港公屋平均租金水平相当于市场租金的30%。与经济发展和收入水平相比,我国的保障性住房价格明显偏高。比如即使经济适用房价格的房价收入比也在6:1的国际警戒线之上。降低我国保障性住房的房价,一是将经济适用房的目标价格控制在家庭年收入的6倍以内;二是廉租房的目标租金水平控制在市场租金的30%—40%左右;三是将家庭可支配收入的25%作为低收入家庭"可支付性"的判断标准。

(四)增加有效供给,加快保障性住房建设步伐

增加保障住房的有效供给,不仅在当前房地产市场调整可能对宏观经济带来冲击的情况下具有特殊的重大意义,而且也是防止投机性需求报复性反弹引发房价新一轮上涨的关键。因为市场有效供给的增大,不仅能够平抑房价,同时还能扩大房地产投资,从而带动相关产业和经济增长。但增加保障性住房供给难点在于,在土地财政模式下地方政府没有足够的动机和激励;保障性住房的定位不准和权力寻租,为保障住房的投机留下空间;房地产行业的强周期性使得房地产投资在房价下跌时出现投资不足。

解决上述问题,需要从以下五个方面着手:(1)除了强化对地方政府的"问责机制"外,还应深化房地产管理体制和政绩考核制度改革,进一步规范和明晰中央和地方在保障性住房建设中的职责和权利,转变地方财政对土地出让收入的过度依赖。(2)加强对参与保障性住房建设的民营资本的信贷、税收支持。(3)对保障性住房政策进行动态调

整。房价上涨和收入两极分化,使原来规定的保障性住房的申请条件不能适用新的情况。应充分考虑各地居民收入增长情况和住房价格上涨情况,对现有保障性住房政策进行动态调整,提高保障性住房政策的针对性和有效性。(4)改售为租,调整此前可以出售的政策,仅保留保障性住房的公共产品功能。(5)改革和完善保障性住房的退出机制。加强对政策性住房的资格审查,加大违规违法行为的惩罚力度,使由于经济条件变化而不符合享受保障性住房条件的家庭能及时退出。

(五)增加房地产交易环节和保有环节税负,抑制房地产泡沫

1. 对房地产交易和保有环节征以重税是西方各国治理房地产泡沫的重要法宝

在英国、韩国等国家的房地产市场发展比较平稳,很少出现暴涨暴跌现象,与这些国家在房产交易和保有环节严格征税并适时调整有关。这不仅客观上起到了抑制投机、稳定房价的作用,而且还把房价上涨的很大一部分收益以税收形式纳入国库和地方财政,扩大了各级政府增加保障性住房的财源,维护了社会公平。

在英国,分别对房地产的交易、出租、遗留环节分别征收分档交易印花税、收入所得税、不动产所有税和遗产税。购买房产时,如果房价为17.5万英镑到25万英镑,则按房价的1%纳税;如果房价为25万到50万英镑(包括50万英镑),税率分别增至3%和4%;如果房价没有达到17.5万英镑,则无须交税。设定不同档次的税率设置,既有利于抑制投机者大量购买豪宅或高端物业进行投机,又不会给普通商品房购买者造成太大的经济负担。而在出租环节,如果个人出租房产所获收入超过每年规定的免税额(6745英镑),就要缴纳收入所得税,税率按收入多少分20%、40%两档。在持有环节,英国不仅征收不动产所有税,近几年还不断上调不动产所有税税率,如从2008年起,不动产所有税税率由以前的1%—3%上调到5%,并且还在酝酿进一步提高。英国政府还对价值超过一定金额的房地产征收遗产税。遗产税的征收

对象是房主去世后的房产以及在世时赠与或由子女继承的房产。2009至2010年度，价值超过32.5万英镑的上述类别房产都要缴纳遗产税，税率高达40%。

韩国是采用累进税制、征收重税整治房地产投机的典型国家。从2006年起，韩国对出售第二套或第三套房产的卖主征收30%的资本增值税，从2007年起，改为对出售第二套房产的卖主征收50%的资本增值税，对拥有第三套住房的卖主征收60%的资本增值税。同样，在英国，除居民出售其拥有的唯一一套住房无须缴纳资本增值税而外，政府对房地产转移的收益部分开征资本增值税，税率从10%到40%不等。事实证明，征收资本增值税是抑制投机性需求最有效的手段。因为投机者购买房产就是看中了未来升值空间，一旦要缴纳高额增值税，其预期收益将大大降低。

2. 增加房地产交易环节和保有环节税负，是我国抑制泡沫的治本之策

我国房地产市场投机气氛渐浓、泡沫成分不断增大，与当前我国房地产市场税制结构不合理有很大关系。具体表现在房地产开发和建设环节税种多、税负重，而交易和保有环节税种少、税负轻。统计显示，我国房地产保有环节税负仅占市场价值估值的0.15%左右。因此，税收政策调控的重点应由投资开发环节向交易和保有环节转移，增加交易和保有环节的税负，这是解决当前我国房地产诸多问题的治本之策。借鉴国外经验，我国住房税收政策应做以下调整：(1)大幅提高房地产交易资本增值税。对居民出售第二套及以上住房的增值收益按面积大小和年限长短征收20%—50%不等的资本增值税。一般原则是，面积越大、年限越短，税率越高。(2)抓住时机推出物业税。征收物业税是国际上的通行做法。经过多年的研究和准备，我国征收物业税的时机已经成熟。为满足和支持居民自住和改善性需求，可以考虑对居民家庭第一、二套住房免征物业税，但对第三套及以上住房开征物业税。并且随着套数增加，税率也随之提高。(3)对居民自购住房用于出租的，提高租金所得税率,抑制投资性需求。

(六)加强房地产金融风险防范,实施差别化的信贷投放策略

房地产泡沫问题不仅是资产价格泡沫问题,更是系统风险产生的重要来源。在房地产金融风险防范方面,很多国家和地区已经将房地产业作为宏观经济金融稳健运行的监测指标,中国也应尽快建立起自己的房地产金融风险宏观监控指标体系,构建房地产宏观压力测试方法来加强房地产业的金融风险防范。即,分析在经济增长下降、利率上升、信贷收紧、抵押贷款集中度加强等情况下,房地产业可能引发的系统风险。香港金融管理局对房地产业风险的宏观监控指标非常值得借鉴,其建立的指标主要有:第一,家庭购买力支付指数,该指数由香港差饷物业估价署(Rating and Valuation Department,简称 RVD)每季度编制,用以测量价格、抵押贷款比率和家庭收入变化对支付抵押款月供数量来获得;第二,租售缺口比,即房产抵押贷款率与租金收益率之间来表示,该缺口越大,说明房地产泡沫的成分也就可能越大;第三,房地产业抵押贷款集中度监测。根据不同时期经济发展的不同状况分别进行调整,在经济过热时,要求房地产贷款占整个贷款比重不超过 40%,并且对个人住房抵押贷款的数量、质量以及利率变动影响进行监测。

在房地产调控方面,还应坚持因地制宜,因人制宜,有保有压,引导商业银行根据各地的经济发展、市场需求、居民收入、房地产资产类别等多种因素,制定差别化的信贷投放政策和风险管理策略。具体来讲,在房地产贷款的授信中,应实行以下三个维度的差异化:一是实行顾客差异化的个人住房抵押贷款定价策略。针对借款人的不同还款能力,分别确定不同的首付比率、贷款额度或贷款利率,即对于还款能力(主要根据其每月收入现金流、家庭成员收入情况、工作性质等判定)和还款意愿较强的客户可以适当放低首付比率,提高贷款发放额度或收取较低的贷款利率;反之亦然。二是实行项目差别化的房地产开发贷款策略。根据房地产开发项目的不同(即区分商业营业用房、经济适用

房、"两限"房、高档住宅和办公楼等)分别采取不同的授信策略。经济适用房和"两限"房项目需求旺盛,泡沫较小,因此对此类开发项目可加大放款力度;对于商业用房、办公楼等项目,其价值主要由未来租金的贴现收入决定,这些房地产项目对于宏观经济环境的反应更强,经济低迷时房价会大幅下跌,对此类项目的授信应审慎。此外,地段、交通和区域发展战略都将对房地产价值和风险产生较大影响。因此,应加强对房地产项目具体分析,以增强风险防范能力。三是实行区域差别化的开发贷款策略。我国地域广阔,房地产市场发展区域性显著,因此应根据不同地区房地产市场的泡沫大小,有选择性地收紧或加大信贷投放。

实施差别化信贷政策时,还应完善信息对接机制,使差别化信贷政策执行到位。2010年4月,有关部门出台的"认房又认贷"的信贷策略是一项精准打击投机性需求的政策,但在实施过程中却存在困难,导致政策执行效果大打折扣。在"认贷"环节,可以通过人民银行的征信系统进行查询,但在"认房"环节,目前只能通过人民银行征信系统中贷款记录来判断购房者的房屋套数,但对其家庭成员的关系、房屋产权归属还不能进行准确判断,这给炒房者留下操作空间。下一步应加快相关基础信息平台建设,促进房产管理、公安户口登记等部门间的信息对接。只有准确及时有效地取证个人及其家庭的购房记录,才能使"新政"中"认房又认贷"的政策落到实处。

(七)加强法律法规建设,为房地产业健康发展提供有力的法律保障

从各国经验和教训看,凡是住房问题解决得比较好的国家和地区都有比较完备的住房法律法规。比如日本的《土地基本法》(1989)和《综合土地政策推进纲要》(1991)、新加坡的《新加坡建屋与发展法》、《建屋局法》和《特别物产法》、英国的《住宅与城镇规划法》(1919),美国的《公共住房法案》(1937)、《国家住房法》(1949)等均以法律形式对保障性住房建设做出了明确规定。

在日本的《土地基本法》中，规定了对土地要树立四个观念：一是土地应服务于公共福利；二是土地的使用必须根据规划的要求；三是土地不能作为投机的对象；四是房地产的利润如果不是辛辛苦苦赚来的，就要通过交税还原给社会。根据《基本法》的精神，日本于1991年公布了《综合土地政策推进纲要》，提出了十项政策目标：打击土地价格"只涨不落"的神话，地价应与其使用价值相适应；从控制需求的角度制定政策；对土地交易进行限制，要以真实需求抑制地价的上涨；正确引导土地的利用，分散城市人口，均衡供求关系；增加供给，进行住宅再开发；使所有者按照土地利用规划进行使用；控制银行向房地产贷款的规模；为了提高土地的利用效益，减少土地闲置，土地所有者应交纳固定资产税；公布土地标准价格，使市场交易地价趋于合理；公布土地供求关系。

20世纪60年代以来，新加坡先后颁布了《新加坡建屋与发展法》、《建屋局法》和《特别物产法》等法律，对解决建房问题和抑制住房炒卖行为发挥了独特的作用。如组屋的明确定位是"以自住为主"，严格限制居民购买组屋的次数。规定新的组屋在购买后五年之内不得转售，也不能用于商业性经营。如确需在五年之内出售，必须到政府机构登记，不得自行在市场上出售。一个家庭不允许购买两次组屋，更不允许以投资为目的购买组屋。居民在获得组屋后五年之内不可以出租，五年后允许腾出半套出租，但房主必须与房客合住，不能将整套住房出租。所有申请租住组屋的人都需要持有有效期内的新加坡工作许可证或相关签证。如果住户违反规定倒卖或出租组屋，不仅面临高额罚款，而且还会被起诉判刑。由于严格执行限制炒房的法律和法规，新加坡政府有效地抑制了"炒房"行为，市场中的投机性需求很小。

尽管我国已经形成了以《物权法》、《城市房地产管理法》、《土地管理法》、《城乡规划法》和《合同法》为基础，其他法律法规及部门规章为辅助的房地产市场调控法律体系，但其中不少法律法规原则性强、缺乏执行细则，难以贯彻执行；并且政出多门，部分法律法规之间缺乏协调性和一致性。为抑制房地产投机、打击炒房炒地，切实解决住房保障问题，建议在稳定的前提下，修改和完善现存房地产法律法规，稳步推进我国住房市场和住房保障的法制化进程。

第七章　构建地方政府基础设施建设的融资模式

　　近年来,地方政府融资平台通过举债融资为地方经济和社会发展筹集资金,在加强基础设施建设以及应对国际金融危机冲击中发挥了积极作用。但与此同时,也出现了一些亟须高度关注的问题,主要是融资平台公司举债规模迅速膨胀,运作不够规范;偿债风险日益加大,容易诱发财政风险和金融风险等。然而,随着我国工业化和城镇化进程的加快,未来较长时期我国城市基础设施建设需求依然庞大。为努力化解融资平台现有问题,并为未来城市基础设施建设融资开辟良性循环通道,我们考察了国际上成熟的城市基础设施融资模式和经验。

　　城市基础设施建设关系到经济增长和人民福利等多个方面,是各国普遍关注的领域。放眼近百年世界各国城市基础设施建设历程,大体上走过了早期的民营化、国有化、私有化改革和全面市场化改革四个阶段。在此过程中,城市基础设施建设逐步形成了政府财政资金、信贷融资、证券融资以及国外资金等四大主要融资渠道。通过比较世界各国城市基础设施融资的做法和模式,概括出四类典型模式,即以日本为代表的政策性金融机构融资模式、以美国为代表的市政债券融资模式、以法国为代表的特许经营制度融资模式、以印度为代表的财政和银行信贷融资模式。通过借鉴国际上成熟的城市基础设施融资模式和经验,试图构建适合我国实际情况的地方政府加强基础设施建设的融资模式。

一、我国地方政府融资平台的现状

(一)融资平台产生的背景

当前对地方政府投融资平台尚未有严格的定义,我们一般将其界定为:地方政府为融资进行城市基础设施投资建设所组建的城市建设投资公司、城建开发公司、城建资产经营公司等各种不同类型的公司。上述公司通过地方政府所划拨的土地等资产组建一个资产和现金流大致可以达到融资标准的公司,必要时再辅之以财政补贴等作为还款来源,将融入的资金投入市政建设、公用事业等项目之中。

地方政府融资平台的产生发展伴随着我国整个政府投融资体制的改革进程。1988 年,国务院发布了《关于投资管理体制的近期改革方案》,政府的投融资体系由单一的中央投资模式向中央与地方共同投资的模式转变,中央和地方相继成立了专业的投资公司,各省、自治区、直辖市和计划单列市相继成立了地方投资公司。随后的 1994 年分税制改革成为又一个重要转折,各地政府开始建立一系列的专业投融资公司或事业单位承担建设任务。2004 年国务院发布了《关于投资体制改革的决定》进一步在合理界定政府投资职能、拓宽项目融资渠道、健全投资宏观调控体系等方面做出了开放性规定,这为地方投融资公司在更大范围内建立更广泛的融资渠道打开了便利之门。当前,拥有独立财政权的各级地方政府大多建立了此类的建设单位,地方政府融资平台体系建设正成为我国投融资体制建设的重要环节。然而,在全球金融危机和国内经济"保八"的严峻形势下,地方政府融资平台模式被资金困乏的地方政府超常规开发。

到目前为止,尚没有任何一项权威的统计资料对地方政府的负债数字进行发布。根据财政部财政科学研究所所长贾康的估算,我国地方政府融资平台负债超过 6 万亿元,其中地方债务总余额在 4 万亿元以上,约相当于 GDP 的 16.5%,财政收入的 80.2%,地方财政收入的

174.6%。根据央行的调研结果显示,截至 2009 年年底,全国共有政府投融资平台 3800 多家,负债规模约 10 万亿元,其中银行贷款余额约 7.8 万亿元,企业债、中期票据和短期融资券余额约 1.6 万亿元。

通常商业银行将融资平台项目贷款分成三种情形:第一种情形,对于有经营现金流的项目,该类项目类似于项目融资,商业银行遵循商业原则,按照项目建成的现金流测算还款来源和设定还款期限,由项目形成的相应资产提供抵押或信用方式;第二种情形,对于项目建成后形成的现金流不能完全偿还贷款本息的项目,商业银行大多仍然遵循商业原则,通常要求政府对项目提供财政补贴,将项目本身的现金流和财政补贴作为综合还款来源,并以此设定还款期限,此类贷款一般要求当地政府出具承诺还款安慰函或将每年贷款本息列入当地人大支出预算,同时要求以土地等资产抵押或第三方担保;第三种情形,对于完全没有现金流的公益性项目,商业银行贷款一般基于当地政府的财政实力和信誉,此类贷款一般要求当地政府必须出具承诺还款安慰函或将每年贷款本息列入当地人大支出预算,同时要求以土地等资产提供抵押或第三方担保(见表 7-1)。

表 7-1 当前我国商业银行对融资平台贷款条件

项目类型	商业银行贷款原则	贷款条件
有经营现金流的项目	遵循商业原则,按照项目建成的现金流测算还款来源和设定还款期限	类似项目融资,由项目形成的相应资产提供抵押或信用方式
现金流不能完全偿还贷款本息的项目	大多仍然遵循商业原则,将项目本身的现金流和财政补贴作为综合还款来源,并以此设定还款期限	通常要求政府对项目提供财政补贴,一般要求当地政府出具承诺还款安慰函或将每年贷款本息列入当地人大支出预算,同时要求土地等资产抵押或第三方担保
完全没有现金流的公益性项目	不遵循商业原则,一般基于当地政府的财政实力和信誉	一般要求当地政府必须出具承诺还款安慰函或将每年贷款本息列入当地人大支出预算,同时要求土地等资产提供抵押或第三方担保

资料来源:作者整理。

(二)三大因素助推融资平台快速发展

随着城镇化进程加快、投融资体制改革的深入和政府职能的转变,地方政府融资平台逐渐发展壮大,特别是 2008 年 11 月份以来,随着全球金融危机对我国影响加剧,地方政府融资平台快速发展。总体而言,三大因素助推融资平台快速发展。

1. 城镇化进程推动大量基础设施需求

根据国际城镇化的发展规律,人口城镇化率超过 30％之后,城镇化进程将进入加速发展时期。要推进城镇化进程,政府在基础设施和居民住宅方面需要大量投资。改革开放以来,我国城镇化进程快速发展,1978 年我国人口城镇化率为 17.9％,到 1996 年突破 30％,到 2009 年达到 46.6％,城镇化推动了大量基础设施建设需求。1993—2009 年我国固定资产投资平均增长率 22.0％,其中基础设施投资平均增长率约 20.4％,我国大部分地方政府可支配财力无法满足这样庞大的资金需求。因此,通过融资平台进行融资是地方政府比较现实的选择。

2. 地方政府财政无法满足庞大的基础设施建设的资金需求

我国《预算法》规定,地方各级预算按照量入为出、收支平衡的原则编制,不列赤字,同时规定地方政府不得发债。《担保法》明确规定地方政府不具备担保资格,对外担保无效。地方政府不得直接举债和对外提供担保,地方政府融资渠道被割断,此时地方政府创新推出融资平台借以拓宽融资渠道。

1994 年分税制改革后,中央和地方的事权和财权的分配出现了事权重心下移和财权重心上移,导致地方政府事权和财权的不对等,这进一步加剧了地方政府可支配财力的不足。从 2003 年开始,随着大量的基础设施建设和公共服务的强化,地方政府的财力需求又不断提高。在财权和事权改革没有同步的情况下,地方政府可支配财力远远无法满足资金需求。地方政府融资平台的出现,整合了政府部分资源,通过相对市场化等手段,为政府募集重大项目的配套资金、补充基础设施建设资金等。

3. 全球金融危机期间,4 万亿元投资计划极大刺激了平台的快速发展

2008 年 11 月份以来,为应对国际金融危机冲击,防止经济增速过快下滑,我国实施了积极的财政政策和适度宽松的货币政策,推出 4 万亿元投资的经济刺激计划,其资金来源为中央财政拨款 1.18 万亿元,地方政府配套 2.82 万亿元。具体在各地方政府提出的投资计划中,投资总额远远超过 4 万亿元。鉴于地方政府基础设施建设投资资金缺口较大,除 2009 年财政部代为地方政府发行 2000 亿元地方债券外,各地政府通过地方融资平台加大了举债融资力度,融资平台的数量和融资规模快速增长。

2009 年 3 月份,人民银行和银监会联合下发了《关于进一步加强信贷结构调整指导意见》,明确提出:"支持有条件的地方政府组建投融资平台,发行企业债、中期票据等融资工具,拓宽中央政府投资项目的配套资金融资渠道。"这被认为是当时情况下对地方政府投融资平台的肯定和鼓励。在监管部门的引导下,2009 年我国企业直接融资和间接融资规模均创历史新高。2009 年,我国非金融企业债券发行量达到 1.57 万亿元,较上年增加近 1 倍;地方政府融资平台新增贷款约 4 万亿元,占整体新增贷款的 40%—50%。2009 年国内 14 家上市银行对地方政府融资平台的贷款余额达到约 2.7 万亿元,占总贷款比重约 11.75%,成为银行贷款第一大投放领域。

二、我国地方政府融资平台存在的主要问题

地方政府融资平台的成长与发展对促进地方经济发展,特别是对一些低效益、高投资的民生和社会项目以及大型基础设施建设发挥了积极作用,尤其是在此次国际金融危机中,对拉动我国经济走出低谷发挥了重要作用。但是,地方政府融资平台也出现了规模增长过快、运作不够规范等问题。随着国家对房地产市场实施高强度调控,作为地方

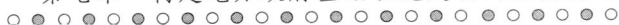

政府财政收入主要来源的土地出让金收入不确定性大幅增加,融资平台大规模负债面临的风险引起广泛关注。

(一)融资平台大规模负债过分依赖银行信贷,容易引发金融风险

地方政府融资平台的负债渠道以银行贷款为主,融资渠道单一,风险集中度高。银行业对地方政府融资平台贷款规模占整个银行业贷款比重偏高,对银行业的经营风险形成显著的潜在压力,未来可能传递成金融风险。

央行2009年第四季度披露的数据表明,全国约有3800家地方政府融资平台。当前我国地方政府和地方政府融资平台负债主要有三种渠道:一是由中央代为发行的地方政府债;二是地方政府融资平台发行城投债;三是银行贷款。2009年,上述三种渠道合计融资规模约5.7万亿元,其中2000亿元地方政府债、非金融企业发行债券约1.57万亿元、银行贷款约4万亿元。截至2009年年底,我国银行业人民币各项贷款余额约40万亿元,融资平台银行贷款余额约7.8万亿元,占整个贷款比重达到约18.3%。

(二)融资平台与地方政府关系过于密切,容易引发财政风险

大多数地方政府融资平台在人、财、物等方面与各级政府关系密切,在银行贷款时由于地方财政或政府信用变相担保等各种体制性原因,实质性上已经构成地方政府的隐形负债及或有负债,导致地方政府的债务风险加剧,未来可能传递成财政风险。

简单压力测试结果显示,未来我国地方政府将面临较严重的偿债问题,尤其在2012年以后其偿债率将高达30%,这意味着地方政府财政收入中约30%用于归还银行贷款本息,这在我国国情下实现难度较大。根据《浙江省地方政府性债务管理实施暂行办法》,监测政府性债务的指标主要包括负债率、债务率、偿债率等。偿债率反映一个政府当年可支配财力所需支付当年政府性债务本息的比例,偿债率=当年偿还政府性债务本息额/当年可支配财力,国际公认的警戒线为10%。我们认为,偿债率能较敏感地反映出当期地方政府违约可能性。

具体压力测试结果显示:

1. 不考虑土地出让金

2009—2011年地方政府偿债率约13%左右,已经超过警戒线10%的水平,2012年开始偿还贷款本金后,偿债率一度超过30%,直到2018年后偿债率逐步降至14.4%,而这一水平仍然超过警戒线。

2. 考虑土地出让金

2009—2011年地方政府偿债率约10%左右,偿债情况尚可,但是2012年开始偿还贷款本金后,偿债率迅速攀升到26%(见表7-2),远远超过警戒线水平,在整个贷款偿还期间,几乎所有年份超过警戒线。

表7-2　未来地方政府偿债率测算　　(单位:亿元;%)

年份	贷款利率	付息	还本	财政一般预算收入	土地出让金收入	地方政府负债	还本付息/财政收入(不含土地出让金)	还本付息/财政收入(含土地出让金)
2009	5.35	4010	0	31719	15910	75000	12.6	8.4
2010	5.59	4611	0	35842	9600	82500	12.9	10.2
2011	6.08	5513	0	40502	9600	90750	13.6	11.0
2012	6.08	5458	9075	45767	9600	89843	31.8	26.3
2013	6.08	5403	8984	51717	9600	88944	27.8	23.5
2014	6.08	5349	8894	58440	9600	88055	24.4	20.9
2015	6.08	5296	8805	66037	9600	87174	21.4	18.6
2016	6.08	5243	8717	74622	9600	86302	18.7	16.6
2017	6.08	5190	8630	84323	9600	85439	16.4	14.7
2018	6.08	5139	8544	95285	9600	84585	14.4	13.1

资料来源:中国人民银行、国土资源部、财政部。

(三)融资平台缺乏自我约束和体制约束,投资运作不规范

我国绝大多数基础设施项目主要由地方政府投资,投资负担过重

为地方政府带来了空前的融资压力,迫使地方政府融资平台较少考虑成本与风险因素,以融资规模最大化来衡量庞大基础设施投资,使得地方政府融资模式缺乏自我约束。这主要体现在如下三个方面。

一是融资平台缺乏整体负债规模约束。地方政府成立融资平台的最主要目的是为了最大限度地筹措资金,至于资本与负债之间的比例是否失调,负债风险是否超出了融资平台的承受能力往往不在考虑范围之内。

二是融资平台缺乏投资方向约束。城市基础设施建设有些领域需要政府投资,而有些领域可以由社会投资人投资建设。在当前情况下,融资平台往往大包大揽,参与了原本可以由市场主体投资建设的领域,造成资金分流,该投的领域却往往缺乏资金,或者造成负债规模过于庞大。

三是融资平台缺乏承担风险的职责。由于地方政府与融资平台实际上是一家,因而融资平台无法独立对融资风险负责。在具体的项目选择和决策上,地方政府替代企业,成为主要的决策者,项目经济合理性被较少考虑,这往往容易出现过于超前的基础设施投资或者重复建设投资。

地方政府融资平台不仅缺乏内部约束,也缺乏外部约束。地方政府融资行为往往具有较大的外部性,涉及金融部门作为债权人与老百姓作为受益人的切身利益,需要全社会的监督与约束。但在现阶段,来自外部的强力约束严重缺位。目前,政府投资项目尚未真正纳入公共预算的人大监管体系,在政府投资预算编制未细化的情况下,人大对需要政府公共投资项目决策是否科学、前期准备是否充分、预算安排是否合理、资金来源是否落实、能否取得预期效果、债务风险是否可控等重大问题较难提出实质性意见,较难发挥其对政府投资预算的审批与监管职能。

(四)地方政府过分依赖土地出让收入

地方政府过分依赖于土地出让收入,一方面地方政府通过直接出售土地获得收入,另一方面地方政府融资平台可以土地作为抵押,获得银行贷款。房地产相关税收和国有土地使用权出让收入在地方政府可用收入中的比重较高。地方政府可用收入分为地方本级收入、中央转移支付和土地出让收入三部分，其中地方本级收入约占地方政府可用收入的 44%，房地产相关税收占地方本级收入比例约 20%，房地产相关税收相当于占地方政府可用收入的约 9%（即 44%×20%）；土地出让收入约占地方政府可用收入的 20%，国有土地使用权出让收入占土地出让收入比例约 79%，国有土地使用权出让收入相当于占地方政府可用收入的约 16%（即 20%×79%）。两者合计，与房地产相关的地方本级收入中的房地产相关税收和国有土地使用权出让收入合计占地方政府可用收入约 25%（即 9%＋16%）。

20 世纪 80 年代末之后，土地市场在全国主要城市逐步建立。1992—2003 年，全国土地出让金累计约 1 万多亿元，2004 年以来，我国土地出让方式发生重大变化，努力推行土地"招、拍、挂"，全国土地收入猛增。2006 年土地出让金达到约 7000 亿元，2007 年接近 1.3 万亿元，2008 年我国土地市场急剧降温，当年土地出让金约 9600 亿元，2009 年全国土地出让签订合同款达到 15910 亿元。目前我国县市中，土地出让金占预算外财政收入的比重已超过了 50%，有部分地区甚至占到了 80% 以上。土地出让金收入的增加幅度远高于全国财政总收入的增加幅度。除了土地出让的直接收入，由土地抵押融资带来的间接财政支配规模也十分庞大。《财经》杂志调查显示，东部一些县市数百亿元的基础投资资金中，有 60% 甚至 70% 来自于土地使用权抵押融资，中西部地区县市由于财政资金更为困难，土地出让金收入有限，土地融资的贷款更是成为绝对依托。

如果以 2009 年的土地出让金偿还地方政府融资平台约 7.8 万亿元债务，大约需要 5 年时间；以 2008 年的土地出让金来偿还，需要 8 年时间。归还债务本金只是一段时间后需要面对的问题，当前的压力在于偿付利息。假定 7.8 万亿元债务的平均融资利率为 6%，2010 年地方融资平台需要偿还的利息金额大约为 4800 亿元，这一规模几乎占全国土地出让金约 1/3,地方财政收入约 15％。考虑到很多项目在相当长的一段时间内不会产生任何资金收益,因此,较多地方融资平台可能依靠已获贷款或新的贷款来支付利息,这可能进一步加大银行信贷风险。

(五)地方政府融资平台运作信息不透明

地方政府相比较于金融机构往往处于强势地位,两者在地位和信息上不对称。在实际操作中,地方政府往往通过多个融资平台从多家银行获得信贷资金,多头举债或是统借统还,融资状况不透明,责任主体不清。商业银行对于地方政府投融资平台的资本金、信贷资金的运用、资产负债状况和偿还能力很难掌握清楚,对信贷资金难以实施有效的风险监控。

地方政府融资平台集聚大量信贷风险的一个关键原因是金融机构无法掌握地方政府的真实财政收支及债务负担情况。以政府财政作为担保的平台贷款又进一步加剧了政府的隐形债务。根据上海财经大学公共政策研究中心课题组 2010 年 3 月发布的《2010 中国省级部门行政机关透明度排行榜》,以百分制计,全国 341 个省级部门单位的行政收支及相关信息的透明度状况平均分分别仅为 3.21 分和 3.24 分。目前中国省级地方财政透明度存在"项目越细,越不公开"的情况。

三、未来城市基础设施建设需求仍然庞大

随着工业化对经济的拉动作用,特别是传统大型工业项目对经济的拉动作用递减,粗放的工业化扩张方式所蕴涵的能量与活力逐步释放殆尽,城镇化作为我国经济持续发展的平台作用越来越凸显,它能够牵一发而动全身,是综合解决我国多元经济结构矛盾的关键所在。

1996 年我国城镇化率达到 30.5％,2009 年提高到 46.6％,年均增长水平为 1.15％。由于我国的城乡差距还很大,未来还处在城镇化动力强、发展快的阶段。加快城镇化进程,必须加快城市基础设施建设,

"十五"期间,我国市政公用设施投资总额约 20300 亿元,约占 GDP 的 2.9％。根据住房和城乡建设部的预计,未来 10—15 年,我国城镇化率按照每年增加 1 个百分点测算,到 2020 年左右,我国基本达到中等发达国家城镇化率 70％的水平。也就是说,随着城镇化速度的持续推进,我国城市基础设施建设的投资规模也需提高约 1 倍左右。

根据世界银行调查,发展中国家的城市基础设施建设投资占 GDP 之比的均值是 4％,符合联合国推荐的 3％—5％,主要发达国家在大规模城镇化时期的该项指标也在 3％—5％。根据测算,如果 2010—2020 年我国 GDP 保持 8％的增速,同期城市基础设施投资占 GDP 的比重维持在 3％的水平,未来 10 年我国 GDP 总量将达到 706 万亿元人民币,城市基础设施建设总规模达到 21 万亿元(见表 7-3)。我国基础设施建设需求庞大。

表 7-3 未来 10 年我国城市基础设施投资规模预测

(单位:％;亿元)

年份	GDP 增长	CPI	GDP 规模	城市基础设施投资
2009	8.7	—	335353	—
2010	8.0	2.5	370565	11117
2011	8.0	2.5	409474	12284
2012	8.0	2.5	452469	13574
2013	8.0	2.5	499978	14999
2014	8.0	2.5	552476	16574
2015	8.0	2.5	610486	18315
2016	8.0	2.5	674587	20238
2017	8.0	2.5	745419	22363
2018	8.0	2.5	823688	24711
2019	8.0	2.5	910175	27305
2020	8.0	2.5	1005744	30172
2010—2020 合计	—	—	7055062	211652

注:2010—2020 年,我国年均 GDP 增长预计平均为 8％,CPI 平均每年上涨 2.5％。
资料来源:作者整理。

四、各国城市基础设施建设
融资模式：变迁与经验

（一）各国基础设施建设融资模式演变的总体趋势

根据世界银行（1994 年）的定义，经济基础设施包括：公共设施——电力、电信、自来水、卫生设施与排污，固体废弃物的收集与处理及管道煤气；公共工程——公路、大坝和灌溉及排水用的渠道工程；其他交通部门——城市及城市间铁路，交通，港口和水路、机场。回顾世界各国基础设施建设历史，在一百多年的发展历程中，总体上形成了四个大的发展阶段。由于发达国家和发展中国家在发展阶段上的差异，前三个阶段的特征和经验主要来自发达国家；最后一个阶段，即在进入 20 世纪 80 年代以后，发展中国家的基础设施建设整体规模迅速扩大，实践经验日渐丰富，逐渐融入世界潮流。

1. 早期的民营化阶段（19 世纪—20 世纪初）

20 世纪初以前，英、美等主要资本主义国家奉行市场经济制度，民营部门一直占据基础设施供给的主导地位。该阶段这些国家的共同特点是均出现供给主体由早期单纯的私人产权企业向公有产权的市政企业渐变的趋势。

19 世纪英国制度上的重要特点是法律和政治制度向私人产权提供了强有力的保护。社会经济方面的情况是财富集中于少数富人，融资体系不发达，因而基础设施领域企业的普遍状况是在有限地域范围内、私人的、小规模经营。最早的基础设施——灯塔就是由民间部门提供的。最早的管网基础设施是煤气。初期煤气厂商的高额利润引起其他厂商大量进入，到 1850 年伦敦有 14 家煤气公司。但过度竞争令煤气供给的质量和安全出现问题。针对上述情况英国出台了相应的法律促进煤气、供水等行业向公有制转变。1851—1881 年间英国近 1/3 的新煤气公司是公有的。到 1907 年 57％的有轨电车公司、64％的电力公司、81%的水务公司均变为公共产权。

美国私人部门始终是基础设施经营的主体,但政府对基础设施经营管制的历史十分悠久。到1902年,美国有8%的电力基础设施和一半以上的水务公司演变为公共产权。19世纪20年代,煤气被引入纽约并采用了合同特许经营管制。1907年至1913年,美国有29个州设立了面向基础设施行业的管制委员会。1920年,美国设立了历史上第一个基础设施的联邦专门管制机构联邦电力委员会。美国早期的基础设施建设中最独特的例子是西部开发中的铁路建设。19世纪60至80年代美国铁路是利用私人资本和政府支持相结合发展起来的,当时美国货运铁路基本上得不到政府的直接投资,铁路公司除了将约20%的运营收入投入建设和维护以外,积极拓展其他融资途径。主要资金来源有:(1)美国一级铁路均为上市公司,发行和出售股票;(2)各公司发售期限最长达30年的债券;(3)美国政府每年提供一定额度的贷款担保支持铁路公司向银行贷款;(4)铁路公司以移动运输设备做抵押,向银行借款;(5)铁路公司还可通过租赁设备融资;(6)为鼓励铁路向西部延伸,联邦政府向铁路公司赠送了大量土地,各州和地方也向铁路公司赠送土地。1850—1871年,美国各级政府赠与铁路公司的土地总数相当于国上面积的1/10。

2. 国有化阶段(20世纪初—20世纪70年代)

两次世界大战及1929年的经济大萧条给20世纪上半叶的主要工业化国家经济带来了巨大破坏。20世纪30年代以后凯恩斯主义的盛行使政府在经济中的作用得到广泛认同并逐渐被推崇到极致。在该阶段,大多数国家都把城市基础设施视为具有自然垄断的社会福利性产品,因而倾向于对城市基础设施实行国有化管理,国有的公共企业在国民经济中占有重要地位。

据统计,此阶段英国国有企业在国民经济中的比重上升到20%。法国国有企业从第二次世界大战前的11家猛增到103家。西班牙的公共企业占全国造船业的80%、交通和通信业的59%。希腊电力工

业、铁路运输和邮电部门几乎全部由公共企业经营。从构成上看,公共
企业大多集中在燃料、电力、交通、邮政、电信、自来水和钢铁等领域。
除钢铁产业外,大多属于基础设施和公用事业。第二次世界大战后主
要资本主义国家市政设施产业常采用国有市政控股公司的形式。英国
政府在1945—1951年实行国有化运动,对大约1500家左右的发电厂
与供电系统、铁路、内河航运、港口、公路运输、民航、机场等实行国有
化;德国、意大利更是将铁路、航空、邮政、电信和煤气全部国有化,具体
情况见表7-4。

表7-4　第二次世界大战后西欧国家基础设施产业的国有化程度

国别	邮电	通信	电力	煤气	铁路	航空
奥地利	全部	全部	全部	全部	全部	全部
比利时	全部	全部	1/4	1/4	全部	全部
英国	全部	全部	全部	全部	全部	3/4
法国	全部	全部	全部	全部	全部	3/4
前西德	全部	全部	3/4	1/2	全部	全部
荷兰	全部	全部	3/4	3/4	全部	3/4
意大利	全部	全部	3/4	全部	全部	全部
西班牙	全部	1/2	全部私有	3/4	全部	全部
瑞典	全部	全部	1/2	全部	全部	1/2
瑞士	全部	全部	全部	全部	全部	1/4

资料来源:《中国市政基础设施市场化改革研究》,2008年。

3. 私有化改革阶段(20世纪70年代末—20世纪80年代)

　　20世纪70年代末80年代初,石油危机和经济滞胀令凯恩斯主义
经济管理政策遭到广泛质疑。各国发现,由政府投资建设并运营的城
市基础设施存在投资浪费、效率低下、服务质量差等诸多弊病。许多国
家因而开始推行基础设施领域改革。最重要措施就是对公共企业实行
私有化改革,即将部分公营事业出售给私人或私营机构;或将原先由政
府管理的公营事业项目转包给私人企业。

私有化改革最早是从英国开始的。20 世纪 80 年代私有化主要集中在航空、电信、能源、电力、供水、天然气等自然垄断企业。20 世纪 90 年代私有化扩大到邮政、铁路、运输等部门。从 1984 年电信公司私有化到 80 年代末这一时期,英国政府共得到 370 亿英镑的收益。私有化帮助政府收回了投资,增加了税收,同时又减少了支出,长期困扰英国政府的财政问题大大缓解,英国经济从此开始走向复苏和稳定发展的新时期。美国的私有化始于 1981 年拍卖联邦政府的联合铁路货运公司。1982 年,里根政府又向国会提出拍卖部分国有土地。1986 年,里根政府在 1987 年财政预算草案中,提出了出售包括海军石油储备区、全国铁路客运系统、电力销售机构等在内的 12 项民营化计划。1988—1992 年,出售联邦资产及减少补助金额共达 24 亿美元。私有化改革大大地减少了政府工作人员的数量及财政预算,每年可增加 50 亿美元的财政收入。法国政府也进行了大规模的私有化。1986 年 3 月,希拉克政府上台之后,制定了有关国有企业私有化的法规。1993 年、1994 年、1995 年私有化收入分别达到 71 亿美元、128 亿美元、57 亿美元。

基础设施私有化明显地改善了效率。一方面,私有化提高了公用事业自身的效率。英国供气业在私有化前(1977—1982 年),每年的效率收益为 3%,私有化后(1987—1992 年),这一指标达到 6%;供电业私有化前(1971—1990 年),效率收益为 2.6%,私有化后(1991—1993 年)为 3.1%。另一方面,私有化由于降低了基础设施生产和经营费用,提高了服务质量,直接降低了其他经济部门单位产量的基础设施投入成本,提高了生产要素的生产力,使整体经济受益。根据一项对阿根廷公用事业(电、气、水、通讯服务)私有化效益的评估报告,公用事业的私人经营产生的外溢效益占阿根廷 GDP 的 0.9%,占家庭公用事业总消费的 41%。

4. 全面市场化改革阶段(20 世纪 80 年代至今)

20 世纪 80 年代后,城市基础设施融资全面市场化成为全球趋势。私有化改革是基础设施建设市场化改革的重要内容,但市场化改革不仅仅指私有化,而是具有更为丰富的内涵。简言之,市场化改革就是要打破垄断、引进竞争,通过培育市场经营主体,将原来依靠行政方式组织建设和经营的城市基础设施项目,交由市场主体按市场化方式组织;在融资、建设、运营各个环节中引入竞争机制,通过制度创新和加快政府职能转变,实现投资运营主体多元化,达到减轻财政负担、借助社会力量发展城市基础设施的目的。

20世纪80年代中后期以来,吸引私人投资和依靠私营企业提供公共物品,不同程度减少对基础设施领域的政府管制的政策取向几乎在所有国家得到推行。值得一提的是,发展中国家由于高速的经济发展和城市化,对基础设施建设需求激增。发展中国家在基础设施建设的体制、模式方面边干边学,边学边赶,逐步融入到市场化改革的浪潮之中。

各国由于基础设施领域市场化的初始禀赋条件不同,采取的市场化手段也很不一样。大体上分为非国有化和自由化两类。前者是指出售国有资产、引入民间资本等所有权的转换;后者是指放松管制、引入竞争等管制政策的转换。具体来说有产权变更式改革(即私有化改革)、放松管制式改革、分拆民营化改革、特许经营市场化改革、公有企业商业化运作改革等模式。一个总体趋势就是 PPPs 模式(Private and Public Partnerships),即政府与民营企业在公用事业方面的合作伙伴关系正在成为主流。

(二)城市基础设施融资模式选择的考虑因素

对于基础设施融资具体模式和方式的选择,我们认为起主要作用的影响因素可分为内因和外因。从内因看,基础设施的一些重要的资产特征推动着融资模式的改革与变迁;从外因看,一国的金融体系的发育成熟程度、国家的发展战略、经济政策取向则是影响各国基础设施融资具体方式选择的外部条件。

1. 内在原因：城市基础设施的资产特性

城市基础设施具有两个典型的属性，一方面，它代表着巨大的公共利益；另一方面，在缺乏可靠制度安排的条件下，私人投资者不会轻易涉足该领域。无论是发达国家还是发展中国家，传统上政府是基础设施建设的主要组织和管理者。但是，随着技术的进步、经济发展水平及经济社会管理制度的进步，传统依靠财政资金为主要渠道的融资模式无法适应基础设施大规模建设的需要。城市基础设施的资产特性成为推动各国融资主体和渠道发生变革的内在驱动力。

（1）传统的财政融资模式普遍面临资金来源不足的困境。

首先，各国政府普遍面临建设资金短缺的财政压力。随着城市的发展，人们对公共设施数量和品质的需求不断提高。尽管各国国情有差别，总的看来，各国基础设施建设投资需求维持在较高水平，而财政资金增长的速度远远滞后于基础设施建设投资的需求，同时还受到政府巨额负债等问题的困扰。

20 世纪 70 年代以来，欧美国家掀起的私有化改革主要动力来自于政府巨大的财政压力。如表 7-5 所示，一般发达国家的市政基础设施投资占固定资产投资的比重约为 6%—10%，占 GDP 的比重约为 2%—4%。

表 7-5　国外基础设施投资占 GDP 和固定资产投资的比重

（单位：%）

	美国（1950—1983 年）	日本（1960—1980 年）	德国（1976—1980 年）	联合国推荐发展中国家比重	世行调查发展中国家比重（1980—1990 年）
基础设施投资占 GDP	1.2—1.8	2.1—4.2	1.7—1.9	3—5	2—8
基础设施投资占固定资产投资	6.0—10.2	6.4—12.9	7.3—9.0	>10	20

资料来源：《城市基础设施融资研究》，2005 年。

发展中国家财政资金不足问题更加严重。世界银行在有关发展中国家的一项抽样调查表明,基础设施投资占公共投资的比重一般为40％—60％,占总投资比重一般为20％。发展中国家城市基础设施投资一般占GDP的3％—5％。最近几十年发展中国家的基础设施部门在各方面几乎都受到政府和公共部门的支配。当发展中国家的城市化进入快速轨道后,基础设施建设的财政资金缺口矛盾变得越来越突出。

其次,基础设施建设的资金需求与财政资金来源存在较严重期限错配问题。基础设施投资的巨大规模、建设与回报的超长期限与财政资金年度性稳定的规模和流量之间较难匹配,客观上必须通过设计相应的融资机制进行管理。

(2)改善效率是基础设施融资的内在驱动力。

首先,各国大多认识到应充分发挥市场的基础性作用,政府不当干预、高运营成本、供给弹性缺乏弊病容易扭曲产品和服务的市场,因此,政府作用主要限于公益性基础设施的融资及运营。根据投资项目是否有收费机制及其投资回报机制,基础设施项目大体上可分为经营性、准经营性和非经营性三大类。除公益性基础设施应完全由政府来提供之外,经营性和准经营性基础设施都可引入市场竞争机制,实现公私合作(即PPPs)甚至完全由私人部门提供。

英国于20世纪80年代由撒切尔政府推动的基础设施领域企业民营化改革为这些传统的国有企业带来生机。如表7-6所示,不难看出,英国基础设施行业民营化后,主要国有企业的劳动生产率20世纪80年代比70年代有显著提高,有人将之称为"撒切尔夫人生产率奇迹"。

表 7-6　英国国有企业民营化前后劳动生产率年均增速

（单位：%）

企业名称	民营化前（1970—1980 年）	民营化后（1981—1990 年）
英国航空公司	7.4	6.0
英国机场管理局	0.6	2.7
英国煤炭公司	−2.4	8.1
英国煤气公司	4.9	4.9
英国铁路公司	−2.0	3.2
英国钢铁公司	−1.7	13.7
英国电信公司	4.3	7.1
英国电力供应局	3.7	2.5
英国邮政局	−0.1	3.4

资料来源：《基础设施的民营化》，2005 年。

其次，基础设施的经营性质发生变化为融资模式提供了变革和创新的空间。城市基础设施项目的经营性、准经营性和非经营性的区分并不是绝对的、一成不变的，而是可随技术进步、收费定价制度、市场需求等因素的变化而变化。以定价制度为例，如道路设定不同收费机制，项目性质可能发生转化，从而对融资与运营模式提出变革的要求。因此，为保证基础设施项目有效率的投资和运营，有必要根据项目的具体情况灵活地设计融资方案。

再者，层出不穷的融资制度创新大大提高了各类基础设施建设的可行性。私人部门以及市场化的融资模式以多种方式渗透到基础设施领域，大大改变了很多行业融资和运营局面。大量能够平衡政府管制与私人运营之间复杂关系的融资制度被创造出来，适应了不同发展阶段国家和不同基础设施行业。如 ABS 债权融资、TOD 项目融资、REITs 项目融资等。

2. 外在条件：金融体系发育程度、经济发展战略及阶段性经济政策

（1）金融体系的发育成熟程度决定了融资渠道的广度和深度。银

行贷款和从资本市场筹资是除财政资金以外最主要的两类融资渠道。基础设施建设融资具体方式的选择很大程度上取决于一国资本市场的发育状况以及政府管理和企业治理的整体水平。随着一国金融中介机构的发育和金融体系的成熟,评估和担保等职能的改进将推动资本市场成为基础设施融资的重要渠道。从世界各国经验来看,随着资本市场发育程度的提高,融资的可选方案有从项目融资等一次性融资方案向常规的信贷渠道及债券融资等方式转变。

具体来看,项目融资的门槛较低。它允许发起人以一个特定项目未来收益和财产作为担保筹集资金。这种融资方式往往应用于过去没有记录的新企业。根据项目如果失败后可能的偿付方式又可分为无追索权和有限追索权的项目融资。项目融资通过投资方、私人借贷方(通常是商业银行)及可能的担保方(一般是政府)之间签署的协议来保证各方利益。项目融资为大型基础建设项目提供了在较低市场发育程度条件下的融资渠道,因而在发展中国家的大型基础建设中得到广泛的运用。

银行贷款是城市基础设施建设资金的最主要来源之一。由于基础设施公益性强、建设周期长、运营成本高和收益率低,商业银行并不将其作为放贷重点。发达国家和发展中国家大多建立了相应的政策性金融机构,这些机构包括专业的开发银行和城市基础设施开发基金等。此类金融机构的建立和运营对一国金融体系的发育和管理的成熟度均提出较高要求。

在资本市场通过股票和债券的方式融资是更为高级的形式。以发达国家大量运用的市政债券为例,发行债券的定价完全取决于市场竞争。由于受市场监督约束,信息公开透明要求高,地方政府进入资本市场融资,必须充分披露信息,得到投资人的认可,发行市政债券令市场成为政府不断提高透明度和治理水平的监督者和催化剂。地方政府通过债券方式融资与向银行贷款相比,显然前者对资本市场和政府治理水平的要求更高。

（2）国家发展战略对大规模基础设施建设有着重要影响。根据各国发展历史，大规模基础设施建设往往与处在不同发展阶段上各国经济发展战略紧密相关。国家战略推动的基础设施建设的融资需求往往呈现出时间短、强度高的特点。

第二次世界大战后德国和日本的大规模恢复性建设是在政府强力主导下进行，财政主导的融资模式为两国战后取得经济腾飞的奇迹起到了重要作用，但这一模式无法长期维持。到了 20 世纪 60、70 年代以后，西方主要发达国家在基础设施方面面临的问题大体类似，都进入旨在通过改革实现基础设施长期可持续发展的阶段，于是通过私有化、市场化方式改善基础设施部门融资效率成为大的方向。

发展中国家基础设施整体落后，目前大多正处于大规模建设时期，但由于各国战略的不同，大规模基础建设的融资需求及模式也有所不同。以印度和中国为例，中国基础设施领域的市场化水平远远不足，过度依赖政府或准政府机构进行融资建设的模式并不符合国际潮流。印度的基础设施建设选择了政府规划和大力民营化相结合的战略，从现有已建成设施看发展水平远不及中国，但从其融资模式的市场化水平看却拥有一定可持续竞争优势。

（3）短期经济政策的影响。不可忽视的是，在经济衰退时期，各国政府基础设施建设与维修所花费的公共支出是刺激经济的重要政策工具。以美国为例，为应对 1929—1933 年经济大萧条，罗斯福新政时期采取"以工代赈"的方式刺激经济复苏。公共工程署（政府先后拨款 40 多亿美元，以建设长期工程为主）和民用工程署（投资近 10 亿美元，以民用工程为主），给失业者提供从事社会工作的机会。联邦政府支出的种种工程费用及数目较小的直接救济费用达 180 亿美元，也借此修筑了近 1000 座飞机场、12000 多个运动场、800 多座校舍与医院。2007年年末全球金融危机爆发后，各国纷纷出台了大规模救援计划，巨额资金被注入基础设施建设领域，上述政府投资对各国经济复苏起到了重要作用。

（三）各国城市基础设施建设的主要融资渠道

1. 政府财政资金渠道

建立城市基础设施价值回报机制的核心内容是建立合理的税费制度。在不同时期和不同国家，地方政府的税费体系不尽相同，但各国地方政府都先后设立了与城市基础设施建设相关联的目的税、财产税和用户使用费。这三类税费构成了城市基础设施投资回报或建设维护资金来源的主要渠道。此外，上级政府财政转移支付和地方政府对外举债也是地方政府财政资金的两个补充渠道。

（1）目的税。该税目源于某"目的"（如修建公路）而设，然后专项用于该项目建设、运营和维护，它体现了"使用者付费"的基本原则，有效地建立了城市基础设施建设与使用者、受益者相挂钩的费用回报机制。目前，世界很多国家都有为城市基础设施建设而设立的专项目的税税种。

在欧洲，各国都普遍开征燃油消费税，用于公路建设，并且该税种与环境保护相联系，对污染程度不同的燃油规定不同的税率。在英国，开征的征收燃料税、机动车辆税、车辆购置税、车辆登记税和附加价值税等，成为城市基础设施建设的维护专项税源。在德国，从1996年2月起向购买石油的消费者加征10%的石油税，将征收的石油税的50%用于市政建设，主要是修建交通干道和各种专业道路，另外的50%建造市区交通的中心站、换乘车站、交通枢纽、连接点、车辆保养间和停车场等。

（2）财产税。财产税是地方政府的主体税种，征收对象是动产和不动产，具有税收稳定、公平、与基础设施利用相一致的特点。作为一种由地方政府控制的税种，财产税成为城市基础设施建设与维护经费的重要来源。

在美国，政治体制采取联邦制，联邦政府与州政府都有各自独立的征税权，地方政府的征税权是州政府征税权的衍生。联邦政府不征财产税，州政府只征少量的财产税，财产税大多由地方政府征收，财产税约占美国地方政府全部税收收入的70%—80%。

在许多发展中国家也开征财产税,如巴西,对城镇土地开征城市财产税,课税对象是城市土地和土地上的房屋及建筑物,收入用于城市维护建设费用支出。在印度尼西亚,财产税称为土地和建筑物税,由中央政府管理,但全部收益转让给省级和市级政府。

(3)用户使用费。用户使用费是在特定范围内,政府部门向特定公共设施和公共服务的用户收取的费用。用户收费制度被各国普遍认为是一种公平与效率相容制度而加以推广,也成为与各国基础设施融资密切相关的一项重要制度。用户使用费已成为全球各国的地方政府城市基础设施资金来源中增长最快的部分。

与税收不同,使用费是专款专用,在大多数情况下不以增加财政收入为目的,收费的范围、标准、时间较为灵活,可因地制宜。按照收取服务费用的机构不同可将用户使用费划分为两类:一类是由地方政府委托供给企业代为收取的使用费,如供水、天然气、供热、公共汽车使用费等;另一类是由政府机构直接收取的使用费,主要包括排污费、公园门票、罚款等。在一些发达国家,用户使用费占财政收入比重也达到一定水平,以1995年为例,该比例法国达到15.22%、英国为4.14%、澳大利亚为1.55%。用户使用费增加了供给企业的财务独立性,降低了政府对企业的补贴(见表7-7)。

表7-7 部分国家地方政府非税收收入占财政收入的比重

(单位:%)

年份\国别	1987	1988	1989	1990	1991	1992	1993	1994	1995
美国	23.09	22.71	21.83	22.43	21.61	21.17	20.82	20.52	—
英国	15.46	14.55	15.02	14.78	14.04	12.34	12.24	12.52	12.54
法国	20.73	20.75	19.93	19.48	19.42	19.67	19.56	19.38	19.33
加拿大	15.02	14.91	14.86	16.17	15.93	15.59	15.28	—	—
澳大利亚	30.81	30.73	32.52	32.81	31.94	31.94	29.43	31.29	32.29

资料来源:《政府非税收入的国际比较》。

（4）上级政府转移支付。转移支付比较适用于有较大正外部效应的跨地区基础设施,如省际高速公路、跨地区管道铺设等。上级政府通过配套拨款和专项拨款,能刺激地方政府的投资意愿。

在法国,中央政府对地方政府财政补助有两种形式:一种是一般性补助,补助金一般按市政人口的比例进行分配,人口越多,得到的补助金就越多。另一种是专项补助,如市镇修建学校、铁路进行补助等,中央对地方建设项目的补助根据地方未来规划中双方承担的责任和义务来确定。

在日本,中央政府利用专项拨款保证全国各地公共服务的水平和质量标准化,其中总额的34%左右用于基础设施建设,日本专项拨款绝大部分是配套补助(见表7-8)。

表7-8　日本中央政府对地方基础设施建设补贴情况

支出类型	中央政府补贴比例
地方公路建设	1/2
地方公路改造	2/3
河岸工程与水坝建设	2/3
港口修建与改造	1/2
地方机场维修与改造	3/4
污水排水管道工程	2/3
国家公路维修	1/2

资料来源:日本大藏省统计局。

（5）政府借贷。向外部借款已经成为许多国家地方政府获取城市基础设施建设资金的重要手段,也被越来越多的国家所接受。从资金来源看,外部借款主要来源于债券市场、专业性开发银行、市政建设基金和外资等。

发展中国家由于本国资金的短缺,外部借款大多转向国外资金。根据世界银行的统计,在发展中国家,包括来自多边和双边的优惠和非优惠的官方发展资金在不断增加,从1984年的70亿美元上升到1994年的近240亿美元,按照平均计算,占到借款国基础设施投资的12%

左右。多米尼加共和国是几个高度依赖外国资金的国家之一,1991 年外国资金占基础设施投资的 70%—80%。

2. 信贷融资渠道

信贷融资渠道主要包括商业银行贷款、政策性银行贷款、国际性和地区性银行贷款等,具有融资金额大、融资速度快、交易费用较低、技术成熟等特点。商业银行贷款主要用在经营性项目;政策性银行贷款和国际性援助贷款则针对那些准经营性公共项目,贷款利率较优惠。无论是什么样的贷款,银行都要对项目的偿还能力、预期收益率、风险水平、政策优惠、环境影响等进行评价和预测,以确定项目是否可行。对于特大型、意义深远的公共项目常常还需多家银行和非银行金融机构进行联合贷款。因此,银行贷款,尤其是银团贷款,能够有效地解决大型公共项目资金匮乏问题,在大型公共项目融资中发挥着重大的作用。

由于城市基础设施项目公益性强、建设周期长、运营成本高而收益率低,商业银行一般不将其作为放贷重点。为了获得专业性更强、期限更长和成本更低的贷款资金,较多国家和地区建立了专门为城市基础设施服务的银行机构或基金,以实现城市建设目标。这些机构一般不同于商业银行,具有政策性金融机构的性质。

(1)建立城市基础设施专业开发银行。无论是发达国家还是发展中国家,专业开发银行是筹集基础设施项目资金的一个重要渠道,特别是供水、垃圾处理以及地方道路等设施方面。因为来自政策上的压力,城市基础设施专业开发银行的贷款利率往往低于市场利率水平,但这类机构对借款人的信用度要求一个指导准则,如规定贷款不能超过地方政府收益的一定百分比、人均负债率等偿债能力指标。这类机构贷款通常以用户使用费作为主要还款来源。

在发达国家,城市基础设施开发银行的资金来自于合同性储蓄机构和其他长期资金,如日本,国家开发银行对第二次世界大战后基础设施重建起到了关键性作用,当前专业开发银行仍在继续发挥重要作用,开发银行资金主要来源于邮政储蓄、邮政储蓄基金和部分养老资金。

德国有一种抵押银行,主要为中小市政设施建设提供无担保贷款,通常这类抵押银行的资金来源于发行市政债券和抵押债券,这使得这些抵押银行具有政策性和市政性色彩。这些抵押银行在发行市政债券和抵押债券时,不仅需要遵守银行业的一般规则,而且还需接受政府和抵押银行法的特别监督,同时还必须满足严格的保险规定,即未清偿债券额必须提供至少等值的,或者能产生等收益的抵押物。

在发展中国家,基础设施专业开发银行资金一般来源于中央政府借款、发行特别债券、地方政府联合借款、国际多边金融组织资助等,这类机构具有更多的政府色彩,受到政府有关的因素影响较多,实际上成为一种准政府融资机构。

(2)建立城市基础设施开发基金。在一些发展中国家,还存在市政发展基金或者市政发展中介机构的市政建设基金,这类基金一般为政府所资助,是在本国资本市场没有得到很好发展之前提供长期资金支持的一种过渡机制。它实际上是市政借款的中介机构。

(3)建立私人基金。这些基金一般是分散型的,针对某一项目进行一次性融资,因而具有与政府基金不同的性质和特点。其运作程序一般为:成立基金——获取信用评级——确定投资项目组合——进行基金管理——结束基金。

3. 证券融资渠道

利用资本市场为城市基础设施融资,主要包括债券市场、股票市场和证券投资基金三种方式。债券市场融资包括市政债券和城市基础设施公司债券。股票市场融资则通过对已有的城市基础设施进行股份化来实现。这种融资方式在发达国家和发展中国家的城市基础设施建设中发挥了非常重要的作用。这种融资模式要求存在核心投资者,以便集中管理并有利于公司的持续发展,同时,由于政府的目标和股份制企业目标可能不一致,因而在股份化过程中,要保留适度管制,尤其是合理的价格管制。在股份化过程中可以积极利用外资,有些项目对外资的吸引力大于内资的吸引力。证券投资基金主要是通过市政债券基金和公用事业股票基金等间接投资于城市基础设施来扩大资金来源渠道。

广泛地利用资本市场为基础设施融资是发达国家的基本做法,尤以美国最为典型。在美国,大多数的地方政府和地方政府代理机构都通过发行市政债券方式进行融资,其发行主体包括政府、政府机构(含代理或授权机构)和以债券使用机构出现的直接发行体(见表7-9)。近年来美国每年发行市政债券规模约4000亿美元,占债券市场发行总额的10%左右,截至2009年年底,美国市政债券余额约为2.8万亿美元,占美国债券市场总余额的8.1%左右。

在发展中国家,债券市场和股票市场尚处于早期发展阶段,不完善的金融体系和拮据的地方财政使得发行市政债券较难实现。地方政府一般采取以出资或联合出资的方式,为城市基础设施项目成立专门的城市建设投资公司,专门为其从事筹资、管理和营运工作,然后以公司资产作为抵押或者寻求第三方担保,通过公司的名义发行公司债券,实现为城市基础设施建设融资。

表7-9 部分国家发行市政债券的基本情况

国别	发行人	发行方式	期限(年)	利率	投资者	免税待遇
美国	地方政府、代理机构、授权机构	公募	1—30	市场利率	机构和个人	大多数州免个人所得税,但限于本州发行债券
日本	地方公共团体	公募或私募	10	高于同期国债	同上	享受小额储蓄免税和特别小额储蓄免税待遇
韩国	地方政府、地方公共机构	公募	1—20	市场利率	同上	—
德国	地方政府、地方公共机构、抵押银行	公募	2—15	市场利率	同上	大多数州免证券交易税
英国	地方政府	公募或私募	1年期或5年期以上	市场利率	同上	—

资料来源:建设部课题组、世界银行。

4. 国外资金渠道

吸引国外资金已经成为许多国家地方政府获取城市基础设施建设资金的重要手段,也正被越来越多的国家,尤其是发展中国家所接受。国外资金渠道一般包括跨国借贷和国外企业直接投资等,其中跨国借贷主要来自于国外政府、商业银行、多边金融机构、国际金融组织。

(四)主要国家城市基础设施融资模式比较

城市基础设施建设是各国政府普遍关心的领域,关系到经济增长、人民福利等多个领域,各国根据自身金融体系的完善程度和财政环境的健康状况,采用了适合自身实际情况的基础设施融资模式,可以概况为四大类:以日本为代表的政策性金融机构融资模式;以美国为代表的市政债券融资模式;以法国为代表的特许经营制度融资模式;以印度为代表的财政和银行信贷融资模式。

1. 日本:政策性金融主导的融资模式

日本基础设施建设融资模式最显著的特点是:政府强力主导下,分阶段、有战略的政策支持型融资体制。日本是一个深受东方儒家文化影响的国家,"权威主义"、"集团主义"、"国家主义"等文化因素在日本国民的观念中具有根深蒂固的影响。这一特点在第二次世界大战后半个多世纪的公共基础建设事业的组织和实施中得到充分体现。

具体来看,日本第二次世界大战后至今在基础设施建设方面的发展历程大体可以分为两个阶段,分别是第二次世界大战后大规模建设时期和20世纪70年代以后渐进的市场化改革阶段。

第一阶段:第二次世界大战后大规模建设时期,以政府主导的财政性融资模式。

第一阶段是第二次世界大战后恢复建设期,约从20世纪50年代初至60年代中后期。日本在短短二十多年的时间内从一个资源匮乏的战败国一跃成为当时位列美国之后的世界第二大工业国和经济强国。该阶段基础设施建设的特点是:配合经济发展的国家战略,政府主要依靠财政资金和政策性金融手段强有力地主导了大规模基础建设的融资活动。

(1)政府财政资金是最主要的建设资金来源。日本属于单一制国家,除中央政府外,都道府县(相当于我国省、直辖市)和市町村(类似于我国县、市一级)两级政府在日本宪法中被称为"地方自治团体",实行中央领导下的地方自治体制。在日本的分税体制中,基础设施建设是由中央政府和地方政府共同承担的。不同级政府的职责范围是通过各级财政支出的规模和方向来界定的。在日本,由于地方政府提供了全国绝大部分的公共商品和劳务,承担着比中央政府多得多的公共事务,因此,在全部财政支出中,除了国防费的全部以及公债费的大部分由中央负担之外,其他财政支出项目的"大头"都在地方政府。日本财政支出项目中国土保全及开发费这一类包括国土开发费(如填海造地、基础设施、公共设施建设等)、国土保全费(如环境保护等)和自然灾害恢复重建费用。该类支出占财政支出总额的21.3%,其中地方财政支出为73%左右。因此,财政资金是日本大规模建设投资最主要的资金来源。从表7-10中的数据可以看到,第二次世界大战后社会固定资产投资的增长远远超过人均国民生产总值的增长。在大规模建设阶段,交通运输、电力、电信等主要基础设施部门投资的增长速度高过GDP的增长,且数倍甚至近十倍于20世纪70年代中期以后的速度。

表7-10 日本人均GNP及主要基础设施部门投资增速

(单位:%)

发展阶段	人均GNP	总投资占GDP比重	交通运输	电力	电信
1954—1965年	8.6	27.0	8.9	11.3	11.6
1965—1975年	5.1	33.4	5.6	7.5	15.4
1975—2001年	2.4	29.3	0.8	3.2	2.4

资源来源:GSICS Working Paper,Nov.,2006。

与政府支出相对应的是财政资金来源。在快速经济恢复和城市化进程中,日本政府十分注重发挥税收制度的调节作用以及由中央政府主导的财政转移支付等措施的作用。主要包括以下四种政策措施：

一是租税特别措施。政府在 20 世纪 50 年代初实施"租税特别措施"，到 50 年代中期各种租税措施已达五十多种，涉及石油、煤炭等行业。60 年代末法人税率才开始回升，70 年代中期的法人税率，比同期英国、联邦德国、法国和美国的法人税率低十个百分点左右。租税特别措施中对基础设施促进作用较明显的有：对当时政府重点投资的基础设施实行加速折旧；重要设施进口免交关税；对出口收入实行特别扣除；部分重要原材料生产免交企业所得税等。

二是目的税制度。目的税税种较多是日本税制结构的一大特点。在国税中，日本征收汽油税用于国家道路的整治，征收地方道路税用于地方道路的建设，征收石油天然气税用于道路的建设和地方道路的整治，此外还征收电力开发促进税用于促进各种电力的开发，等等。在都、道、府和县税中，日本收取水利及地益税用于水利事业的开支。此外在市、町、村税中也有目的税用于促进基础设施的建设。

三是城市规划税制度。城市规划税是依据城市规划法第 85 条有关地方政府税制中条款而制定的，征得的税收主要用于实施城市规划工程和土地区划整理工程；征收对象为市街区域内的土地或房屋所有者，税率在不动产资产总额的 0.3% 之内，具体标准由各地方政府决定。设置城市规划税的依据是自己的城市靠自己建，由市区内的土地、房屋所有者出资，市政府统筹安排，逐步改善城市设施和环境。

四是财政转移支付制度。日本的市政融资具有中央政府承担较多债券的特点。为了从全国角度保证各种实体能够持续地发展基础设施建设，以确保项目质量不会因地方政府的财政实力不同而差别太大，中央政府在其中发挥了强有力的领导作用。中央政府为每个行业制定了国家发展蓝图，通过直接介入或补贴地方财政的方法参与基础设施建设。中央政府依靠其财政来源，同时还依靠中央和地方之间的转移支付制度，来平衡由于不同经济和财政条件造成的地方政府收入差距。

（2）独特的"财政融资制度"。城市或地区基础设施的开发单靠税收的投入不能满足需要,必须寻找额外财源。日本的财政融资制度就是基于这一现实的政策性金融制度。这一制度可追溯到明治时代的"预先委托资金制度"。它以邮政储蓄存款预存于大藏省,由政府将其运用于财政融资,故称为预先委托资金。第二次世界大战以后,为了缓解当时的资金困难,减少投资风险,GHQ(驻日盟军总司令部)同意日本政府大藏省全权使用这笔资金。1951 年 3 月,日本政府制定实施了《资金运用部资金法》(昭和 26 年法律第 100 号),将所有政府预先委托资金转交大藏省资金运用部统一使用,同时对委托利率做出了明确规定。在此基础上,1953 年日本政府正式推出财政融资制度。日本的财政融资制度是以国家信用为保证,通过资金运用部,以邮政储蓄、养老保险公积金,对那些民间资金难以承担的规模大、周期长的项目如钢铁、煤炭、电力、海运等进行低息融资,有效进行基础产业及社会公共基础设施建设的一种融资方式。利用这种财源设立各种公团、公社等社会基础设施建设公有事业团体,有计划地实施国家的长远方针和政策。各单位从财政融资机构获得资金,采用企业管理体制,建设相关设施,并负责设施的管理和投资回收。第二次世界大战后,特别是在经济高速增长时期,国民储蓄率持续攀升,邮政储蓄及养老保险公积金来源充足,财政融资作为财政政策的重要手段,将中短期储蓄转化为长期、固定资金,为日本经济复兴及高速增长做出了重要贡献。

其他的政策性金融举措还包括:

一是长期金融债。日本长期信用银行依法向商业银行发行长期金融债券,由商业银行用吸收的居民储蓄认购。当商业银行需要资金时,可以将长期金融债券转让出去,也可将金融债券向日本银行抵押申请贷款,从而开创了居民储蓄用于基础设施建设的转化渠道。

二是政策性银行的低息贷款。1951 年日本政府成立"开发银行",取代在此之前的"复兴金融金库",向国内以电力、海运、煤炭和钢铁为代表的基础设施部门提供长期低息贷款。1951—1955 年间提供的2533 亿日元贷款中,电力工业所占比重接近 50%,海运占 25%,煤炭占6%左右。政策性金融不仅促进了基础设施部门的高速增长,更重要的是政府向这些投资周期长、资金需求量大和投资风险较高行业的集中投入,对民间资本产生了极大的诱导效应,大量民间金融机构竞相向政策性银行投资的部门提供贷款,有效地保障了大规模基础设施建设对资本的需求。

(3)国家战略和法律制度先行。日本的政府主导的政策性融资体制的一个重要特点是它是由国家战略支撑,并以法律法规先行来推动的。

第二次世界大战后日本在短短25年内城市化水平迅速提高,城市人口比重从1950年的37%上升到了1975年的76%。日本整个城市化过程都是按照政府的意图进行的,从国土利用规划、工业发展规划的制定,一直到规划的贯彻执行,都可见到政府的影子。跨度二十多年的日本"国土改造计划"过程包括了超过80项针对第二次世界大战后国家经济发展方方面面的政策、法律和规划(见表7-11)。如由前首相田中角荣主持制定的《城市政策大纲》就是专门针对解决城市法制体系、城市规划、地方基础设施建设、土地利用以及国土改造的融资等一系列问题的重要战略。

表7-11　日本国土改造计划的过程(部分政策法规)

年份	名称	年份	名称
1945	国土改选计划基本方针	1960	四国地区建设促进法
1950	北海道建设法	1963	近畿圈整备法
1952	公路法	1964	国营日本铁路建设公团
1953	港湾整备促进法	1965	中期经济计划
1956	公路整备特别措施法	1966	中部圈建设整备法
1957	工业用水法	1967	经济社会发展计划
1957	汽车高速公路法	1968	城市计划法
1958	首都闹市区建设区域整备法	1969	城市再建法
1958	关于保护公用水域水质法律	1970	国营本州四国连接桥公团
1959	九州地区建设促进法	1970	全国铁路新干线整备法
1960	国民所得倍增计划		

资料来源:《日本列岛改造论》,商务印书馆,1973年。

以 1960 年制定的《国民收入倍增计划》为例,该计划将公路、沿海港口、铁路等基础设施列为"瓶颈",予以重点投资,以缓解基础设施与国民经济增长之间的矛盾。1964 年与 1956 年比较,包括公路、港口、铁路在内的基础设施投资占 GDP 的比重增长了 3.5 倍。从 1952 年到 1967 年,日本交通运输储存业投资占固定资产总投资比重平均为 12%,年际变化不大。电力、煤气和自来水在经济起飞之前已高强度投入 10 年左右(1952—1961 年),各年投资占全部固定资产投资的比重约 10%,最高年份(1958 年)达到 13.1%,最低年份(1956 年)为 9.1%。1961 年以后不断下降,到 1970 年时已降至 3.9%。

第二阶段:20 世纪 70 年代中期以后,政策性金融措施和新公共管理改革阶段。

70 年代以后,随着世界各国基础设施的市场化潮流和经济全球化趋势,日本也兴起了政府管理体制的"新公共管理改革",即重新定位政府与市场的关系、明确政府在经济运营中的作用以适应新环境变化的市场化取向的改革。基础设施融资的模式也逐渐由原来政府绝对主导向着兼容并包各种市场化方式的融资体制渐进转型。尽管如此,日本政府在基础设施建设中仍扮演着举足轻重的作用,所不同的是,其政策性支持的方式由原先的直接主导转向更侧重于间接引导。

(1)市场化的资金来源比重明显上升。从资金来源结构看,20 世纪 70 年代之后,基础设施建设的融资呈现出多渠道、市场化的格局。财政直接投资保持了稳定小幅增长,地方债、银行贷款、信托等渠道来源的资金增长迅猛(见表 7-12)。

表 7-12　日本基础设施建设资金主要来源

（单位:10 亿日元）

年份	地方财政性投资	地方债发行额	国内银行贷款	信托投资
1970	—	643	2327	786
1975	2488	3180	5263	1772

年份	地方财政性投资	地方债发行额	国内银行贷款	信托投资
1980	4284	4732	8627	2835
1985	4902	4499	14065	3992
1990	7222	6258	17970	4094
1995	9758	16978	23091	4072
2000	9155	11116	24120	2297

数据来源:Wind 数据库。

(2)持续的政策性金融措施。政府持续的政策性金融措施以灵活多变的形态从第二次世界大战后初期一直延续发展至今,对日本基础设施融资保持灵活、可持续的市场化发展趋势起到了重要的作用。第二阶段新的政策性措施主要包括:

一是政策性金融担保。为了降低民间资本进入基础设施领域的风险,日本政府向为基础设施融资的部门提供财政和政策性金融担保。20 世纪 80 年代,日本政府为长期信用银行对风险企业的贷款,曾提供过 80% 的金融担保。日本国营铁路部门发行的铁路债券中,就有政府提供担保的债券。在电信业发行的债券中,也有政府担保债券。电力部门在进入民间金融市场的过程中,政策性金融为其发行债券和获取贷款提供过担保。

二是设立地方公共团体金融机构。这是一个为地方政府贷款的专门金融机构,称为地方公共团体金融机构。该机构是根据《地方公共团金融机构法》而设立的特殊金融机构,它由所有地方政府共同出资 166 亿日元,于 2008 年正式成立。该机构的前身是 1957 年由中央政府出资成立的政策性银行,最初名为公营企业金融公库。该金融机构设立目的是为地方政府提供长期的(平均为 25 年)低利率资金,并对地方政府从资本市场筹措资金提供增信支持。地方公共团体金融机构的贷款对象是地方政府自身直接经营的地方公营事业。该机构提供的贷款,主要用于自来水、下水道、地下铁等投资回收比较慢的基础设施领域。

根据该机构的性质变化,其贷款对象也有所不同。地方政府金融机构所需资金主要依靠发行地方金融机构债来解决。

（3）渐进的市场化改革。20世纪70年代以后,日本与基础设施建设融资相关的市场化改革体现在主体的多元化和改革财政融资制度等方面。

首先,"新公共管理改革"主要针对日本的"特殊法人"。日本的特殊法人类似于中国的国有企事业单位。日本的国有企业分为三类:直营事业、特殊法人事业和第三部门,其中以特殊法人事业为最多。特殊法人的主要业务是公益性或公益性色彩浓厚的服务业,与国民生活密切相关。特殊法人是政府主导模式的产物,这种模式导致日本经济结构性效率低下,同时作为既得利益集团,又成为经济改革的巨大障碍。特殊法人改革的基本思路是民营化;暂时不能转为民营的,也要引入市场机制,提高经营效率和透明度。日本的特殊法人民营化改革从20世纪80年代就开始,时任首相的中曾根康弘在国铁、电信、烟草三大公社的民营化方面取得了值得称赞的成果。小泉首相上台后,积极推动邮政、道路、医疗等公益法人改革,减少财政投入,实行民营化。

其次,作为公私合营的"第三部门"发展势头迅猛。在日本,将民间企业称为"第一部门",将公共企业称为"第二部门",而将官民共同出资兴办的企业称为"第三部门"（类似于"公私合营（PPPs）"）。日本"第三部门"在1986年出台的《关于灵活运用民间事业者能力,促进指定设施的整治的临时措施法》、1987年出台的《娱乐场所法》及1991年《地方自治法》（修订）的推动下,成为各种优惠政策的扶持对象。20世纪90年代前半期成为第三部门设立的高峰期。第三部门广泛地出现在基础建设领域,并且大量接受财政支持的贷款。

最后,财政融资制度的改革。20世纪70年代以来,随着日本经济高速增长的结束,资本市场逐渐完善,民间资本力量也在不断壮大,社会资金需求缺口大大减少。到了80年代以后,构成财政融资原始资金的邮政储蓄和简易保险基金总量呈不断增加势头,使得该资金规模不断膨

胀。1996 年约为 49 万亿日元,与国家的财政支出几乎相当。与此相应,养老保险公积金所需支付的利息额也随之提高。但在实施中往往脱离投资对象的实际需求,且用它建设的基础设施使用效率也不高。日本财政融资制度现存问题主要在于其资金筹措及资金使用领域,前者涉及被动接受资金及设定利率问题,后者涉及长期利率和固定利率。财政融资制度在 20 世纪 90 年代开始了大刀阔斧的改革,主要措施包括:(1)组织体制上撤销资金运用部,构筑适应新的财政融资制度的机构,按照权责发生制定标准进行财务制度改革,强化政策金融的透明度;(2)放开资金投资渠道限制,增加邮政储蓄及养老保险公积金的用途,废除了简易保险公积金向特殊法人进行贷款,邮政储蓄及养老保险公积金全部通过资本市场来运作;(3)按市场机制发行财政融资机构债进行筹资;(4)重新认定财政融资使用领域和项目;(5)引入市场原理设定利率,实施财政融资绩效分析;(6)将财政融资计划置于国会监督之下,采用政策成本分析法,实施财政融资计划的信息披露制。

2. 美国:市政债券融资模式

美国城市基础设施建设主要由民间资本投入,政府主要提供非经营性基础设施投入和涉及国家安全等方面的经营性项目投入。在政府投资的城市基础设施领域,市政债券是其最主要的融资渠道。美国基础设施建设融资模式最显著的特点是:市场竞争为主,发达的金融市场支持下的市政债券融资模式。

(1)美国城市基础设施建设的概况。第二次世界大战以来,美国固定资产投资对国民经济的作用大致可分为两个阶段,一是第二次世界大战结束后到 20 世纪 70 年代末,这一时期固定资产投资占 GDP 比重基本维持在约 20% 左右;二是 20 世纪 80 年代初至今,固定资产投资占 GDP 比重逐年下降,投资对 GDP 的拉动作用进一步降低(见图 7 - 1)。

第二次世界大战以来,由于固定资产投资规模处于较高水平,美国市政债券发行量逐步增加,到 1985 年达到一个较高峰值,当年市政债券发行量为 1600 亿美元,占同期固定资产投资达到 20.3%,占 GDP

（单位：%）

图 7-1　第二次世界大战以来美国固定资产投资占 GDP 比重

资料来源：Ecowin 数据库。

为 3.7%。20 世纪 80 年代以后虽然美国固定资产投资逐步放缓，但市政债券作为城市基础设施主要融资渠道地位没有改变，2009 年市政债券发行量达到 4096 亿美元，分别占固定资产投资和 GDP 比重的 23.5% 和 2.8%（见图 7-2）。

（单位：%）　　　　　　　　　　　　　　　　　　　（单位：%）

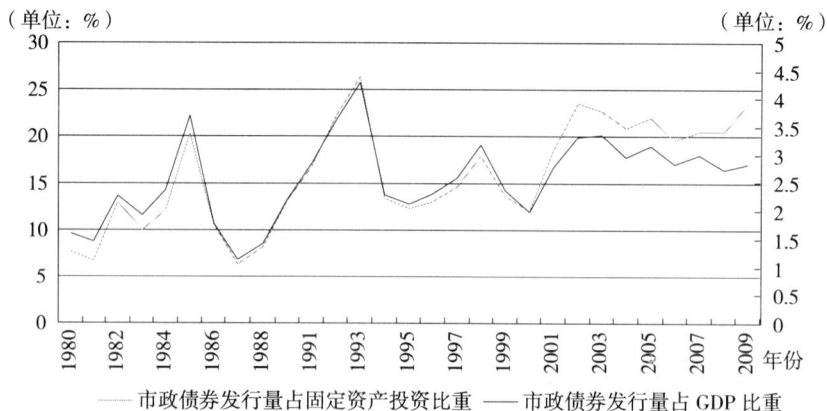

—— 市政债券发行量占固定资产投资比重　—— 市政债券发行量占 GDP 比重

图 7-2　美国市政债券发行量占固定资产投资和 GDP 比重

资料来源：Ecowin 数据库。

（2）美国城市基础设施建设的主要特点。美国城市基础设施建设主要有四方面显著特点：

一是大量发行市政债券。在非经营性基础设施的建设上，美国采取了以市政债券为主的融资模式。美国市政债券发展历史较长，为促进市政债券市场的发展，美国实施了信用评级、信用升级和市政债券保险等一系列措施，同时，美国联邦政府，甚至地方政府对购买市政债券的利息收入免征所得税。通过上述一系列手段，美国市政债券的信用等级、变现能力和市场容量得到加强，市政债券逐渐成为美国城市基础设施建设的最主要资金来源。目前，美国市政债券存量约为2.8万亿美元，近年来每年发行约4000亿美元的市政债券，占同期美国全部债券发行量约8%（见图7－3）。

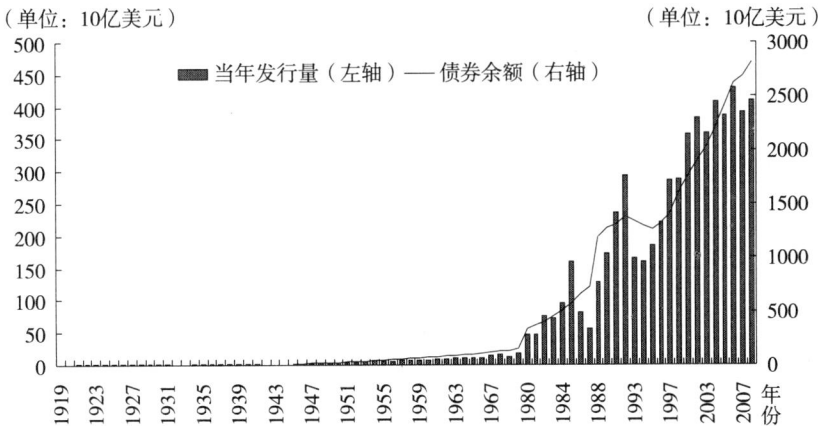

图7－3　近百年美国市政债券发行和债券余额

资料来源：美国财政部和证券业协会。

二是吸收社会资金广泛参与城市基础设施建设。美国的经济哲学从来就是凡民间能做的事情政府绝不插手，在城市基础设施建设中广泛引入私人部门，凡市场可以提供服务的领域，尽可能由市场提供，特别是经营性的公共服务，政府不提供。政府的职责是制定规则、规范市场。即使政府投资的纯公益性事业，运营和管理也尽量采用市场化运作。美国市场经济比较发达,市场体系完善,市场机制运作及市场规则趋于规范,同时,由于长期推行市场经济,民间资本实力雄厚。这为以市场机制引导民间资本进入基础设施领域创造了必要的条件。

三是创造条件,使非经营性项目转化为可经营项目,吸引民间投资建设基础设施。在非经营性基础设施的建设中,美国尽可能通过某些技术如影子价格将非经营性项目转为经营性项目,从而将其交由市场来运作。比如需要建造一条公路,由于效率等方面的原因不能对其收费因而私人部门不愿提供,此时需要政府投入。可以用两种方法来建造这条公路:一种传统的思路是由政府投资建造公路;另一种思路是由私人部门筹资建造,政府每年根据通车量给其一定费用,通过这一收费机制或称影子价格机制刺激私人部门对该公路的投资,由此也实现了非经营性基础设施项目向经营性基础设施项目的转变。

四是美国各级政府在城市基础设施投资中各司其责,分工协作。各级政府根据其职权的划分,在投资活动的出资和审批上各有分工。联邦政府主要负责涉及国家安全或巨大投资的项目。如国家公路和州际交通、国防、宇航及其他投资巨大的高科技项目。通常联邦政府不直接参与城市基础设施建设,而主要采取拨款的形式间接参与,其投资只占政府城市基础设施建设投资的四分之一左右。地方政府的职责各不相同:州政府负责州内的公路、州管的福利和文化设施等项目的建设;市政府负责城市内的交通、供水、污水处理、消防和社会治安等项目的建设;县政府负责县属的学校和福利设施的建设。一般来说,地方政府在城市基础设施建设中的投资比例较大,可以占到城市基础设施投资建设资金的70%以上,其中供水、城市交通和污水处理是地方政府支出最多的三项基础设施。

(3)美国城市基础设施市政债券融资模式的具体经验。美国的市政债券市场已有一百多年的发展历史,在法制监管、市场结构、税收待遇、运作效率以及品种创新等方面都已经相当发达和完备,成为许多国家的借鉴对象。美国市政债券市场已相当成熟,在发行、承销、评级、投

资、信托和监管等方面,形成了较为规范的运作方式和严密的管理体系,成为地方政府城市基础设施建设从资本市场筹资的一种重要手段。

经验一:市政债券的分类。通常将美国市政债券划分为以下两种:一是普通义务债券,又称为整体责任债券,它由地方政府发行,以征税权力为保障,附加收税、准许收费和特殊收费也可以为这类债券提供保证,它是市政债券中信用等级最高的债券。二是收益债券,也叫收入债券,由政府代理机构或授权机构发行,以发债资金投资的项目所产生的收入做担保,风险的评价基于对未来收入可行性的研究和预测。美国广泛地为卫生保健、高等教育、交通(高速公路、捷运系统、收费公路、港口和机场)和公用事业(供水、污水处理、电力和天然气)等项目发行收益债券。

经验二:市政债券的发行主体。美国市政债券的发行主体包括政府、政府机构(含代理机构和授权机构)和以债券使用机构出现的直接发行体,其中州、县、市政府占50%,政府机构约占47%,债券使用机构约占3%。大多数的地方政府及其代理机构都通过市政债券进行融资。在全美8万多个地方政府中,其中约有5.5万个是市政证券发行者。除了少数属大规模发行者外,大部分地方政府机构属于小规模的发行体。

经验三:市政债券的发行条件。美国市政债券发行必须附有律师意见书,由具备有能力和声望的律师或律师事务所出具。意见书声明债券已合法发行并确实是有约束力的债务。发行机构在发行之前,必须经信用评级公司对其债务偿还能力以及付息的意愿程度进行审核,并出具债券的信用评级。通常情况下,政府机构在组建过程中,就通过立法对发行债券的权力给予了明确的界定,对债券发行规模也有一定限制。市政债券发行要求地方政府具有一定的财政自主权,有独立的收入,能够为自己的经济行为负责,明确地方政府也可以破产。

市政当局发行长期债券的目的包括有:一是用于长期资本项目,如筹集修桥、筑路、修建港口和水坝、开凿隧道、飞机场建设、建立水厂和电厂、治理环境等基础设施的资金,以及医院、会议中心、废品和污染控制、自然资源恢复、学校、租金住宅等公益设施的资金;二是弥补源于当期运营的预算赤字。

经验四:市政债券的偿还机制。美国地方政府发行市政债券的偿还资金有两种来源:发债资金投入项目的收益和税收收入。具有一定收益的项目可以依靠项目收益来偿还,"收益债券"就是以此为依据而设计的制度安排。对于非经营性的城市基础设施,发行的一般责任债券的偿还主要依靠政府税收收入。

一般责任债券的投向基本上是公路、垃圾处理等非营利性项目,这些项目虽然一般不能直接产生收益,但通过增加城市的土地价值产生政府的间接收入。因为政府作为投资主体,从理论上应该享有投资收益和剩余索取权,通过开征财产税等方式,政府分享由城市基础设施投资带来的城市土地等财产升值的部分收益,为偿还市政债券形成可持续的税收来源。

美国不少州要求市政债券按系列发行,每一种债券的期限不得超过项目估计的寿命周期。每一种债券的收益都必须记入专项基金,并不得与政府的其他基金混在一起。对州以下的地方政府,其市政债券到期后如果不能偿还,债权人可以依法起诉并要求强制执行。如果没有可清偿的资产,地方政府可以在得到上级政府批准后提高税率以偿还债务。在有效的风险防范机制下,美国市政债券的违约率比较低。据统计从 1940—1994 年发行的 40.3 万份市政债券中,只有不到0.15%的违约率。

(4)美国财政管理体制。政府间财政支出责任的划分。与权力的明确划分相一致,美国的联邦、州和地方财政的支出责任也有明确的分工,每级政府都有相对独立的支出决定权。通常联邦政府主要负责全国性公共产品方面的支出,主要包括以下项目:国防、国际事务、空间技术、大型公共工程、农业补贴、社会保障、联邦行政管理费用等,其支出的重点是国防、邮政服务、社会保障和医疗保险项目。退伍军人福利差不多都由联邦政府负责。州和地方政府的财政支出责任主要是治安、消防、环卫、家庭和社区服务等。

政府间税收与税权的划分。在宪法的原则性规定下,美国实行彻底的分税制,联邦、州和州以下地方政府都有独立的税收立法权和征收管理权,各级议会可在宪法框架下确定自己的税法与税制,各级政府都有一套独立的税务机构,负责本级税收的征收。在税收的划分上,美国仅通过划分税种的办法就解决了各级政府的财力分配问题,基本上不存在相互交叉上解、补助的情况。联邦政府主要集中了个人所得税、公司所得税和社会保险税三大税(约占联邦财政收入的90%),辅之以关税、消费税、赠与税、货物税。州政府的税收一般以销售税、个人所得税、银行和公司所得税为主要来源,这三项收入约占本级收入的70%,此外还有货物税、保险税、酒精和烟草税、各种使用税。地方政府的税收主要有财产税、销售和使用税、所得税等,其中房产税约占地方政府收入的35%。在三级财政收入所占比重中,联邦财政收入一般要占到60%,这就意味着联邦财政对整个宏观经济具有较强的调控能力(见表7-13)。

表 7-13　2000 年以来美国各级政府财政收支

(单位:亿美元;%)

年度	全国财政总收入				全国财政总支出			
	联邦政府	地方政府	联邦政府占比	地方政府占比	联邦政府	地方政府	联邦政府占比	地方政府占比
2000	20852	13664	65.8	34.2	19006	14045	62.9	37.1
2001	20482	14252	64.9	35.1	20141	15245	62.5	37.5
2002	18846	14651	62.8	37.2	21626	16095	63.2	36.8
2003	19071	15478	62.1	37.9	23293	16789	64.3	35.7
2004	20385	16530	61.8	38.2	24654	17572	64.4	35.6
2005	23151	17867	62.7	37.3	26674	18526	64.9	35.1
2006	25524	18871	63.4	36.6	27996	19314	64.8	35.2
2007	26872	19864	63.4	36.6	29941	20746	64.4	35.4
2008	25033	20359	61.2	38.8	32884	21843	65.4	34.6
2009	22514	20588	59.6	40.4	37005	21838	69.2	30.8

资料来源:美国商务部经济分析局。

政府间的转移支付关系。美国联邦政府财政支出中有一部分并不是由联邦政府直接支出，而是拨款给州和地方政府，由后者负责落实。州与地方的财政支出在一定程度上要依赖联邦的预算拨款，这种财政拨款是财政资源在各级政府间的转移支付。在美国历史上，联邦政府很少直接影响地方政府的行为，只是侧重于联邦与州政府的分权问题。美国各级政府之间的财政关系比较简单，州和地方对联邦均没有上缴任务，联邦对州和地方的转移支付，是联结各级政府间财政关系的唯一纽带。美国的转移支付主要是专项转移支付，基本上没有一般性转移支付。美国专项转移支付制度具有如下特点：一是没有固定的模式。美国许多转移支付项目，各种项目拨款考虑的因素有所不同。有的考虑社会经济发展需要，如公路建设；有的考虑社会稳定因素，如救济穷人发放食品券。二是转移支付项目按法律程序确定，明确规定用途，专款专用。三是转移支付制度以有条件补助为主，需要州和地方政府的配套。四是具有透明和公正性。美国之所以实行专项转移支付办法，主要目的是为了增强联邦政府的影响力，促使各州和地方财力分配符合联邦政府的宏观政策目标。

3. 法国：特许经营制融资模式

在法国，政府在城市基础设施投资中发挥比较重要作用。法国将城市基础设施分为两类：一类是经营性或可收费的项目，这类项目允许民间企业进入；另一类是非经营性或社会效益比较大的项目，这类项目完全由政府财政预算投入。法国基础设施建设融资模式最显著的特点是：对于政府投资城市基础设施项目，引入市场化机制，采取特许经营制度。

（1）法国城市基础设施建设的发展阶段。法国城市基础设施建设与融资体制，大体上经历了四个阶段：1944—1954 年为重建时期；1954—1967 年为工业化建设时期；1967—1982 年为国家计划性规划建设时期；1982 年至今为国家权力下放，住宅政策、城市协调发展时期。

20 世纪 50 年代以来，法国城市化进程加快，社会对城市基础设施的需求不断增加,带动了城市基础设施的较快发展。地方政府既要满足居民的需要,又要管理好各项设施,提高服务质量,同时,政府也面临财力不足的困难。为了解决上述矛盾,法国政府积极探索城市基础设施建设和管理的途径。法国经过长期实践,在保证安全、行使控制权的情况下,在城市基础设施领域推行"特许经营"取得成效,并已形成一种管理模式。法国政府推行"特许经营"的主要原因:一是解决体制问题,寻求灵活的城市基础设施融资体系和管理体制;二是解决财力不足的问题,寻求多渠道的投资来源。

(2)法国基础设施融资的基本特点。欧洲国家在基础设施领域放弃完全排他的国家所有制,大体是从 20 世纪 80 年代开始,90 年代后加速,最主要原因是政府经营的效率低下,难以应对经济全球化的大趋势;另一方面原因是政府难于筹集所需的资金。

作为成熟的市场经济国家,法国在城市基础设施投资、建设、运营和管理等方面,已形成一套行之有效的管理体制和运行机制,主要有以下五方面特点:

第一,政府是建设项目的投资主体。法国政府在城市基础设施的投资中都起到了非常重要的作用,它将城市基础设施项目分为两类:一类是非经营性或社会效益非常大的项目,如城市道路、地铁等,这类项目完全由政府财政预算投入,如果财政资金不能满足投资需求,则由政府向银行贷款,但贷款数额必须控制在财政长期预算收入可偿还的范围内。另一类是经营性或可收费的项目,如供水、供气、污水处理、垃圾处理等,政府允许企业进入,鼓励企业通过市场融资,但视项目的重要程度,政府提供一定比例的注册资本金。

第二,各级政府在项目的投资中有明确的责任与分工。对于影响重大的项目,主要由中央政府投资,如巴黎的香榭丽舍大街、内外环线都由法国政府投资,德国的州际高速公路由联邦政府投资。城市一般性的基础设施项目,中央政府投资也占有很大比重,各级地方政府和企业承担相应的投资责任。如慕尼黑市的地铁建设与维护,总投资中

50％来自联邦政府,30％来自巴伐利亚州政府,20％由市政府筹集。

第三,政府掌握特许经营权的授予权。对于自然垄断行业,如自来水供应、燃气供应、污水处理等,在政府决定建设某一项目后,通过该行业若干企业之间的公平竞争,政府选择一家优势企业,特许其进行该项目的经营。政府与企业签订协议,保证政府提出的目标的实现。特许经营权使政府在城市基础设施建设项目融资中占据有利的地位。

第四,采取多种方式筹集建设资金。对于经营性城市基础设施项目,法国广泛采取银行贷款、市政债券、项目融资等国际通行方式筹集资金。与其他西方发达国家相似,法国也有较为发达的地方债券市场,这为城市基础设施融资奠定了较好的金融基础。此外,还采取租赁方式建设城市基础设施项目,如拟建一个垃圾处理厂,政府与私营租赁公司签订协议,政府授予租赁公司特许经营权,租赁公司负责项目投资、建设和运营。在项目运营期间内(如 50 年),政府每年付租金,租赁公司则拥有企业财产所有权和经营权。

第五,重视对项目建设的前期规划和法制化管理。对于城市基础设施建设,政府都要做出长期的规划,规划期可达 10 年。具体项目一般由行业协会提出,由政府(及议会)审批做出决策。重要的是,政府在审批过程中,要通过非常细致、严格的核算,确定项目的规模和投资,同时确定项目总投资额中各级政府投资的比例。项目一旦批准,则建设时间、工期、投资不得改变。由于前期准备充分,一般都能够保证建设项目按计划实施,如期投入使用。另外城市基础设施的规划设计、项目筹资、投资建设、企业经营及城市基础设施使用无一例外地合法化,将有关政府部门、相关企业以及居民的权利、义务及责任用法律的形式确定下来,杜绝责权不清现象。

(3)法国城市基础设施特许经营制度的具体经验。特许经营是法国城市基础设施经营的一个典型模式,政府与企业通过签订协议保证政府所提出目标的实现。在选择承接特许经营权的企业时,采取不同的管理模式:对于城市地铁等非经营性项目,坚持谁定价谁补贴的原则,政府严格进行成本核算,严格界定补贴范围和补贴数额;对于污水处理等通过收费补偿投资的企业,投资补偿与收费挂钩,由政府直接掌握,其生产经营则引入私人企业实施,政府提供一定数额运营费,私人企业承担政府明确的任务,并通过自己的努力,获取合法利润;对于供水、供气、供电等经营性企业,按照商业化原则进行管理,一部分行业的企业要与私人投资企业竞争(见表7－14)。

表7－14　法国城市基础设施主要融资渠道

融资渠道	资金运用行业
政府财政直接投入	非经营性项目,如城市道路、地铁;由政府预算投入的经营性项目
银行贷款	非经营性项目及经营性项目
发行地方政府债券	城市基础设施
转让特许经营权	主要投资于自然垄断行业

资料来源:作者整理。

经验一:制度内涵。特许经营制度,是指政府在保证其对公用事业拥有所有权的基础上,将公用事业的经营权授予开发建设的承租商,承租商在特定的经营期限内通过对公用事业的收益者渐次收取报酬,用来补偿投资建设所需费用并从中获取一定的利润收入。承租商可以是国有企业或私营企业,也可以是公私合营企业,承租商与政府的关系并不随着工程的结束而告终,而是保持长期和紧密的合作关系,直到特许经营期满为止。公用事业特许经营制度的内涵可以从以下三个方面加以概括:

第一,公用事业特许经营的授权主体和发租方是代表公共利益的政府。特许经营的需求来源于公众,政府作为公众利益的代表,是公用事业的组织者和提供者。政府为了提高公用事业的运行效率,委托企业来投资、经营公用事业。

第二,特许经营的主体是企业。政府和企业签订特许经营合同,企业在合同期内就拥有投资、经营公用事业的各项权利,并承担相应的义务。

第三,特许经营权是政府对公用事业垄断权的部分转移。在特许经营合同期内,有关特许经营客体的垄断经营权属于签订合同的企业,排斥其他企业对特许经营客体的竞争。

经验二:基本做法。特许经营制度的基本做法包括以下四点:

第一,企业与政府签订长期合同,明确收费规定。私人股的原始投资是特许经营非常重要的资金来源。只有允许进行长期的特许权经营,经营者才能得到合理的盈利。由此,特许经营年限一般定为35年。获得特许经营权的企业所做的是一项长期的投资。在此期间,收入的变化是承租企业所承担风险的一种决定性因素。以高速公路建设为例,收入的多少取决于交通流量和收费定价,承租企业不仅要负责预测交通流量,还要估算收费定价。根据特许经营协议,法国允许承租企业在协议规定的最高限度内负责确定收费价格。而这一限度是按照通货膨胀率来计算的,私营企业可以通过提高通行费和国家共同分担风险,同时获得其应有的利润,国家就不再从通行费中提取自己的部分。

第二,特许经营企业建立与特许经营制度相应的财务体制。以高速公路建设为例,特许经营开始时是亏损的,经过一段时期的经营之后才进入赢利和高赢利期。所以,对于特许经营权的管理来说,需要有一套适应这种特殊结构的财务体制。特殊经营的财务体制首先要考虑到结算问题,即要考虑到工程中期才能转为赢利的情况。其次,还要考虑到延期交割的费用。这些情况在传统的财务体制中都被视为亏损。另外,还需要遵守相应约束,如吸收延期费用之前,不能分红。

第三,政府分担一部分特许经营的风险。如果政府不参与分担投资者的风险,特许经营公司就难以产生。要想让投资者独自承担风险是十分困难的事情,政府的做法是承诺对60%的贷款提供风险担保。特许经营制度对于不同的行业以及特许经营企业的具体特点,制定出不同的利益分配和风险分担方案。

第四,完善监督机制。在法国,对特许经营企业的监督主要依靠市场机制和政治体制完成。首先是生存要求,在市场经济国家,企业必须为自己的长期利益考虑,一旦出现工程质量低劣的事件,将使多年努力建立的企业形象受损,因而承租企业一般具有强烈的自我监督意识。其次是法国政治体制下的"人民满意"标准,不同城市的居民经常同邻近城市的公用事业作比较,这就使城市之间出现了竞争,进而监督政府保证对公用事业建设的高度重视。

经验三:显著的成效及影响。特许经营制的成效包括:

第一,政企分开,有效发挥各自的作用。实行特许经营,采用合同形式,明确政府与企业之间的关系。政府与企业之间的关系,既是合作关系,又是监督与被监督的关系。在市场经济条件下,避免政府盲目包揽一切,政企分开,充分发挥各自的作用。政府保留重大决策和选择经营管理者等控制权,不干预企业的日常经营活动。企业依法自主经营管理,维护社会享用城市基础设施服务的权益。依照法律,采用竞争方式,促进了城市基础设施的建设与管理。

第二,扩大投资来源,缓解资金紧张的矛盾。由于公共部门负债累累,单靠财政预算和贷款来解决城市基础设施建设巨大的投资需求量,难度很大。实行特许经营,开拓了多渠道投资途径,缓解了财力不足的矛盾。同时,利用私人资金,也是经营管理项目产生了较好的财务效益。例如法国高速公路建设,1955—1970年,法国高速公路全部实行国营化管理,投资来源于国家预算拨款和债券,其中国家预算约占总投资量的40%,债券由国家担保。1970年以来,通过改革融资体制,实行特许经营权管理,开辟建设资金来源渠道,吸引私人资金和发行非国家担保债券,其中私人资金占特许经营总投资约10%左右,国家承担的资金来源大幅度下降。

第三,管理体制多样化,实行严格的责任制度。特许经营方式,可用于城市基础设施建设和基础设施服务行业等多个领域。发放特许经营管理权的机构可以是国家、地方政府,也可以是下属的公共部门。获得特许经营权的企业,可以是国营企业,也可以是私营企业或公私合营企业。改革管理体制,建立新的机构,监督经营管理,双方利益共享,风险共同承担(建设风险、经营风险、投资风险和其他风险等)。

第四,保证工程质量,提高管理水平。特许经营权管理,将城市基础设施建设工程和服务部门的设计、施工、经营和维护、保养等方面形成整体。

(4)法国财政管理体制。各级政府间税权与税收的划分。在税权方面,税收立法权由中央统一行使,征税权和税额分配权都由中央政府行使,地方政府在法律规定的权限内对本级政府的税种享有征收权及适当的税率调整权、税收减免权。在中央授权范围内,地方政府可以开征某些税种。在税种划分上,中央与地方实行彻底的分税制,税源划分清楚。中央税及其收入由中央政府掌握,地方税及其收入由地方政府掌握,没有共享税(见表7-15)。在征收管理上,分设中央、地方两套征收机构,分别征收本级政府的税收。属于中央税的税种有:个人所得税、公司所得税、增值税、消费税、印花税、交易税、遗产税和关税等。属于地方税的税种有:建筑地产税、非建筑地产税、房地产税、专利税、国家转移的工资税、财产转移税、娱乐税、电力税、海外领地海洋税等。

表7-15 法国各级政府财政收入及占比情况

(单位:亿法郎;%)

年份	收入总额	中央收入		地方收入	
		数额	比重	数额	比重
1990	32590	26733	82.0	5857	18.0
1991	34332	28141	82.0	6191	18.0
1992	35385	28920	81.7	6465	18.3

资料来源:Wind 数据库。

中央对地方的转移支付。中央财政对地方财政的补助形式有两种：一种是一般性补助，它是不针对某一具体项目、不附加任何条件的财力转移的补助，地方政府可以统筹安排。这种补助金一般按市镇人口的比例进行分配，人口越多，补助金越多。为鼓励市镇做好税收工作，还规定按税法规定征税越多的市镇，得到的补助金越多。另一种是专项补助金，它是中央财政对地方兴修的专项工程给予的补助，如市镇修建学校、铁路、托儿所等。

4. 印度：财政和银行信贷融资模式

发展中国家城市基础设施建设基本是以政府为主导，据世界银行估计，发展中国家每年在城市基础设施建设的投入约 2000 亿美元，其中 90％以上来源于政府财政和由政府起中介作用的机构。印度的情况基本符合上述特点。印度城市基础设施建设融资模式基本特点是：政府财政和银行信贷是资金的主要来源，并积极拓展包括民间资本和外资在内的多元化融资渠道。

印度实行联邦体制，中央政府及邦政府在基础设施投资中所扮演的角色有所不同。根据印度宪法有关条款的规定，中央政府只负责跨邦层次的公私合作项目，邦政府负责本区域内的公私合作项目。如果某些邦内的项目特别重要的话，中央政府也可以介入，并制定相应的规则加以干预。而邦一级政府要负责提出该邦拟实施公私合作制的项目计划，并通过专门的管理机构上报给联邦政府财政部。

印度政府作为融资的主体参与到基础设施建设，由于公共部门的资金投入量远不能满足于基础设施建设的资金需求量，印度已经开始鼓励私人资本进入基础设施投资领域，初步估计，整个"十一五"时期（2007—2011 年）印度基础设施资金投入总量的 30％将来自于私人部门。印度的基础设施建设融资存在两个显著特征：

（1）基础设施投入量逐步扩大，占 GDP 比重明显提高。2006—2007 财年，印度投入公共服务领域的建设资金占当年国民生产总值的 5％，但同其他新兴市场国家相比该比值仍然处于较低水平。印度政府计划在其"十一五"规划结束时，基础设施的建设资金将上升到同期

GDP 比重的 9％,这一比例与日本经济起飞时期的情况基本相当。印度基础设施投入的资金规模将从 2007—2008 财年的 650 亿美元逐步上升到 2011—2012 财年的 1435 亿美元,届时整个"十一五"时期的资金投入总量预计将达到 5029 亿美元(见表 7 - 16)。

表 7 - 16　基础设施投入资金量及其占 GDP 比重

（单位:亿美元;％）

年份	2006—2007	2007—2008	2008—2009	2009—2010	2010—2011	2011—2012
GDP	10364.5	11297.3	12314.1	13422.4	14630.4	15947.1
GDP 增长率	9.00	9.00	9.00	9.00	9.00	9.00
投资规模	518.2	649.6	800.4	973.1	1170.4	1435.2
投资占 GDP	5.00	5.75	6.50	7.25	8.00	9.00

资料来源:印度"十一五"规划。

(2)财政收入增速缓慢,基础设施融资对银行信贷依赖度较高。由于印度的财政收入增速缓慢,政府财政收入难以满足基础设施快速增长,印度基础设施建设资金大量来源于银行信贷(见图 7 - 4)。2005 年以来,印度银行投向基础设施信贷规模占整个贷款比重连续 5 年超过 20％,其中 2009 年印度银行信贷规模 75646.6 亿卢布,其中投向基础设施信贷规模 16997 亿卢布,约占整个银行信贷规模的 22.5％(见表 7 - 17)。

表 7 - 17　2000 年以来印度投向基础设施信贷情况

（单位:10 亿卢布;％）

年份	2000	2001	2002	2003	2004	2005	2006	2007	2008	2009
基础设施信贷规模	72.4	113.5	148.1	263.0	372.4	790.0	1128.5	1433.8	2051.2	1699.7
基础设施信贷规模占整个贷款比重	4.09	6.92	6.42	15.81	14.67	24.44	22.84	30.41	24.98	22.47

资料来源:印度央行和统计局。

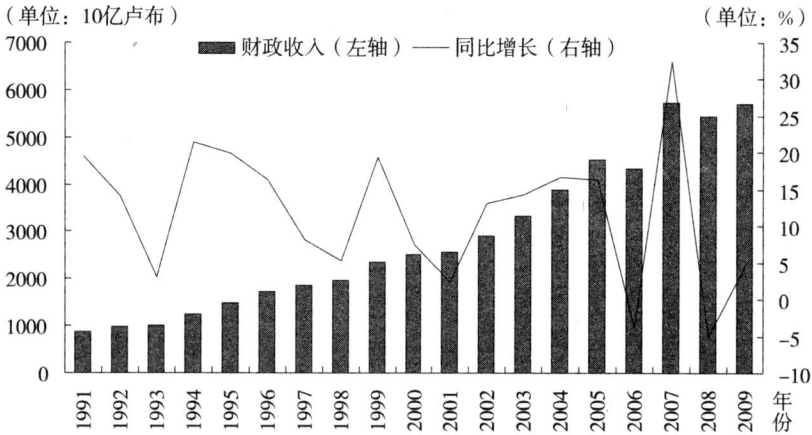

图 7 - 4　1991 年以来印度财政收入和增长情况

资料来源：Ecowin 数据库

　　近年来,印度为其基础设施的发展制定了雄心勃勃的目标,印度"十一五"期间,印度对基础设施计划共投入约 5000 亿美元,其中中央政府和联邦政府分别投入了 1900 亿美元和 1700 亿美元,私人部门通过公司合营的方式投入约 1400 亿美元。根据印度计划,中央政府、联邦政府和私人部门资金来源中约 2470 亿美元需要通过外部借款解决。由于银行债券等资本市场不够发达,外部借款主要期望通过银行信贷渠道,但是印度基础设施信贷融资占银行整个贷款比重已经较高,该块外部借款的可获得性影响着印度基础设施建设的进程。

五、政策建议

　　尽管地方融资平台短期债务风险尚未暴露,但防范中长期的潜在风险还需要未雨绸缪。我们需充分认识当前平台问题,治理地方融资平台避免一刀切、急刹车,应加强规范化管理,努力化解现有问题,并为未来融资开辟良性循环通道。

(一)充分认识当前平台问题,避免一刀切,急刹车

尽管近期地方政府融资平台风险引起各方高度关注,但也不应过分夸大,需要从发展和稳定的角度来审视这个问题。未来应加强规范化管理,努力化解现有问题,并为未来融资开辟良性循环通道。地方政府融资平台的特殊性决定了对待这类问题只能疏,不能一刀切,重在规范。如果采取过于严格甚至一刀切的措施,可能会截断融资平台正常的融资渠道,或割断融资平台与政府的被补贴与补贴关系,从而导致融资平台资金链断裂,这将可能使其潜在债务风险会立刻暴露,甚至一些不存在债务风险的项目也会受到影响而产生风险。这不仅不利于风险防范,而且还会提前放大风险,导致系统性风险的产生。

从国际经验看,如果制度设计合理,地方政府融资是促进地方经济发展的有效途径。地方融资平台的大量涌现,使城市基础设施建设项目的运作更加市场化、专业化,同时也为吸纳商业银行贷款提供了一个重要的平台。例如,2009 年应对全球金融危机冲击时,我国经济主要由投资来驱动,而投资增长主要来自于政府融资平台的快速发展。从长期看,我国正处于工业化、城镇化加速发展时期,基础设施建设所需资金数额庞大,各级政府在推动城市建设、改善公共服务方面的作用依然显著。

从政府体系的负债水平来看,我国政府负债水平仍在可控范围以内。2009 年政府负债总额约为 15 万亿,占当年 GDP 约 45%,其中国债约 6.3 万亿、地方融资平台负债约 7.8 万亿。同期,日本、欧元区和美国的政府负债所占 GDP 比重分别达到 229%、78.9% 和 87%。从整体上看,目前我国政府的债务违约风险还较低,不应过度放大和高估相关风险。

(二)对融资平台实施区别管理,政府财政重点投入到公益性项目

通过考察美、日、法、英、德、韩国等众多国家城市基础设施建设的

做法,我们总结出两条基本经验。第一条经验,将城市基础设施项目划分成三类,区别管理:一是无经营性收入或社会效益比较重要的项目;二是有部分经营性收入项目;三是有经营性收入或可收费的项目。第一类项目几乎完全由政府财政预算投入,第二、三类项目尽可能吸引民间投资建设。第二条经验,政府在城市基础设施的投资中都起到了非常重要的作用,主要体现在三个方面:一是政府直接投资非经营性基础设施建设;二是政府制定规则、规范市场,以市场机制引导民间资本进入基础设施领域;三是创造条件,尽可能将非经营性项目转化为可经营项目,吸引民间投资建设基础设施。

目前,我国地方政府融资平台也可以分为三类:第一类完全没有经营性收入,如城市道路、公共文化和体育设施等;第二类有部分经营性收入,但不能完全自负盈亏;第三类有经营性收入可以自负盈亏,只有项目资本金靠财政来投入,如开发新区、城市供水供电等。根据上述不同类型的平台,应采取不同的治理模式(见表7-18):

第一,对于经营性领域的融资平台。在港口、通信、高速公路等外部性很强的经营性建设领域,地方政府的融资平台可以转型为社会力量举办的经营主体,地方政府注入到现行融资平台的资本金可以完全置换为民间资本或法人资本,形成经营性质的融资平台与完全市场化的融资模式。

第二,对于准经营性领域的融资平台。在轨道交通、污水处理等外部性更强的建设领域,政府部门可以将现行融资平台转型为公私合作的形式。政府部门可提供必要的财政补贴、贴息等财政支持,从而发挥政府与社会力量各自的优势,形成市场化融资加财政资助的合作型融资模式。

第三,对于公益性领域融资平台。在城市绿化、公共卫生等公益性领域,政府部门责无旁贷,项目投资应由地方政府全额负责,资金纳入地方财政预算,地方政府通过成立专门的福利性基金机构作为融资平台,并争取中央资金的支持。

表 7 - 18　我国地方政府融资平台管理方式分类

类型	主要行业	管理方式
经营性项目	港口、通信、高速公路等	完全市场化运作
准经营性	轨道交通、污水处理等	公私合作,尽可能引入市场化运作
公益性项目	城市绿化、公共卫生等	政府投资,可引入市场化运营

资料来源:作者整理。

(三)启动地方市政债券,构建多层次城市基础设施融资渠道

从可持续发展的角度看,我国基础设施建设需解决两方面问题:一是地方政府融资渠道单一,过分依赖于银行贷款;二是平衡地方财政收入稳定与基础设施集中投入的矛盾。特别是地方政府融资平台 2009 年经历快速发展后,暴露出较多亟待解决的问题,构建未来基础设施建设融资模式显得尤为关键。

从世界范围看,城市基础设施融资一般都经历了财政、信贷、证券三种基本融资方式的演变过程。

首先,财政融资是城市基础设施融资的传统方式,也是一种低成本、低效率的融资方式。在计划经济时期,我国城市基础设施建设主要靠财政融资的单一方式,银行作用甚微,资本市场基本没有。在城镇化加快推进的过程中,财政融资无法适应大规模城市基础设施建设的要求。目前财政融资在城市基础设施融资中的比重和作用都在下降,但仍然是必不可少的重要融资渠道。

其次,信贷融资已成为我国城市基础设施融资的重要方式,是一种中成本、中效率的融资方式。20 世纪 80 年代以后,银行开始进入城市基础设施融资领域,并逐步形成了以信贷融资为主的城市基础设施融资体系。现阶段我国的信贷融资由于脱胎于财政融资,带有较强的财政融资特征,加上社会信用体系的落后和缺失,往往受到财政融资观念的侵蚀。目前信贷融资为主的城市基础设施融资格局在融资效率方面等方面比财政融资更进一步,但缺乏

地方政府信用、法人信用、商业信用,建立良性循环的信贷融资体系任务比较繁重。

最后,证券融资代表着城市基础设施融资的发展方向,是一种高成本、高效率的融资方式。证券融资主要包括股票、债券,并以此为基础进行资本市场运作,公众广泛直接参与,市场监督最严,要求最高。在我国,证券融资仍处于起步阶段,尤其是企业债券市场滞后,股票和企业债券融资占基础设施建设项目总投资比重较低。

我们认为,未来我国基础设施建设资金来源将形成四个渠道:一是启动地方市政债券市场,并加快发行城投债;二是完善地方财政收入和支出体系;三是商业银行按照市场化方式提供贷款;四是政策性银行提供优惠贷款或提供担保,形成其他增级等担保体系。按照经营性、准经营性和公益性三类区别给予不同融资模式,其资金来源及运营机制如表7-19所示。

表7-19 我国不同类型地方政府融资平台资金来源情况

类型	资金来源	运营主体
经营性	商业银行贷款、企业债、股市等市场化资金等	可为国有企业、民营企业等
准经营性	财政补贴、市政债券、企业债、政策性贷款、商业银行贷款等	可为国有企业、民营企业、特许经营、各类公私合营等
公益性	财政资金、市政债券	可为国有企业、地方政府融资平台

资料来源:作者整理。

为有效缓解银行信贷投放的压力,推进政府性投资项目融资方式多样化,改善城市基础设施融资结构,我国应尽快启动地方市政债券市场。根据各国市政债券发展的经验,我国启动地方市政债券市场切实可行。

首先,市政债券在美国、日本、英国和法国等发达国家是一种成熟的、信用等级比较高的融资工具,已有近百年的发展历史。第二次世界大战后的日本将市政债券作为一种强有力的融资工具为其基础设施的建设提供了大量资金。美国在 20 世纪 20 年代就开始发行市政债券来募集基础设施所需要的大量资金。借鉴国际经验,允许地方政府发行更容易监管、更为规范的地方政府债券,将隐性债务显性化,是化解财政风险和金融风险的必然选择。

其次,允许地方政府发行债券,是实行分税分级财政体制国家的普遍做法。当地方政府税收收入不能满足其财政支出需求时,地方政府可以发行债券为基础设施建设及公共产品筹资,如美国、德国、日本和英国等国家,地方政府债在其财政收入及债券市场体系中都占有重要地位。目前,发展地方债券市场也已成为新兴工业化、新兴市场的转轨国家以及其他一些发展中国家的政策重点。

最后,我们在比较国家结构后发现,单一制或联邦制的国家结构与地方政府能否发行市政债券融资相关性不大,地方政府债券与地方自治、分权程度高度相关,只要存在中央与地方分权就具备发行地方政府债券的前提。这也是地方政府债券在联邦制的美国和德国以及单一制的日本、英国和法国都大行其道的原因。

(四)加强地方政府外部约束与监督机制,大力提高财政信息透明度

通过建立健全政府财政信息披露制度,使地方政府债务透明化,并参考国际通用的政府债务指标进行债务预警,将有利于化解当前政府融资平台面临的信贷风险。另外,从长远看,建立对地方政府的信用评级制度也是一项有益的经验,这将有力地推动地方政府行为公开化、透明化,大大提高政府的执政能力。

1. 建立强制性的政府财政信息披露制度,使地方政府隐形债务透明化

财政信息中最重要的是以预算资金为主体的政府财政资金分配的信息、财政资金使用结果的信息以及政府财务状况的信息。按照国际

货币基金组织(IMF)对财政透明度的最新阐释,财政透明度包括四个方面的基本要求:第一是明确政府作用和职责,这是财政透明度的前提性基础;第二是政府预算程序公开,这是财政信息透明的程序条件;第三是公众应能获得全面的政府财政信息;第四是保证政府财政数据的真实性。后两条是对财政信息透明的内容和质量的要求。

财政信息公开化必须在国家统一法律框架下推进。越往高层级的预算,需要更高层面的法律支撑。而目前的《政府信息公开条例》和《国有资产管理办法》都未曾对此做出明确规定。因此,推进此项工作须从法律层面着手。

2. 建立规范的地方政府信用评级制度

从国际经验来看,发展规范的地方政府债券市场是为基础设施建设筹资最常见的渠道。目前,由于我国《预算法》规定了地方政府不得负债,所以地方政府通过融资平台发行城投企业债这一变通的方式来筹集部分资金。2009 年,中央财政还代发了 2000 亿的"地方政府债"。结合国外经验和国内实践,我国市政债的规范发行是一个必然趋势。为了适应这一要求,建立地方政府信用评级制度势在必行。

地方政府信用评级可解决下述问题:(1)能够为投资者提供衡量期间收益和风险的标准,消除地方政府与投资者之间的信息不对称;(2)信用评级可以成为地方债在银行间债券市场利率定价的依据;(3)加强地方债务外部监督,有利于推动地方政府行为的公开化、透明化,提高地方政府的执政能力。

(五)以科学发展观为指导,处理好地方政府面临的四大症结

地方政府融资平台当前出现的诸多问题,究其症结在于地方政府作用发挥的失当。从国际经验看,政府在基础设施建设中应在规划与监管上起主导作用;同时对私人部门不愿涉足的公益性及准公益性项目承担投融资及运营的任务,起到弥补市场失灵的作用。我国的地方政府必须坚持科学发展观的为指导,重点解决下述问题:

1. 抑制地方政府非理性投资冲动,确保基础设施建设可持续发展

从国际经验可知,在特定发展阶段,适度超前的大规模投资建设有其合理性和必要性。但是由于投资对经济增长的拉动效应迅速而明显,地方政府对持续大规模的投资有着难以遏制的冲动。近年来我国的产出结构中投资占 GDP 的比例一直在上升,从 2000 年的 36％上升至 2008 年的 44％,2009 年达到 67％。与此同时,地方投资增长的速度远远高于中央投资,2010 年年初最新的数据显示,地方项目投资的增速比中央投资高出一倍。2010 年 1—2 月份,中央项目投资 1219 亿元,同比增长 14.0％;而地方项目投资 11795 亿元,增长 28.1％。

由投资冲动支撑的经济增长无法实现可持续发展。地方政府的投资冲动不仅造成了重复建设和严重浪费等负面影响,还由于政府滥用举债权给整个银行体系带来巨大的风险。因此,未来较长一段时期内,约束地方政府投资和举债的冲动,引导各级政府有序投资是关系到我国经济持续平稳运行和基础设施建设可持续发展的关键因素。要矫正地方政府过度膨胀的投资和对外举债行为,必须深入进行体制改革,具体说来可从以下四个方面入手:

第一,以“谁投资、谁决策、谁承担风险”为原则规范地方政府投资。根据基础设施项目的性质明确政府在投资和运营中的定位和责任,政府尽可能逐渐从直接微观投资活动中退出,而通过利益导向等方式间接进行监管。对确实需要政府组织建设的项目,通过制定统一的《投资法》规定由专门财政机构或融资平台全权负责投资决策和管理,避免受到地方政府官员的行政干预。

第二,完善转移支付制度。自 1993 年财税体制改革以来,我国实行的是中央和地方之间的分税制。随着财权的上移和事权的下移,地方政府的财政压力越来越大,因此需要进一步合理划分中央和地方的事权,界定支出责任,中央可考虑承担更多的责任,通过自上而下的转移支付制度,直接给予地方政府财政支持,以解除地方政府的后顾之忧,抑制其对外举债冲动。

第三,改生产型增值税为消费型增值税。生产型增值税制令生产越发达的地区征收的增值税越多,财政越富裕。这种税制激励地方政府倾向于最大化投资规模以得到 GDP 和财政收入同时高速增长的好处。欠发达地区的消费则更多为生产发达地区交了税,令富者越富、穷者越穷,加大了政府转移支付的压力。消费型增值税集中到消费地收税,其导向作用是地方政府将大力鼓励消费,培育消费,千方百计保障人民生活提高。增值税型的改变,将引起地方政府调控、产业投资导向的根本变化,同时还将减少生产企业的负担,有利于藏富于企、藏富于民。

第四,改变地方政府官员的考核指标,消除 GDP 崇拜,按照科学发展观重新拟定评价体系。现行干部考核制度过多强调与所辖地区经济发展成就进行直接挂钩,并且这种经济发展成绩又主要以上了多少项目、建了多少企业、经济增长速度多少等指标来进行简单量化和比较。科学、规范、可量化的地方政府考核机制不仅要有经济数量指标、增长速度指标,更要关注经济增长的质量指标、社会经济效益指标和环保指标,如居民收入增长指标;不仅要考核地方官员在促进地方经济发展方面的政绩,也要考核他们在遵守国家法律法规方面的表现;不仅考核短期发展目标,还要考核可持续发展目标。

2. 妥善解决"土地财政"问题

追求土地收益和土地抵押融资规模最大化成为政府储备土地的真实宗旨。政府、与土地相关的产业、银行之间形成环环相扣的利益联结。一届政府往往把今后 50—70 年的土地收益一次性收取,预支了未来若干年的土地收益总和。从长期来看,建设资金对土地财政的依赖加剧了基础设施建设资金需求和供给之间期限错配问题。

解决"土地财政"问题,除了要如上文已述及的财税制度需按照事权和财权相匹配的原则,加大中央对地方的转移支付力度之外,当务之急是从制度安排上弱化地方政府"以地生财"的冲动。主要措施有:

第一，阻断地方政府的卖地机制。地方政府对建设用地的垄断性卖地权，是土地财政形成的根源。应按照逐步缩小征地范围的改革路径，将城市规划范围内的集体建设用地区分公益和非公益用途。公益用途仍可以实行征地，非公益用途应该逐步引入集体和农民作为流转主体，让农民和集体参与到土地收益的分配当中来。

第二，推动与土地相关的税制改革。创立土地财产税等改革措施改变地方财政过分依赖土地批租环节的现状。建议将现行的各种土地税费合并为三个税种：土地占用税、土地保有税和土地交易税。土地占用税是对土地农转非的行为征税，将现在的耕占税、耕地开垦费、新增建设有偿使用费一并征收，体现保护耕地的目的。土地保有税是对持有建设用地者的征税，基于土地的不可再生性和随着经济发展必然升值的情况，可由中立的土地评估机构公布一个地区一定时期的土地价格，税务部门根据地价上涨的情形对土地持有者征收一定比例的土地保有税。土地交易税是对建设用地的交易行为征税，既让地方政府可以获得稳定的税源，也有利于土地转向最有价值的使用。在此基础上，将土地税合并在房屋等不动产征收的房产税或物业税在许多国家被采用，这成为许多实施分税制国家的地方政府重要的支柱财源。从不动产保有环节上取得财政收入，具有持久性和规范性。为了调动地方政府征收土地财产税的积极性，令地方政府在分税制下获得有保障的税源，建议土地财产税及不动产保有税留给地方享用。通过土地税相关税制的改革，地方政府能获得更加持久稳定的财政收入，有利于降低政府换届等因素的影响程度，可持续地进行基础设施建设投资。

第三，盘活国有基础设施存量资产。目前对基础设施的投融资主要考虑的是增量扩大，实质是将国有土地资产中的相当大的部分转化成了基础设施的国有资产。在过去的数十年，地方基础设施建设大部分都是由政府大操大办，到目前为止已经积累了庞大的存量资产。尤其是大量经营性和准经营性基础设施项目目前仍完全由政府掌握。针对这部分资产,可考虑通过产权转让、经营权转让等方式进行盘活。英、美等发达国家在 20 世纪 80 年代前后也都遭遇过基础设施的财政资金来源不足、国有投资及运营模式难以为继的困境。英国在 20 世纪 80 年代由撒切尔政府领导的基础设施市场化运动中,通过公开发行股票、自由出售、经营者(或职工)购买及向第三方出让等私有化产权变更方式推行基础设施投融资机制改革,一方面盘活了国有资产,帮助政府收回了投资,同时还增加了税收减少了财政支出,使长期困扰英国政府的财政问题大大缓解。

3. 规范政府性负债与融资机制,平衡资金供需之间的期限错配

我国基础设施建设的大规模投入还将维持较长一段历史时期,地方政府始终面临着如何平衡基础设施建设集中大规模资金需求与政府稳定但规模有限的可支付财力之间的矛盾。因此,从长期看,必须在进一步完善中央地方转移支付制度的前提下,彻底割断地方政府负债与地方政府融资平台负债的联系,建立起科学规范的政府性融资和负债的机制。具体的措施有:

第一,规范现有的政府负债行为。目前由于法律的规定,地方政府不得列赤字,但事实上,地方政府却通过多种渠道进行债务融资,包括:中央转贷的由中央政府发行的国内外政府债券、通过融资平台发行的企业债和银行贷款。地方政府的行政介入令上述债务、风险、责任等关系十分混乱,必须加以彻底的清理和规范。方向主要是两方面:(1)切断地方政府与商业银行贷款之间的关系。借助于政银间特殊关系获得的政府性贷款实际上是一种透支财力的行为。地方政府的举债冲动及偿债约束机制的缺乏使得政府性债务不断攀升,财政风险积聚,在一定程度上透支政府信誉,损害了政府的形象和公信力。如某地方政府与银行签订了《低风险财政垫付性中长期贷款管理协议书》,获得项目贷款近 4 亿元用于高稳产农田、青稞生产基地等农业建设项目。在实际建设中,政府将贷款中的 86% 用于机场扩建、滑雪场等基础设施项目建设,以更快地提升城市形象,拉动经济增长。(2)完善相关法律规定,赋予地方政府一定的举债权。现行的法律不允许地方政府直接融资，使得地方政府不得不更多地通过融资平台公司筹资、政府担保等方式来融资，由此产生了一系列问题。我们认为，与其让事实上已经存在的政府负债以不规范的方式存在，缺乏有效的监督，不如正视地方政府的举债行为，完善相关法律规定，改一味禁止为加强管理，"开前门，堵后门"，赋予地方政府必要的直接融资权，保证地方政府直接融资在法律规范的基础上有序进行，促进地方经济的可持续发展，如尝试建立规范的市政债券制度。

第二，开拓更多规范的政府性融资渠道。基础设施建设除了银行贷款和市政债券融资，国外还有很多融资渠道值得借鉴。如：(1)基础设施收费证券化。基础设施收费证券化是 ABS 即资产支撑化证券的一种，是资产证券化与基础设施项目相结合的产物，它是指以基础设施的未来收费所得产生的现金流为支持发行债券进行融资的方式，债券的还本付息来源于基础设施的未来收费所得产生的现金流。这种方式适用于经营性基础设施融资，这是由于一方面基础设施的消费是稳定的，价格受政府管制，因而收益稳定；其次基础设施建设受政府支持，风险低。因而经营性基础设施是很适合采取证券化融资的优良资产，较容易被资本市场的投资者接受。同时由于仅仅转让了未来现金流，并未真正转让原始权益，能在有效保护国家对基础设施所有权的基础上解决资金问题。(2)私人主动融资(Private Finance Initiative,简写为PFI)。PFI 是 BOT 的优化，PFI 项目由政府根据实际需要发起筹建，私营企业和私有机构组建的项目公司具体负责项目的融资、设计、开发和建造。与 BOT 模式不同的是，政府对项目的要求没有那么具体，往往只有目标和功能要求，充分利用私营企业的优势，实现项目的选择、设计和运营的创新；项目竣工后，项目公司不是将项目提供给最终使用者，而是出售或租赁给政府及相关部门。也有一些特殊的 PFI 项目，项目公司可以负责经营，并直接为公众提供服务，费用仍由政府及相关部门支付。(3)次级债券。次级债券在国际资本市场上用得很多，随着

"长期负债等同资本"观念的传播,开始主要是作为补充银行资本金的融资工具,后来其运用范围越来越广,成了公共基础设施融资中可以为项目提供增信,进行更多融资的工具。次级债券通常用于准经营性城市基础设施的融资。

4. 建立地方政府基础设施建设偿债保障机制

地方政府在关系到国计民生的基础设施建设中负有组织、规划、监管及保障等重要责任。对于由政府主导的公益性及部分准公益性项目,政府应充分发挥"守夜人"的角色,在基础设施领域存在市场失灵的地方建立相应的保障机制以应对可能发生的债务风险。

第一,建立特定的城市基础设施发展基金。在许多发展中国家,存在市政发展基金(MOFS),或市政发展中介机构(MDIS)的市政建设基金。这些基金一般为政府所资助,是在本国资本市场没有得到很好发展之前提供长期资金支持的一种过渡机制。如印尼的区域开发账户(RDA),以与市场利率接近的利率向外放款,目的是给地方当局3—5年的时间采取回收资金的措施和显示良好财政管理水平,从而使他们能直接从金融机构和资本市场融资。泰国也有类似的担保基金为私人机构和给私人经营的城市基础设施贷款提供担保。设立专业发展基金的做法可以避免政府直接为项目融资进行担保形成隐形债务,令整个政府性负债流程规范透明化,有利于引导社会资金参与基础设施建设。

第二,建立政府债务规模控制和风险预警体系。地方举借政府性债务应当按照"适度举债、讲求效益、加强管理、规避风险"的基本要求。政府性债务规模应当与本地区国民经济发展和政府财力相适应,同时还必须形成有效的风险预警体系。

国际上政府债务规模控制中的需求控制一般有负债率、债务率、新增债务率、担保债务比重、偿债率、利息支出率、资产负债率和债务依存度等指标(见表7-20)。

表 7 - 20　债务需求控制主要指标

指标	公式	国际公认的一般警戒线
负债率	年末政府债务余额/当年地方 GDP	10％
债务率	年末政府债务余额/当年财政收入	100％
新增债务率	当年新增债务额/当年财政收入增量	18％(巴西),9％(日本)
偿债率	当年债务还本付息额/当年财政收入	15％
担保债务比重	年末担保债务余额/当年财政收入	——
债务依存度	当年利息支出额/(当年财政收入＋当年债务还本付息额)	20％—30％(日本),15％(俄罗斯)
资产负债率	年末政府债务额/年末政府资产额	8％(美国),10％(新西兰)

资料来源:作者整理。

　　地方政府债务风险预警是指根据风险管理目标,对现实存在的各种债务风险进行识别,分别进行定性与定量分析,将结果汇总提交风险监控系统;依据已确定的风险控制标准,对出现问题的部门与机构发出警告,寻找引起风险的原因,给出相应的纠正与化解措施,实现地方政府可持续融资,同时债务风险最小化。目前,从各国的实践看,在风险预警方面,美国俄亥俄州模式和哥伦比亚的"红绿灯"预警系统比较典型。(1)俄亥俄州模式是通过地方财政监测系统改善对地方财政安全状况的监测,以防止债务危机的发生。州审计局负责实施财政监测计划,并对地方政府是否接近财政紧急状态做出判断。如果某个地方政府被宣布处于紧急状态,俄亥俄州将建立一个"财务筹划与监督委员会"来接管地方当局的财政管理权。在该委员会举行第 1 次会议后的120 天内,地方当局首席执行官(同时也是该委员会的成员)将提交一份财务计划,及时化解危机。"财务筹划与监督委员会"要求政府举债

行为与上述财务计划一致,并协助市政官员进行债务重组。(2)哥伦比亚红绿灯预警系统(见表7-21)。该预警系统将每个地方政府的债务与其偿付能力挂钩,规定两个限制指标:一是地方政府利息支出率,该指标代表地方政府的资金流动性。二是债务率,该指标用来评估中长期债务的可持续性。

表 7 - 21　哥伦比亚地方政府债务预警指标体系　(单位:%)

控 制 指 标	绿灯区	红灯区
利息支出率	小于 40	大于 40
债务率	小于 80	大于 80

资料来源:作者整理。

　　第三,严格举借程序,设立相应的偿债准备金。举借新债的单位要向财政部门提出申请,财政部门审核后报同级人民政府审定,债务数额较大的举债项目要报请同级人大及其常委会审议。按照"谁举债、谁偿还"的原则,严格确定偿债责任单位,确保落实偿债资金来源,各级政府要设立相应的偿债准备金。一是对财政直接负债,财政每年要有计划地从地方财力中安排一定比例的资金用于建立偿债准备金;二是对其他负债,可以考虑在相关部门的专项支出中,按一定的标准落实好偿债准备金。

第八章　欧美金融监管改革对中国的影响

　　金融危机发生以来,全球各国围绕国际金融监管体制改革掀起了大范围的讨论。2009 年 4 月,G20 伦敦峰会达成共识,对金融监管体制进行改革,并扩大监管措施的适用范围。同时,成立金融稳定委员会(FSB)对宏观经济和金融风险提出预警和行动建议。2009 年 6 月 19日,欧盟理事会通过了《欧盟金融监管体系改革方案》(Reform of EU's Supervisory Framework for Financial Services),拟建立一套全新的泛欧金融监管体系,在欧盟层面上进一步加强金融监管。2010 年 7 月 21日,美国总统奥巴马签署《多德—弗兰克华尔街改革和消费者保护法》(Dodd-Frank Wall Street Reform and Consumer Protection Act),这份自 1933 年以来美国最严厉的金融监管法案最终正式成为了法律,同时也为全球金融监管树立了新的标杆。欧美金融监管改革无疑将对全球金融市场带来深远的影响,也将对我国金融监管发展、风险防范带来新的思考。

一、全球金融监管外部环境的变化

　　经历了本次史上罕见的全球金融动荡和经济衰退的洗礼后,目前全球金融业已逐步恢复秩序,各国经济也正步入复苏,尽管复苏之路并不平坦。在此背景下,全球金融监管面临的外部环境已发生显著而根本性的变化,对监管机制的调整也提出了迫切的要求。

(一)危机后全球经贸发展格局将发生重大转变

本次危机虽由美国次级抵押证券引爆,但其根源来自于20世纪80年代维持至今的全球经贸和金融格局所导致的全球经济结构性失衡。危机过后,全球经济将很难恢复到过去的增长老路上。美、欧主要发达经济体将经历一段较长时期的疲弱,逐步消除金融体系中的过度泡沫化因素,政府和居民过度负债消费的倾向将受到抑制,金融机构资产负债表和居民个人负债将逐步"去杠杆化",储蓄率将逐步回升到正常状态。而与此同时,新兴市场经济体的出口依赖型经济发展模式也将面临严峻挑战,随之而来的较长时期的"去库存化"和"去产能化"将迫使其对经济结构实施调整。

(二)危机后全球银行业经营格局将发生显著变化

经过本次危机的冲击,全球银行业经营模式将会由过度冒险和追求短期利润的行为向着与实体经济发展相适应的更为稳健的增长模式转变。各国政府、监管机构和银行自身对金融风险的认知和管理将更加全面,严重脱离实体经济和过度自我膨胀的虚拟金融市场规模将会受到显著抑制,银行过度依赖货币市场融资和高杠杆化的经营模式将会得到调整,去杠杆化、收缩表外业务、减少交易风险敞口,将使银行更多地回归传统的商业银行业务,回到为实体经济服务的基础上来。同时,美、欧金融机构在这次危机中遭到重创,实力受到很大削弱,加之为了满足改善自身资产负债表、强化监管和稳定国内市场的需要,许多西方大型跨国银行会在全球有选择性地进行业务收缩,这些都将使得国际银行业务整体规模下滑,纽约、伦敦等传统西方金融中心地位受到冲击,也为新兴市场国家和地区的金融市场和金融机构提供了更多的发展空间。

(三)危机后全球金融监管将得到根本性增强

全球金融危机以来,各国政府都认识到了现有金融监管体制的不足。现行以巴塞尔新资本协议为基础的全球金融监管制度虽起到一定作用,但其资本金监管模式存在缺陷,为各类监管套利行为提供了可乘之机。雷曼公司倒闭时名义资本充足率达 11% 左右,因存在大量表外业务,并表后实际资本金比率才 2.5% 左右。同时,现行国际监管标准和原则普遍忽视对宏观系统性风险的管控,且存在顺周期性倾向,进一步加剧了金融市场的周期性动荡。此外,各国现行监管模式虽各有特色,但危机中以美国为代表的多级混合监管模式、以欧洲的法国、西班牙为代表的功能性监管模式和以英国为代表的统一综合监管模式都在不同程度上暴露出不足和欠缺,而中国等新兴经济体以机构为主的监管模式也无法满足预防系统性风险的宏观审慎监管需要。为此,全球金融监管必须在理念、规则、方法等方面做出根本性改变,采取更为严厉的金融监管是大势所趋,并表监管、统一监管和全球监管变得日益重要。

二、欧盟金融监管改革的主要内容

本次全球金融危机给欧盟各国金融体系造成了巨大损失,痛定思痛,欧盟开始反思并着手弥补金融监管的疏漏和问题。2008 年 11 月,欧盟委员会委托以法国前中央银行行长雅克·德拉罗西埃为首的8 人高级别工作小组对欧盟金融体系进行全面评估,并做出对金融监管改革的建议。2009 年 6 月 19 日,欧盟理事会通过了《欧盟金融监管体系改革方案》,拟建立一套全新的泛欧金融监管体系,在欧盟层面上进一步加强金融监管,该方案采纳了德拉罗西埃小组研究报告的主要建议。

综合其他重要金融监管改革措施,欧盟此次改革行动主要包括以下内容:

(一)按照宏观和微观两个层面构建新的金融监管架构

具体见图 8-1。

欧洲系统性风险理事会（ESRC）

宏观审慎监管

| 欧盟成员
·主席：欧洲央行行长
·副主席
·各成员国央行行长
·欧洲央行副行长
·欧盟委员会
·各成员国监管机构主席 | 观察员
·各成员国监管当局代表
·经济与金融委员会主席 | ECOFIN
向政府提出早期风险预警与建议 |

微观审慎监管信息

向监管者提出早期风险预警与建议

欧洲金融监管者系统（ESFS）

微观审慎监管

指导委员会

| 欧洲银行业管理局（EBA） | 欧洲保险与年金管理局（EICPA） | 欧洲证券业管理局（ESA） |
| 各成员国银行业监管机构 | 各成员国保险与年金监管机构 | 各成员国证券业监管机构 |

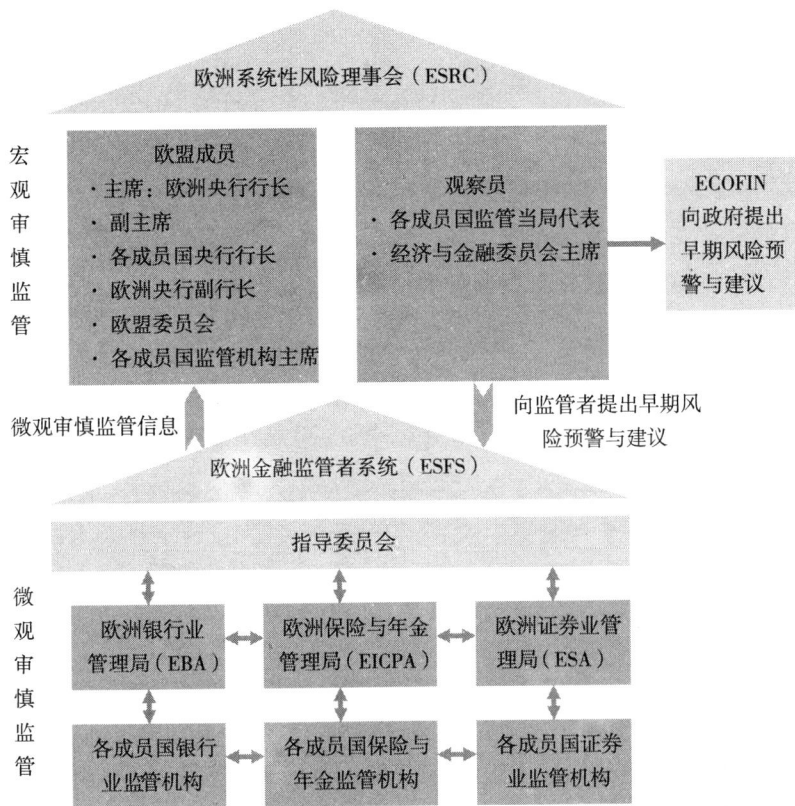

图 8-1　欧盟金融监管改革架构

资料来源：卢森堡银行业协会（ABBL）。

1. 由欧洲系统性风险理事会负责宏观系统性风险监管

在宏观审慎监管层面，将成立欧盟系统性风险理事会（European Systemic Risk Council，ESRC）作为宏观系统性风险监管机构，在整个欧盟层面负责宏观审慎监管。该委员会职责包括：监控和评估在宏观经济发展以及整个金融体系发展过程中出现的威胁金融稳定的各种风险，识别并对这些风险进行排序，定期向欧盟金融理事会（ECOFIN）报告，形成初步的关于系统性风险的分析判断后提交欧盟理事会讨论，出现重大风险时发出预警并在必要时向政策制定者提供包括法律方面的各种建议和措施。该委员会将是一个独立的没有法人地位的监管机构，其一般董事会由各成员国央行行长、欧洲中央银行行长、三个欧盟金融监管机构的主席以及欧盟委员会的一名委员组成，此外还包括没有投票权的经济与金融委员会（EFC）主席以及各国监管当局代表，体现了加强监管当局与中央银行之间的联系及发挥中央银行在欧盟宏观审慎监管方面作用的思路。

2. 建立旨在强化微观监管和协调的金融监管者系统

在微观审慎监管层面，将建立欧洲金融监管者系统（European System of Financial Supervisors，ESFS），旨在通过更强大、一致性更高的趋同规则来提高各成员国监管能力，实现对跨国金融机构的有效监管。其主要内容包括三个层次：首先，在欧盟层面上，将现有的银行、证券和保险监管委员会（CEBS，CEIOPS & CESR）整合升级为拥有法人地位的欧洲监管当局（European Supervisory Authorities，ESA），赋予其决策法律约束力，以确保欧盟范围内监管法律和实践的一致与统一。新的欧盟监管当局除了继续承担过去监管委员会作为咨询主体的有关职责外，还负责建立一整套趋同规则和一致性监管操作规定，确保欧盟共同的监管文化和一致性监管操作，收集微观审慎监管信息，协助解决成员国之间由于监管分歧而出现的问题，但不能干涉各国的财政自主权。其次，在国家层面上，各成员国金融监管机构仍继续履行对金融机构的日常监管职责。再次，在相互配合的层面上，为了加强欧盟监管机构之间的协作、监管方法的一致性以及对金融混业经营的有效监管，将在欧盟系统风险委员会中成立指导委员会，建立与三个新的监管机构的信息交流与监管合作机制。

（二）进一步强化对金融机构的监管标准和要求

这体现在两方面：一方面是强化对银行的资本金约束和流动性风险管理。为了配合欧盟理事会关于加强金融监管的规划，欧盟委员会先后于 2008 年 10 月和 2009 年 7 月两次向欧盟理事会和欧洲议会提交了关于修改《资本金要求指令》的议案,包括对银行交易账户增加额外资本缓冲,加强违约风险管理,制定交易账户下证券化头寸的风险加权要求;提高银行对交易账户中资产证券化风险敞口的信息披露;对再证券化业务提出更高的资本金要求,限制银行从事复杂的再证券化投资,并赋予各成员国监管机构审查银行薪酬政策的权力等等。与此同时,欧盟银行监管委员会(CEBS)向欧盟委员会提交了关于完善流动性风险管理的 30 项原则性建议。

另一方面是加强对投资基金产业和信用评级公司的监管。为了增强对冲基金和私人股权基金透明度的监管,欧盟委员会通过了关于包括对冲基金和私人股权基金在内的投资基金管理人的欧盟监管框架指令的相关提案。同时,欧盟委员会还通过了关于加强信用评级公司权威性和监管的提案,对该类公司在业务范围、治理结构、评级方法、透明度等方面采取比国际证监会组织原则更为严格的监管标准。

(三)采取措施降低金融监管的顺周期性影响

在 2009 年 7 月 7 日的欧盟经济与金融会议上,各成员国就如何减少金融监管的顺周期性达成了共识,除了强调欧洲系统风险委员会的重要作用以外,大家认为现行僵化的资本金要求和会计制度以及缺乏反周期缓冲措施是放大危机作用的重要因素。为此,欧盟正在酝酿引入前瞻性会计标准,开发坏账准备动态模型,并在景气时期从贷款利润中提取预期损失准备金;建立逆周期资本缓冲,在萧条时期,银行可使用在景气时期积累下的资本缓冲渡过危机;推动对公允价值会计准则的修改,克服当前会计制度下对资产价格的不确定性、银行的经营模式以及市场实际流动性等问题考虑不足的缺陷;敦促各成员国通过加强金融机构业绩与报酬相关性、综合考虑长期与短期业绩评价等方式防止激励制度的短期行为,以消除薪酬制度在推动顺周期性方面的影响。

（四）加强成员国之间应对危机的金融监管合作

欧盟深刻认识到，各国金融稳定合作机制的欠缺，严重影响到危机救助的效率和效果。为此，欧盟理事会于 2007 年 10 月通过了跨国金融危机管理的九项原则；随后于 2008 年 6 月，欧盟各成员国监管当局、中央银行及财政部又联合签订了关于危机管理和处置合作备忘录，其中特别强调了成员国之间的金融监管合作，包括在动用财政资金等公共资源的情况下、在平等和平衡的基础上，按照金融危机对各国的经济冲击程度以及母国和东道国的监管权力分配来决定相应的公共资源支出的分配，以及通过成立跨国稳定小组来建立跨国合作机制。

（五）欧盟其他监管要素变化

1. 打击"避税天堂"

位于欧洲地区的瑞士、卢森堡、奥地利、列支敦士登、安道尔、摩纳哥等国长期奉行严格的银行保密法，吸引了来自世界各地的巨额资金，使银行保密法成为这些国家金融体制的重要支柱。目前，包括上述欧洲小国在内，全球有 43 个国家和地区被国际社会指责为"避税天堂"，因为许多外国富人可以通过在此存款来隐藏其财产数额，从而达到避免在本国纳税的目的。从法律上讲，银行保密法与避税并无必然联系。但资本的逐利本性、部分富人的败德行为与银行家们的贪婪，都让银行保密法这个"金字招牌"发生了扭曲，使避税、洗钱、非法转移巨额财富等违法行为有了可乘之机。

美国和法、德、英等部分欧洲国家因瑞士、卢森堡等地区吸纳本国避税客户资金并对国际税务调查采取不合作的态度积怨已久。在 2007 年美国次贷危机爆发并蔓延成为全球性金融危机、各国普遍遭受严重损失的情况下，上述国家看到了采取行动的机会。2008 年年初，列支敦士登逃税案的曝光成为"导火索"事件，再次将"避税天堂"国家推到了风口浪尖。2008 年 10 月，法、德倡议制定"避税天堂"黑名单，并于 2009 年中期完成对名单上国家的处置。2009 年 5 月，美国政府开始对瑞士发难,矛头直指瑞士最大的银行瑞银集团(UBS),指责该行帮助约两万名美国人逃税,税额达200亿美元;在美国的步步紧逼下,瑞士方面终于开始妥协,在得到瑞士金融监管机构允许的情况下,瑞银不但向美方提交了255名客户的账户信息,而且还向美国一次性缴纳了7.8亿美元罚款,同时承诺停止为美国客户提供离岸银行服务。与此同时,英、法、德等国也开始不断发出威胁,要求"避税天堂"国家改变其银行保密法,停止引诱外国富人逃避在本国纳税的义务。2009年4月2日,在伦敦召开的G20金融峰会将各国协调一致共同打击"避税天堂"作为重整全球金融秩序的重点之一,并在会后发布了经济合作与发展组织(OECD)根据国际税务合作标准拟订的国际税收表现评估报告。根据这份报告,瑞士、卢森堡、奥地利、比利时、新加坡、开曼群岛等38个国家或地区被列入"灰名单",他们被认为已承诺在银行保密制度或税务信息交换方面做出努力但尚未付诸实施;另有哥斯达黎加、菲律宾、马来西亚和乌拉圭四国因拒绝履行国际通行税收合作标准而被列入"黑名单"。OECD表示,对列入"黑名单"和"灰名单"的国家和地区将给予严厉警告和制裁,以敦促它们尽快与国际社会进行合作。此后,这黑、灰两份名单情况发生了很大变化。在名单公布不到一周时间里,OECD就因有关国家已做出改善承诺而宣布取消"黑名单",原先列入"黑名单"的四国进入"灰名单"。此外,百慕大群岛和卢森堡经过努力于2009年6月份和7月份先后脱离"灰名单",进入"白名单"。

2. 推动《金融工具市场指令》实施,强化对欧盟统一金融服务市场监管和投资者保护

　　《金融工具市场指令》是欧盟《金融服务行动计划》的重要组成部分,是一项管理欧盟金融市场交易和中介机构的综合监管制度,旨在帮助整合欧洲金融服务市场,提供一个统一和谐的监管体系,以实现无障碍的跨国金融交易,提高欧盟成员国的金融投资服务竞争力,并在多方面改善对投资者的保护。《金融工具市场指令》被认为是欧盟历史上最重大的金融市场改革法案,自 2007 年 11 月 1 日起正式生效,以取代其前身于 1993 年颁布的欧盟《投资服务指令》。《金融工具市场指令》允许规范的交易市场、多边交易机构(MTFs)和投资公司在获得母国政府授权的基础上在整个欧盟范围内进行经营("单一通行证"制度);它扩展了《投资服务指令》监管的覆盖范围和方式,其监管对象覆盖各类市场实体,并涵盖包括现金、股票、固定收益、衍生金融产品在内的几乎所有资产类别交易;其另一项重要目的是在欧洲范围强化对投资者的保护。目前,欧盟已着手开展《金融工具市场指令》第三个层次的立法,由欧洲证券监管者委员会(CESR)牵头建立一个监管机制,以保证各成员国实施《金融工具市场指令》的一致性并推动各国监管的协调统一。卢森堡已于 2007 年 7 月 13 日通过《金融工具市场法案》将《金融工具市场指令》引入国家立法,并界定了五类新的金融市场专业机构。在卢森堡的外国银行子行和分行均须符合《金融工具市场指令》有关规定。

3. 加快单一欧元支付区的建立,推动欧洲统一规范支付市场的形成

单一欧元支付区(SEPA)是一个超国界的区域,在此区域内的公民、企业和其他经济主体能够依据同等条件、权利和义务,发起和接受欧元支付,而不管支付交易发起方和接收方是否属于同一个国家,一国国内支付和欧洲跨国间支付将不再有所区别。单一欧元支付区不仅限于欧元区,现阶段包括所有的欧洲经济体(27 个欧盟成员国、冰岛、列支敦士登、挪威和瑞士)。在欧洲一体化进程中,单一欧元支付区的创立是一次欧洲支付体系的重大变革,其意义不亚于欧元的诞生。本次金融危机以来,欧盟无疑加快了单一欧元支付区的推进速度,于 2009 年 8 月 10 日发布了《信用转账监督机制草案》和《直接贷记账户监督机制草案》的政策公开征询意见稿,拟在单一欧元支付区环境中,为信用转账和直接贷记账户行为提供统一有效的监督机制。

三、美国金融监管改革法案的核心内容

在经历了美国财政部提案、众院立案、参院立案、参众两院协调四个阶段后,长达 2300 多页的美国金融监管改革法案最终于 2010 年 7 月 21 日由奥巴马总统签署,成为一部新的美国监管法律。该法案涵盖了消费者保护、金融机构、金融市场、薪酬改革等诸多方面的内容,具体体现为:

(一)加强消费者保护,新成立消费者金融保护局

为保护消费者免受误导和欺诈,在美联储体系内新成立消费者金融保护局(Consumer Financial Protection Bureau),可以自主制定保护消费者的规则,由联邦储备体系支付专项预算。消费者金融保护局有权对资产超过 100 亿美元的银行、信用社、所有从事与住房抵押贷款相关的机构(例如贷款公司、服务商、抵押贷款经纪公司等)、发薪日贷款公司(Payday Lender)、学生贷款公司,以及其他大型非银行金融公司(例如催债公司和个人信用评级机构等)监督和执行保护消费者权益的规则。由于金融产品的复杂性与日俱增,对消费者进行教育显得尤为必要,这一工作由新建立的消费教育办公室(Office of Financial Literacy)来承担。

由消费者金融保护局专门负责消费者金融的保护,可以防止产生由多个机构分享责任导致的职责不清和互相推诿,消费者金融保护局将整合和加强目前由美联储、货币监管总署(OCC)、储贷机构监管办公室(OTS)、联邦存款保险公司(FDIC)、全国信用社管理局(NCUA)等机构所承担的保护消费者的职责。

消费者金融保护局也将与其他银行监管机构协调合作,防止出现监管过度,为此消费者金融管理局在制定规则之前,将与银行监管机构进行协商和讨论。

（二）界定系统性风险，成立金融稳定监督委员会

为加强系统性风险管理，美国将创设金融稳定监督委员会（Financial Stability Oversight Council），委员会由 10 个联邦金融管理者、1 个独立成员及 5 个不具备投票权的成员构成，其中 9 名来自各银行监管机构的委员，包括财政部、美联储、消费者金融保护局、美国证券交易委员会（SEC）、美国商品期货交易委员会（CFTC）、OCC、FDIC、联邦住房金融管理局（FHFA）和 NCUA 等；1 名精通保险业的独立委员；5 名无投票权委员，分别来自于新成立的金融研究办公室（OFR）和联邦保险办公室（Federal Insurance Office，FIO），以及州银行、保险和证券监管机构。金融稳定监督委员会由财政部部长担任主席，负责识别并应对整个金融系统中出现的风险。

1. 防止企业变得过大

在大型金融机构的规模和复杂性不断增长，给整个金融系统带来风险的情形下，金融稳定监督委员会可以向美联储提出建议，对这些金融机构在资本、杠杆、流动性、风险管理和其他方面制定更加严格的监管规定。金融稳定监督委员会有权要求对金融系统造成重大风险的公司的杠杆率不得超过 15∶1。

2. 监管非银行金融机构

如果金融稳定监督委员会认为某个非银行金融机构的倒闭或者其行为对美国金融体系的稳定性造成重大风险，获得 2/3 投票同意和主席投票同意之后，金融稳定监督委员会有权要求该非银行金融机构接受美联储的监管。

3. 分拆大型、复杂性公司

在同时获得金融稳定监督委员会 2/3 投票同意和主席投票同意之后，金融稳定监督委员会可以批准美联储要求某个大型复杂公司出售部分给金融系统带来重大风险资产的决定，但是只能作为最后的手段。

4. 防止监管规避

接受 TARP 资金的大型银行控股公司不能通过与银行子公司脱

钩,规避美联储的监管。

(三)终结太大而无法救助

为防止未来紧急救助的发生,限制大型、复杂性金融公司,以避免用纳税人的钱去挽救一个濒临破产的金融公司或承担其清算费用。

1. 沃尔克规则(Volcker Rule)

银行仅可将本身 3% 的一级资本投资于对冲基金或私募基金,投资占对冲基金或私募基金资本的比重也需低于 3%,并禁止银行对所投资的基金提供救助,限制银行拥有除对冲基金和私募基金以外的其他金融公司 10% 的资产,超标银行应于 5 年内逐步撤资。

2. 葬礼计划(Funeral Plan)

要求大型、复杂性的金融机构定期提交关于如何快速有序地处理公司可能出现的紧急关闭事件。如果公司不能提交可接受的计划,将被执行更高的资本金要求,并对公司的增长及活动提出一定的限制。

3. 建立由 FDIC 负责操作的破产清算程序

建立一个对金融系统产生风险的金融机构进行有序清算的机制,大部分破产的大型金融机构将通过公司破产程序来进行清算,并由金融机构而不是纳税人承担破产费用。为了防止银行挤兑,FDIC 可以在有条件的前提下对有清偿能力的投保银行的债务提供担保。

(四)改革美联储,加强监督

美国审计总署(GAO)将对美联储在本次金融危机中的紧急贷款进行一次性审计。美国审计总署未来将对美联储的紧急贷款、贴现窗口和公开市场操作进行持续性的审计。要求美联储加强信息披露,在指定时间内持续性地披露紧急贷款、贴现窗口和公开市场操作的对手方,以及金额、期限、条件等信息。设立专门负责监管事宜的美联储副主席职位,由总统任命,向国会报告。美国审计总署将对目前的联储银行董事任命制度进行调研,以检查目前的任命制度是否有效地代表公共利益,是否存在实际或者潜在的利益冲突等。

(五)强化衍生品、信用评级机构及对冲基金监管

监管法案将授权证券交易委员会和商品期货交易委员会对场外交易(OTC)的衍生品进行监管,要求衍生品进行中央清算和交易所交易,使得监管机构和清算所能够确定哪些合同必须清算。银行可保留利率、汇率、黄金、白银以及投资等级证券的信用违约掉期等业务对冲风险,两年内将农产品、金属、能源商品的掉期交易、信用违约掉期(CDS)等高风险衍生品剥离到特定的子公司,银行可保留常规的衍生品,对从事衍生品交易的公司实施特别的资本比例、保证金、交易记录和职业操守等监管要求。

针对信用评级机构的监管,在证券交易委员会下设立新的信用评级监管办公室(Office of the Credit Ratings)。证券交易委员会必须对全国性统计评级机构(NRSRO)每年至少进行一次检查,并将主要检查结果公布于众。要求全国性统计评级机构披露其评级方法、使用第三方机构进行尽职调查的情况和评级历史纪录。禁止评级机构的合规人员参与评级、评级方法的制定和销售活动。在评级机构没有进行合理的事实调查或者从独立方获得分析,投资者可以提出集体诉讼。评级机构将处于"专家责任"条款的制约之下。证券交易委员会有权撤销持续提供错误评级的评级机构的注册资格。大量撤销使用评级机构评级的法律和监管要求,减少对评级机构的过度依赖,鼓励投资者进行自己的分析。

改革法案加大了对对冲基金及私募基金的监管。终结影子银行体系,要求对冲基金和私人股票顾问作为投资顾问在证券交易委员会注册,并且提供其交易和资产组合等信息以评估系统性风险,这些信息将

与系统性风险监管者共享。将投资顾问的联邦政府监管资金门槛从3000万美元提高到1亿美元,这一调整旨在大规模增加处于州监管下的顾问数量,使得证券交易委员会将其资源集中于新注册的对冲基金上。

(六)改进银行、储贷机构以及保险机构监管

改革法案进一步强化了银行监管,这主要体现为:第一,将衍生品交易加入银行的信贷敞口,计算在银行的贷款限额之内。第二,改进对控股公司的子公司的监管。控股公司的非银行子公司,如果从事银行子公司可以从事的业务(例如房屋贷款),美联储必须对其按照银行一样来进行检查。第三,禁止银行通过转换执照的方式来躲避监管处罚。第四,提高存款保险上限。将银行、储贷机构和信用社的存款保险上限从10万美元永久性地提高至25万美元。

在监管机构改革方面,撤销联邦储贷机构办公室(Office of Thrift Supervision,OTS),将其大部分权力移交至 OCC,但是保留储贷机构的执照;另外,首次在联邦层面设立保险业监管机构——联邦保险办公室,该机构隶属于财政部,将收集保险业的数据,监测保险业的系统风险。

(七)完善管理层薪酬改革

金融监管改革法案要求联邦金融监管机构专门颁布和执行针对金融机构的薪酬条例,增强对金融行业的薪酬监管。一方面,赋予股东有关管理层薪酬的话语权和建立更高的责任性。授予股东在高管薪酬和离职补偿方面的投票权,使其有权任命负责的公司管理层,否决对公司带来威胁的不合理的激励机制。证券交易委员会授予股东提名董事的权利,有利于帮助管理层将目标从短期利润转向长期发展和稳定。另一方面,成立独立的薪酬委员会,交易所上市规则将要求薪酬委员会完全由独立董事组成,并有权聘请薪酬顾问,以加强薪酬委员会在奖励和惩罚管理层时的独立性。

四、欧美金融监管改革存在诸多争议

(一)欧盟:成员国分歧严重

欧盟成立宏观审慎性监管机构是顺应金融监管改革的国际潮流,新成立的欧洲系统性风险委员会(ESRB)及与其他有关国际机构合作,既有助于欧盟监控系统性风险维护自身金融稳定,也有助于使欧盟在全球性金融监管网络中发挥关键作用,填补欧盟在金融监管领域与其他国家的重要差距。但由于欧盟的机制设计无法根本解决各成员国之间的分歧,改革方案能否顺利实施存在变数。

1. 英法模式之争

就欧盟金融监管改革而言,虽然各国积极参与,但将其付诸实施则需要经历漫长的过程,而且欧洲内部金融主导权的争夺让欧洲金融改革也存在诸多变数,各国的利益之争成为监管改革中一个很大的绊脚石。法、英金融监管之争,体现了两个层面的市场博弈:在欧盟内部,法国力图增加巴黎金融市场的吸引力,努力阻止泛欧部分业务转移到英国,为此法国强调,欧盟必须有统一的监管标准。在全球金融市场层面,英国则更关注与华尔街的比拼。伦敦才是唯一能与纽约竞争的全球性金融中心,以英国为首的部分成员国努力维护本国金融业的国际竞争力,尤其是英国担心伦敦作为全球金融中心的地位可能会因为来自欧盟的过多干预而受到损害。

2. 政治独立性和财政制约

由于欧盟国家各自的政治独立性和财政制约,使其系统风险监控机制的运作将会受到挑战。欧盟监管层不能以任何形式侵犯成员国的财政权,意味着一旦主要金融机构倒闭,仍会面临着救助资金来源的问题。

3. 欧洲系统性风险委员会的领导权问题

按照欧盟委员会的设想,欧洲系统性风险委员会应由欧洲中央银行牵头,主席一职固定由欧洲央行行长兼任,但这一安排引起了英国等少数成员国的反对。英国并未加入欧元区,让欧洲央行主导欧洲系统性风险委员会是在变相扩大欧元区的势力,伦敦金融城也会被纳入欧洲系统性风险委员会的监控范围,英国自身的金融业可能会受到来自欧盟的过分干预。虽然欧洲系统性风险委员会改变最初由欧洲央行行长兼任主席的设计,而是通过欧洲央行常务理事会选举产生,但其根本性矛盾未得到解决。

4. 欧盟三个金融监管局是否享有对成员国分歧进行裁决的最终发言权

根据监管改革方案,在成员国监管机构间发生意见分歧时,相关欧盟金融监管局将负责调解,在调解无效时可直接做出有约束力的决定。当成员国存在分歧时,由欧盟三个金融监管局进行裁决,而解决问题的成本由成员国负担,这显然不合理,而且有可能危及成员国的财政主权。

(二)美国:自由市场理念向从严监管理念的转变

美国一直主张靠市场"无形的手"调整经济活动,政府的干预角色相对较弱,《多德—弗兰克华尔街改革和消费者保护法》的签署意味着美国不得不暂时放弃自由市场经济理念,实现向从严金融监管理念的回归。

1. 银行税、银行自营交易以及衍生品交易方面存在妥协

美国政府努力在"市场"与"监管"之间寻求动态平衡,法案改革内容广泛,但遗憾的是我们没有看到对美国繁冗金融监管模式的彻底修正,改革充其量也只是亡羊补牢,协调了不同集团、不同政党之间利益,监管者再一次成为了市场的追随者。金融监管改革法案具体存在以下三个方面的妥协(见表8-1):

表 8 - 1　美国金融监管改革方案的妥协

具体内容	最初设想	最终版本
银行自营业务	投资银行业务与商业银行业务分离,完全禁止商业银行从事自营交易	允许银行投资私募基金和对冲基金,但投资规模不能高于一级资本的3%
金融机构衍生品交易	大型金融机构剥离所有衍生品交易,完全退出金融衍生品交易市场	保留利率、汇率等衍生品交易,两年内须将农产品、金属、能源商品的掉期交易等高风险衍生品剥离到特定的子公司
银行税	将对资产超过 500 亿美元的银行和资产超过 100 亿美元的对冲基金征税。预计税收总额未来 10 年可达 190 亿美元,这些费用将用来支付法案实施后产生的费用	删除银行税条款,改革成本将从 TRAP 中提取。在清算过程中政府的贷款没有获得全额偿还时,可以向资产超过 500 亿美元的大型金融机构收费
评级机构监管	由特定部门指定哪家评级机构为资产支持型证券评级;成立拥有自身评级机制的新部门	保护评级机构免受民事诉讼的证券条例 436(g)并未删除;评级收费形式维持不变

资料来源:根据《多德—弗兰克华尔街改革和消费者保护法》整理。

第一,银行税方面。美国拟由银行在未来十年缴纳 190 亿美元税费,以支付金融监管改革的成本。但银行税条款最终从金融监管改革议案中删除,取消了对资产超过 500 亿美元的银行和 100 亿美元的对冲基金征收特别税的条款。

第二,沃尔克规则。沃尔克规则的意图是将金融机构吸收存款、发放贷款等方面的基本功能与基于获取回报策略的高风险资本市场活动分离开来。此前沃尔克规则的立场是全面禁止银行自营交易和高风险衍生品交易,但最终法案还是允许银行投资对冲基金或私募基金,只是投资规模不得高于自身一级资本的 3%,还可以保留利率和外汇掉期等衍生品交易,其他类别的衍生产品业务有两年的过渡时间转至子公司。

第三,评级机构监管方面。在最终法案中,关于评级机构监管的一些焦点问题并未得到彻底解决。保护评级机构免受民事诉讼的证券条例436（g）并未删除，投资者只能以评级机构在评级时没有考虑重要信息而构成失职为理由个别诉讼，而没有明确和直接的法理依据。另外，饱受争议的由发行者付费的评级收费形式维持不变，法案只提出由证券交易委员会对其进行为期两年的研究以找出解决方法，这一收费模式被广泛视为不可避免会制造评级机构利益冲突的问题。

2. 美联储面临着扩大监管权与保持独立性的两难

在这次改革中，因未能防范系统性风险而饱受争议的美联储非但没有受到更多限制，权力和地位反而得到进一步扩展和加强，确立了其对大型复杂银行的监管权力，并且保留监管社区银行的资格。美联储主席成为金融稳定监督委员会成员，将参与制定更为严格的信息披露、资本和流动性规则，同时消费者金融保护局被置于美联储管理之下，可见美联储被进一步赋予"超级警察"的角色。身为央行的美联储在经济金融领域的权力已经较大，现在赋予其更大监管权，可能带来更大的潜在风险。未来如果美联储决策失误，金融系统或将重蹈覆辙，因此当前的关键问题是美联储如何在进一步完善自身监督能力与有效性的同时，仍能较好地保持央行独立性。

3. 监管层次过多的问题依然无法避免

美国现行的金融监管体系是基于权力分散制衡理念建立起来的，采取的是"双重多头"的金融监管体制。虽然撤销了监管不力的OTS，但同时金融稳定监督委员会、消费金融保护局等机构的设立使监管架构进一步复杂化（见表8-2），依然无法回避监管体系的层次增加与监管体系庞杂的问题，不同监管机构之间的协调问题将进一步面临挑战。

表 8-2　美国金融监管机构调整情况

变动情况	机构名称	主要职责
新设	金融稳定监督委员会	负责应对系统性风险
	消费者金融保护局	在美联储内新建消费者金融保护局,保护消费者在信贷、储蓄、支付和获取其他金融产品和服务方面的合法权益
	联邦保险办公室	在联邦层面设立保险业监管机构——联邦保险办公室,负责收集保险业数据,监测保险业系统性风险
撤销	储贷机构监管办公室	原来负责监管储贷机构,但是保留储贷机构执照,其权力移交给了 OCC

资料来源:根据《多德—弗兰克华尔街改革和消费者保护法》整理。

4. 系统性风险监管中的协调问题

防范系统性风险本身是个毫无争议的命题,但争议的关键在于如何防范。赋予政府监管人监管系统风险的权力,是金融监管改革的一个核心内容。成立由财长担任主席、联邦高级监管人组成的金融稳定监督委员会,使其有权力监控并解决受困金融机构给经济稳定带来的风险。而美联储对金融业的监控将具有实质性行政权力,包括必要时拆分大型金融公司,以免累及金融体系。在系统性风险监管过程中,政府监管人与美联储之间若存在意见分歧,危机来临时,面对各方游说,无疑会稀释或推迟必要的回应。

五、欧美金融监管改革对全球金融市场
发展趋势的影响

(一)银行保密法制度受到持续冲击

银行保密法并非本次银行危机的根源,但美、英、法、德等国均利用此次金融危机为借口,对所谓"避税天堂"离岸金融中心持续施压,以迫使它们彻底取消长期奉行的金融保密法。从目前形势来看,至少世界上的大国都在考虑牺牲小规模金融中心的利益。

最初欧洲几个"避税天堂"国家都表现得很强硬,并将保护银行保密法上升到维护主权的高度,但随着压力的不断增大和形势的发展,这些国家意识到自己必须做出适当的改变才能自保。首先松动的是比利时、列支敦士登和安道尔,比利时政府已宣布于 2010 年 1 月 1 日正式实施客户信息自动交换,意味着其维持数十年的银行保密法制度土崩瓦解。随后瑞士、卢森堡和奥地利也做了类似表态。而为了进一步施压,有关国家仍未放松对"避税天堂"国家的强硬立场。最令业界震惊的是,继 2009 年 2 月份透露了 255 个客户账户信息并缴纳巨额罚款后,瑞银 2010 年年初又向美国税务当局提供了 4450 个账户信息。虽然瑞银因过度扩张的私人客户营销行为导致陷入目前境地,多少有些咎由自取,但这一事件严重败坏了整个瑞士银行业的声誉。不过,在瑞士、卢森堡和奥地利在对保密法做出妥协和让步的同时,它们也都强调了继续保留银行保密法的必要性,并重申了"特事特办"的原则,即只有在某国政府提供确凿证据的情况下,这几个国家的银行才会提供客户资料协助调查,其银行客户的资源在平常情况下仍受到银行保密法的保护,不会建立客户资料自动交换系统。瑞士表示,银行保密制度不保护犯罪,但会拒绝对客户资料来路不明的要求;卢森堡政府重申,银行保密制度是确保客户隐私的必要手段;而奥地利财政部则将矛头指向英国和美国,认为英美的一些银行目前仍保留银行保密制度,而两国却要求其他国家改变这一做法,奥地利如果单方面放弃银行保密法,只能使资金外流,损害奥地利的经济。

尽管实施银行保密法的国家都希望在不动摇保密法根基的基础上,通过做出一些妥协和让步以求得国际社会的和解,但这一做法仍备受争议,难令有关国家彻底满意。主要原因在于,目前经 OECD 批准的新的信息互换机制虽明显削弱了银行保密法的作用,但为共享有关信息需提交证据的标准和要求仍然很高。此外,老练的客户能够通过在不同国家的几个银行账户间转移资金,使双边信息互换协议的作用大打折扣。因此,法国总统萨尔科齐相信,几个"避税天堂"国家立场的松动仅是彻底废除银行保密法制度的第一步。虽然瑞士、卢森堡等国在短期内避开了废除银行保密法的威胁,但美、法、德等国未来仍有可能再次掀起要求实施自动信息互换的运动,有关国家如果希望延续银行保密法,将会面临巨大压力,而若银行保密法真的最终被废除或遭到实质性修订,必将对所有"避税天堂"国家造成巨大打击,进而会对全球离岸金融业造成深远影响。

(二)全球金融竞争力的区域分布发生改变

总体而言,美国金融监管法案的实施将在一定程度上削弱美国金融业相对于欧亚市场的竞争力。

第一,美国金融监管改革的安全取向,决定了它对金融业的业务发展是以限制为主。而那些在危机中相对安全的国家或地区,则可能反其道而行之,乘机制定竞争取向,抢占美国放弃或被限制的市场份额。例如,中国的大公国际信用评估公司,正在崭露头角,试图挑战三大评级公司,在被它们长期垄断的市场中占有一席之地。

第二,美国在危机后率先大举从事金融监管改革,这无疑将自己的软肋直接暴露在其他市场竞争者面前。实际上美国的金融监管一向比欧洲严格,这次改革则对银行业又施加了更多限制。尽管美国政府期望并且号召其他国家监管机构采取和美国相似的行动改革监管,但可以预计,其他市场不太可能追随美国制定相似法规,如禁止银行业自营交易、限制衍生品交易等。相反,其他国家或地区的金融监管者和金融机构完全可能非常具体地针对美国的新法规,制定相应法规和战略对策,置美国金融业于不利地位,以增强自身的金融竞争力,扩展市场份额。

第三,金融业是美国的优势服务产业,也是国家核心竞争力之一。金融服务竞争力削弱可能影响美国金融市场的整体竞争力,特别是对外资的吸引力,相应地增强新兴市场对外资的吸引力。

第四,由于银行业务在美国受到更多限制以及盈利难度变大,美国金融机构可能进一步向新兴市场拓展业务,开辟收入来源。例如目前花旗利润的一半来自新兴市场。花旗预计未来几年内,其新兴市场收入增长速度会比国内业务快一倍。该法实施,会驱使更多美国金融机构,包括消费信贷、对冲基金、私募基金、证券经纪、私人银行等向新兴市场开展业务。此举一方面会给这些市场同业带去竞争压力;另一方面也会增强这些市场的整体金融服务能力和竞争力。

(三)美国银行业与金融市场发展受到影响

1. 限制银行自营业务的规定将使银行盈利减少,独立对冲基金竞争压力降低

由于自营交易、投资对冲基金和私募基金是美国大银行盈利增长的主要驱动力。沃尔克规则对不同规模银行的影响力度有所不同,摩根士丹利认为沃尔克规则及其他相关规定的限制将可能使大银行的利润损失 20% 左右;高盛则认为该法案可能使大型银行利润减少 13%,地区银行利润减少 5%。但这些预测没有考虑银行可能采取的应对措施,例如银行可能开拓新业务、提高 ATM 和支票的收费弥补成本、绕过监管及退出基金业务可减轻资本压力等方面。

(1)银行将逐步减少对冲基金投资,相关收益将大幅减少。根据金融监管改革法案,银行可将本身 3% 的一级资本投资于对冲基金或私募基金,有关投资占对冲基金或私募基金资本的比重也须低于 3%,并禁止银行对所投资的基金提供救助;超标银行须于 2012 年法律生效后的 2—5 年内逐步撤资。

根据各银行 2010 年第一季度末的一级资本计算的投资上限为(见图 8-2):摩根大通 39.4 亿美元、花旗 36 亿美元、高盛 21 亿美元、摩根士丹利 15 亿美元。而高盛在第一季度共有 155 亿美元资本投资对冲基金和私募基金,占其 685 亿美元一级资本的 23%,并计划再投资 121 亿美元;摩根士丹利有 46 亿美元本身发起的基金,占其 501 亿美元一

（单位：亿美元）

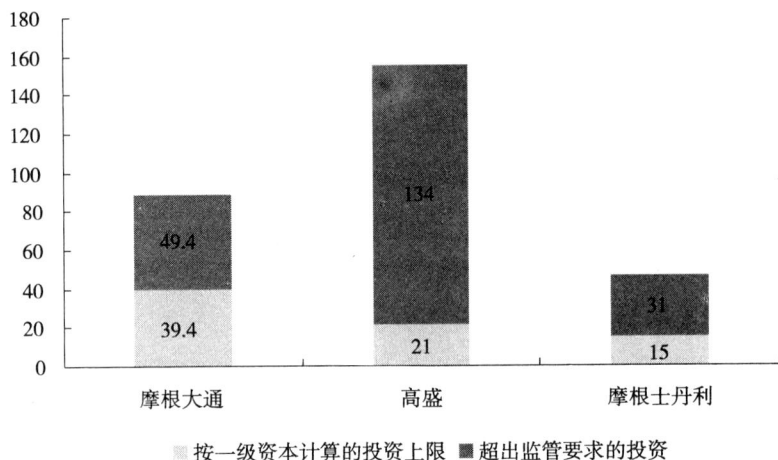

按一级资本计算的投资上限　■ 超出监管要求的投资

图 8 - 2　部分银行按一级资本计算对私募基金以及对冲基金投资上限

资料来源：根据各银行季报整理。

级资本的 9.2%；摩根大通的有关投资为 72.8 亿美元，加上承诺投资 16 亿美元，总额为 88.8 亿美元。因此，这些银行需要在未来数年逐渐减少有关投资，来自直接投资对冲基金或私募基金业务的收益也会大幅减少。例如，花旗认为新法案对摩根大通平均每股盈利的影响约为 9%，巴克莱预计 2013 年对该行每股盈利的影响为 14%。

　　(2)利率和外汇等衍生品交易未被全部禁止，银行衍生产品收入下降幅度低于预期。衍生品交易是美国银行业获利最丰厚的业务之一。由于新法案允许银行继续从事利率和外汇等衍生品交易以规避风险，花旗集团只需要将不到 10% 的衍生品业务剥离至附属公司，高盛和摩根士丹利则因衍生品业务本来就放在经纪部门而受影响不大。不过，由于银行分离至附属公司的衍生品业务需要增加额外资本，大部分衍生品在清算中心结算会提高交易价格透明度和保证金要求，也会冻结部分银行资本及压低利润空间。花旗估计，新规定将使过去每年可为美国银行业带来 1000 亿美元收入的衍生交易业务的平均股本回报率从 25％下降至 15％。

（3）面对自营业务收入下降，银行可能采取措施逃避监管。次贷危机以后大银行扭亏为盈的主要原因是交易业务收入大幅上升。沃尔克规则限制银行业自营类交易业务，将直接改变银行，特别是从事较多投资银行业务的大型全能银行的业务和收入结构，限制措施在短期内会大大减少大银行的收入和利润。高盛表示其自营交易收入占银行总收入的 10％，以 2009 年该行收入 452 亿美元计算其自营交易收入为45.2 亿美元。花旗预计，限制自营交易措施会使高盛的每股盈利减少20％。而摩根士丹利的自营交易收入占总收入的 5％，2009 年其交易收入约为 11.7 亿美元。

由于在实际操作中，很难将银行为本身盈利而进行的自营交易与代客交易区分开来，花旗等银行为防止自营交易部门人才流失已将自营交易员转往代客交易的部门，其他银行或将效法。这意味着未来银行仍有可能在名为代客交易的过程中，采取某些冒险行为以逃避监管和伺机获取高额利润。

但从长期效应看，自营交易的限制性措施在降低银行业收入的同时，也会在一定程度上降低金融市场波动性，有助防范类似高盛等投资银行欺诈投资者事件再度发生，从而有利于金融市场长期稳定发展。

（4）人才和资金流向独立对冲基金或私募基金业。美国有关限制银行自营交易的条款将使对冲基金、私募基金行业受益。2010 年 1 月沃尔克规则提出后，银行投资人才和投资者的资金纷纷转向独立对冲基金。富国银行、高盛等机构的自营交易员纷纷成立了对冲基金。根据对冲基金研究机构（Hedge Fund Research）的资料，2010 年第一季度，全球已新成立 254 家对冲基金，为金融危机爆发以来成立最多的一个季度，预计今年年底前，至少还有 5 家新成立的大型对冲基金是由原银行交易员发起。

未来银行发起和投资对冲基金、私募基金受到限制，将给独立对冲基金、私募基金带来较多的并购机会，市场预计银行会出售共 1000 亿美元的私募基金头寸,约为目前有关基金二手市场的 2—3 倍。由于银行不允许在危机中挽救旗下的对冲基金,使银行旗下对冲基金的安全性与独立的基金相同,因而使独立对冲基金或私募基金在销售、资产配置和投资回报等方面的竞争压力有所缓解。

2. 银行业"发起—分销"模式将难以为继,相关业务调整将全面展开

美国金融改革法案有关限制银行私人配售资产证券化需要保留 5% 的证券于本身资产负债表、提高资本充足率以及降低杠杆率等方面的规定,将使银行业务经营趋于简单化、传统化,银行将更多采用"发起—持有"的贷款经营模式,银行业"发起—分销"的商业模式将难以为继。新的监管规则也将使资产证券化的速度放缓,信贷流将回归传统模式。除自营业务外,其他业务结构调整主要体现在以下几个方面:

(1)面对信用卡费用限制规定,银行可能通过其他服务收费来弥补。法案要求信用卡发行机构降低利息和费用、美联储有权限制交易费用的严格限制将使信用卡、借记卡收费及相关利润减少。2009 年美国商户支付给 Visa 和 MasterCard 公司的费用为 197 亿美元,银行占其中的 80%。由于美国的发卡银行主要集中在少数大银行,所以该法实施将主要影响大银行。例如穆迪估计仅借记卡费用限制就可能使银行税前收入减少 2%—3%,其中美洲银行、富国银行和摩根大通所受影响将最大,预计税前收入将分别减少 3.4%、2.7% 和 2%。

银行业可能会通过其他服务收费来弥补信用卡收入损失,主要途径可能是对原本免费的活期、支票账户收取服务和维持费用。据估算,每个支票账户的年度维持费用为 130 美元。以往银行为了吸收存款通常免除该项收费,以后这种免费服务会大大减少,消费者或将最终承担这部分费用。存款账户服务费用是美国中小银行的主要收入来源,它在资产规模 10 亿美元以下小型银行的全部收入中占比高达 29%。相应地,中小银行更有可能从支票账户收费中获利。另外,由于消费者保护条款对个人信贷要求更严,次级贷款等业务可能进一步萎缩。

(2)委托投资者净资产下限被提高,相关业务将有所减少。由于委托投资者(Accredited Investor)净资产下限被提高到 100 万美元(不含自住房屋),私人银行、对冲基金、私募基金等高端客户业务的门槛也随之提高,这类合格客户会减少到全部人口的 8.5% 以下,这类业务量预计会相应减少。

(3)FDIC 保险费计算方法的改变迫使银行调整负债结构。由于 FDIC 保险费计算方法的改变会增加银行非存款资金的成本,大银行可能不得不改变其负债结构,减少非存款负债,增加存款。这样银行间的存款竞争也可能加剧,驱使资金成本上升,利差缩减,银行利息收入盈利难度也会加大。FDIC 将存款保险的上限从 10 万美元提高到 25 万美元,这无疑会吸引部分客户调整资产组合,增加银行存款特别是长期大额存款,这不仅可以增加银行存款量而且可能改善银行的负债期限结构。

(4)银行零售证券经纪、投资中介和资产管理的难度提高。由于相关要求更加严格,这些机构的从业者需要承担和投资顾问同样的诚信职责,这可能迫使小型、竞争力差的机构退出。

3. 大型银行资产规模增长的压力大于小银行

金融监管法案对大银行的规模增长带来的影响较大,原因主要体现在以下两个方面:

(1)资产规模 500 亿美元以上大银行的资本要求更加严格。法案对资产规模 500 亿美元以上的大银行做出更加严格的规定,要求杠杆率不得低于 15∶1,要求增加资本充足率并且改善资本质量,将信托类优先股剔除一级资本。这些银行由于筹集资本的压力而不得不缩减资产和业务规模。总资产少于 150 亿美元的银行控股公司可继续把信托优先股算做一级资本金,因而面临的压力较小。

(2)对大银行的存款保险费用的要求更高。FDIC 计算存款机构保险费基数的方法将会改变,从原来的本国存款减去有形股权(Tangible Equity),改变为并表总资产减去有形股权。由于大银行的资金更多由非存款负债组成,这样会增加大银行的保险费计算基数。大银行为了节省保险费用,可能不得不缩减资产规模,而小银行受到的影响相对有限。

另外,存款机构在 FDIC 的保险费储备金比例下限要求从原来的不低于投保存款的 1.15％提高到 1.35％,但资产规模小于 100 亿美元的机构仍然维持 1.15％下限。预计此要求将使大银行的存款保险费大幅上升,而小银行的保险费却可能在未来 3 年内减少 45 亿美元,因此大银行在这方面承受的压力将会高于中小银行。

4. 全能银行仍是银行业主流模式,衍生品业务部门的分拆整合不可避免

法案并未否定 1999 年金融现代化法关于混业经营的规定,也无意退回到分业经营,对银行业混业经营模式的影响不大,混业经营的全能银行也仍将是银行业的主流模式。

法案对全能银行组织结构的主要影响在于那些限制经营的业务线,例如商品、股权、CDS 等衍生交易可能会组建新的子公司来专门从事这类业务,并且维持资本充足。有些机构则可能剥离或出售这些受限业务线,例如美洲银行。同时银行也可能将允许银行业从事的利率、外汇等衍生品交易从经纪公司合并到银行控股公司中,例如摩根士丹利,以更好地利用美联储的廉价资金。

5. 监管法规带来的不确定性或将使美国的公司债券发行量减少

由于对证券化发行机构要求保留 5％的信用风险和更高的资本金要求,全担保债券(Covered Bond)和 ABS 相比的优势将会更加突出,美国今后可能更加注重开发全担保债券,以之取代部分 ABS 作为银行新的再融资来源,ABS 的市场规模会缩小,但质量会改善。

法案将评级机构纳入专家职责范畴,要求其对自己的评级结果负责。评级机构被投资者起诉的法律风险增加。由于法规带来的不确定性可能使美国的公司债券发行量、购买量减少。例如,三大评级公司暂停公司债券评级,已经直接影响到那些法定要求评级的债券,例如ABS的发行。在改革法案签署的2010年7月份已经有几项ABS发行被搁置。有鉴于此,证券交易委员会免除了未来6个月内新发行债券的评级要求,允许这段时间内的新发行债券可以不经评级上市发行。但未经评级的新发行债券信用难以确认,这会影响投资者信心,债券购买量将会减少。而发行公司不得不提高收益率,增加发行成本来扩大销售量,这可能使一些公司改变计划,减少或暂缓新债发行。当然从长期效应来看,监管法规通过加强评级机构监管,有利于改善评级质量和可信度。

六、欧美金融监管改革可能给我国带来的四大风险

虽然欧美金融监管改革存在诸多争议,但欧洲加强监管是大势所趋,金融监管规则和标准将愈加严苛,金融监管的深度、广度和严厉程度将会进一步加强,金融监管的内涵和外延也将进一步扩大。与此同时,在未来6个到18个月,美国各个监管部门也将针对新出台的监管法案集中进入法规制定阶段,各相关部门将制定各类法规243项、专项研究67项。

随着上述改革的逐步落实与实施,我国要及时评估由此带来的风险,以维护金融稳定与安全。

(一)监管标准不统一可能使我国,尤其是香港地区成为监管套利的对象

由于各国金融体制和监管措施的不同,目前全球还没有一个统一、协调的金融监管体系、法规和准则,不同国家之间存在监管差异,这可能导致监管套利的出现。当前,欧美金融监管环境日益严格,而广大新

兴市场国家的监管门槛仍然较低,客观上为"监管套利"①创造了可能。

美国对对冲基金、私募基金以及衍生品投资的新限制,将迫使美国银行在未来几年内逐步减少有关投资,并且有可能使银行的相关投资向监管相对宽松的地区迁移。

对此,我国应密切关注香港地区可能因监管套利所引发的风险。由于香港实行低税率,成立基金的成本较低且不限制卖空,而且拥有紧邻中国大陆市场的优势,对于对冲基金形成了独特的吸引力。根据另类投资管理协会(AIMA)的数据,2009 年年底,香港注册的对冲基金共有 542 只,是 2004 年的 5 倍。此外,对冲基金研究机构(HFR)的报告显示,2010 年第一季度全球对冲基金共有约 677 亿美元的资金净流入,资产总规模达 1.67 万亿美元,而同期亚洲对冲基金的资产规模达770 亿美元。预计未来两年亚洲(除日本外)的基金资产规模将增长70%,超过全球 50% 的增速。当前,在人民币汇改及人民币升值预期不断强化背景下,随着人民币跨境贸易结算范围的扩大和人民币在境外数量不断增加,这些因素可能加剧国际资本利用中国大陆、香港与全球金融监管的差异进行套利,热钱流动更加频繁,从而对我国金融市场及资产价格产生不利影响。

(二)欧美金融机构去杠杆化可能导致我国外商直接投资减少

银行业是欧洲经济的重要支柱。然而,金融危机发生以来,无论是在整个欧盟监管层面,还是在各成员国监管层面,银行所面对的金融监管环境均趋于严格。监管规则和监管标准的改变将要求银行对业务做出更多调整,对金融创新秉持更为审慎的态度;同时监管当局也将对银行资本金、尤其是表外业务和资产证券化的资本金附加更多额外要求,

---

① 所谓"监管套利",就是指大型金融机构利用不同监管机构制定的不同甚至相互冲突的监管规则或标准,选择金融监管相对宽松的市场展开经营活动,以此降低监管成本、规避管制和获取超额收益。

以督促银行对高风险、复杂的表外业务进行收缩,并有效降低杠杆比率。美国金融监管改革法案更是明确地提出银行必须提高资本充足率、降低杠杆率。

上述规定的实施,将使欧美金融机构从 2008 年开始的去杠杆化进程继续下去。以美国为例,截至 2010 年 3 月,美国投资银行的杠杆率(负债/净资产)已从峰值 74% 降至 28%,基本回到危机前水平;整个金融部门杠杆率已降至 20.6%,回到 1979 年第三季度的水平,大幅低于 30 年历史平均杠杆率(见图 8-3)。

（单位：%）

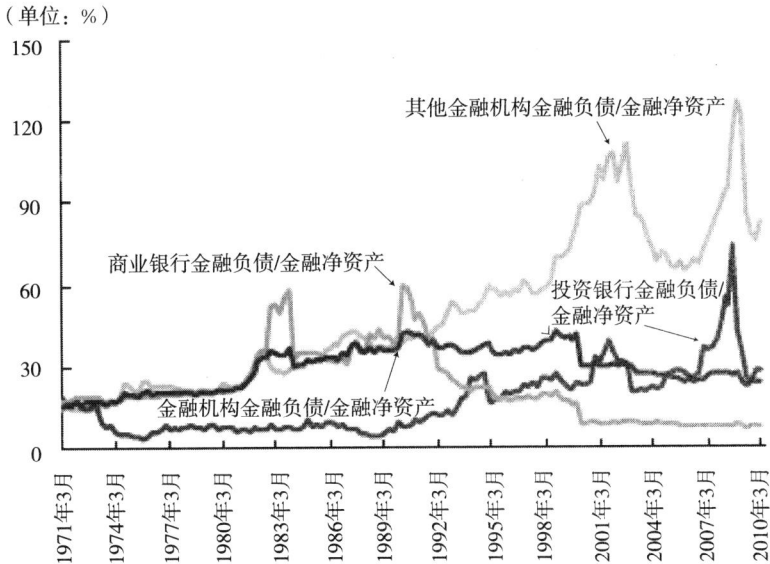

图 8-3　美国金融机构杠杆率

资料来源:彭博(Bloomberg)。

欧美金融机构持续的去杠杆化不利于银行信贷的恢复。尽管美联储释放了大量的基础货币,资产负债表急剧扩张,银行业拆借市场已有所企稳,但由于商业银行资产负债表严重受损,银行信贷投放量在金融危机爆发后不断萎缩,银行借贷意愿仍显不足。截至 2010 年 7 月 23 日,2010 年美国银行破产数量达 103 家(2008 年为 25 家,

2009 年为 140 家),FDIC 预计银行倒闭潮将在 2010 年达到顶峰;在
欧洲主权债务危机背景下,欧洲银行业也面临巨大融资压力。欧洲
银行业监管委员会(CEBS)于 2010 年 7 月 23 日公布了欧洲 91 家银
行的压力测试结果,7 家银行未能通过测试,共需筹集 35 亿欧元的
资金。其中,西班牙有 5 家银行未能通过测试,成为欧洲"差等生"。
而市场对此次压力测试过于宽松的"及格线"也表示质疑,对银行业
问题的担忧并未减少。而且随着测试结果的公布,较差的银行可能
面临被重组的命运。在这些因素作用下,欧洲银行信贷市场的重新
恢复更加困难(见图 8-4)。

(单位:%)
表示国内借贷条件收紧的人数比例

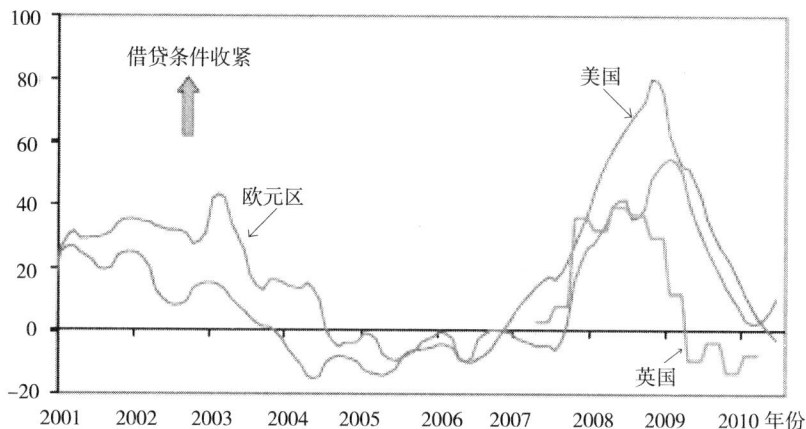

图 8-4　欧美银行间借贷条件趋紧

资料来源:国际货币基金组织(IMF)。

　　由于欧美信贷市场疲弱,跨国公司融资活动和对外扩张意愿不活
跃,尤其是对外股权投资大幅削减。未来几年随着欧美金融机构持续
去杠杆化,融资成本上升,跨国公司对外投资的恢复将会一定程度受
阻,对我国直接投资可能减少。目前,美国、英国、法国、荷兰、德国位居
我国前十大外商直接投资来源地。次贷危机以来,美国对外直接投资

持续萎缩,2009 年仅为 2481 亿美元(2007 年、2008 年分别为 3935 亿美元、3305 亿美元),其中,对华直接投资金额仅为 35.76 亿美元。2010 年 1—7 月美国对华实际投资 24 亿美元,同比增长 15.16%;新设企业 886 家,同比下降 0.34%,也低于 2008 年同期的 967 家。欧盟对外直接投资自危机以来也急剧下降,2007 年、2008 年、2009 年对外投资规模分别为 12872 亿美元、9158 亿美元和 3885 亿美元。2010 年 1—7 月,欧盟 27 国对华实际投入外资金额 40.29 亿美元,同比增长 21.8%;新设立企业 911 家,同比增长 2.82%,但低于 2008 年同期的 1078 家,表明欧美对华直接投资尚未完全恢复。

(三)我国金融机构在美业务将受到影响

美国金融监管改革法案对我国金融机构在美业务将产生直接影响。我国多家商业银行,包括工、农、中、建、招,在美国均设有分支机构。虽然上述分支机构很少从事金融衍生品交易,新的金融监管法案对它们总体影响不大,但法案要求成立消费者金融保护局、加强对消费者保护,今后对信用卡、支票、抵押贷款等金融产品和服务将提出更严格的信息披露和透明度要求,从而对上述机构在美国开展业务形成新的限制。

同时,我国的主权财富基金——中投公司也在美国买入了大量上市公司股票,投资范围涉及金融、消费、零售、科技、电信以及医药等领域。目前,中投公司仅需要向美国证券交易委员会披露部分交易情况。但由于中投公司旗下的汇金公司控股了工、农、中、建四大国有商业银行,而四大行在美国均设有分支机构。这样,美国就有可能将中投公司作为金融控股公司来看待。根据新的金融监管法案,美联储拥有对金融控股公司进行并表监管的权力,并表监管将扩展至母公司及其所有附属子公司。而实际上,汇金公司并不是真正意义上的金融控股公司。如果我国未能和美国监管机构就此进行充分沟通,美方一旦认定中投的金融控股公司地位,将对其产生严重的不利影响,其投资范围、杠杆率以及薪酬管理等方面将面临一系列更加严格的规定。

（四）严格的金融监管可能影响美国经济复苏，对我国出口构成潜在威胁

美国金融监管改革法案的通过仅仅是美国金融监管改革新阶段的开始，各项具体监管措施和细则尚待制定，最终落实恐怕要在多年以后，期间仍然面临诸多不确定性，这可能对企业和消费者信心形成冲击。在当前美国失业率居高不下的背景下，这无疑将影响美国经济的复苏并进一步增加就业市场的压力。另外，监管法案要求对消费者提供更多的保护，也意味着将来对消费者的信贷审查将更严、贷款可得性将更低，消费者将负担更高的成本，这不利于提振美国居民消费和经济增长。

而美国是中国第二大贸易伙伴国，对美出口占我国出口总量的18%，美国经济复苏进程放缓直接冲击着我国的出口。据测算，美国经济增长速度放缓1%，我国出口增速就要放缓6%—7%。2010年上半年，由于美国经济回暖、企业补充库存，我国对美出口1245.2亿美元，同比增长28.3%，呈现出较好的回升态势（见图8-5）。但从目前趋势来看，就业市场疲弱、削减财政赤字、房地产恢复缓慢以及私人消费不足将使下半年美国经济复苏面临更大的不确定性，对中国扩大出口构成威胁。

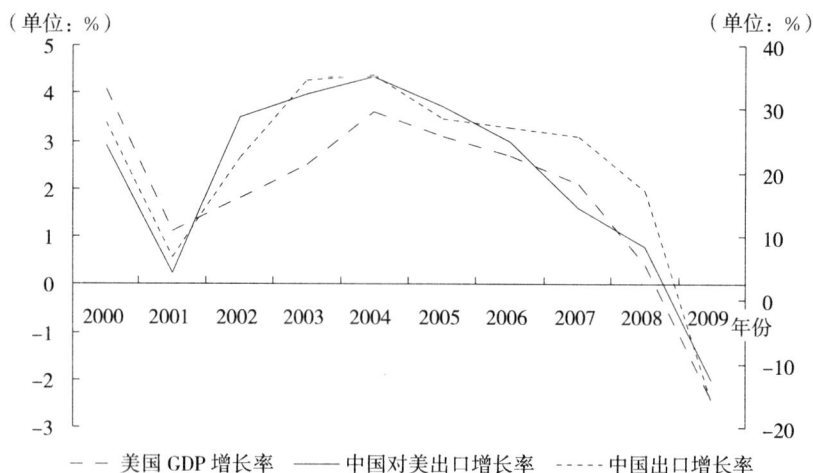

图8-5 中国出口增长率与美国GDP增长率的关系

资料来源：美国经济分析局，中经网统计数据库。

七、欧美金融监管改革对中国金融监管的启示

全球金融危机对原教旨自由市场经济理论是一次沉重打击,美国金融监管改革法案的通过表明美国监管机构无疑将吸取教训,放弃无为监管的理念。美国金融监管者将在市场与监管之间努力寻求动态平衡的路径,实施更加严格的监管,这意味着我国也必须面对全面金融监管时代的来临,树立从严、全面监管的理念,重新审视我国的金融监管体制。

(一)加强对投资者与消费者利益的保护,防范金融欺诈

金融监管存在两个并行目标,一是审慎监管,旨在维护金融机构的稳健经营和金融体系的稳定,防止发生系统性危机或金融市场崩溃;二是保护消费者权利,通过对金融机构经营行为的监管防止和减少消费者受到欺诈和其他不公平待遇。对消费者权益的保护逐步渗透到金融监管体制设计中。本次危机也暴露出,现代金融产品的复杂性使得市场微观主体经常难以正确理解产品的特征和对产品蕴涵的金融风险做出正确评估,从而无法基于审慎的判断做出交易决策,甚至落入欺诈陷阱。因此,保护投资者与消费者权益作为金融监管的重要一极,在美国金融监管改革中得到强化,美国将设立消费者保护局专司其职。

从我国现状来看,对金融消费者的保护远不能构成金融监管的重要一极:一是在立法层面缺乏对金融消费者保护的根本性制度保障,现行《消费者权益保护法》只是针对一般商品和服务消费的保护,保护金融消费者利益虽然被确立为金融监管的目标之一,但并未正式写入法律之中。二是对金融消费者权益具有保护职责的机构众多,涉及消费者协会、人民银行、银监会、保监会、证监会及银行、保险、证券等行业协会,但职权不清晰,执法能力弱,不仅缺乏基本的规章制度和规范,处理

消费者投诉和解决纠纷的机制也不明确，对消费者权益的保护力度比较弱。

因此，我国有必要进一步提升消费者权益保护在金融监管体制中的重要性和独立性。一是应进一步健全和完善有关金融消费者保护的立法和法制建设，做到有法可依；二是应考虑将散落在各机构中的消费者保护职能集中起来，设立专门机构统一负责金融消费者权益保护事宜，该机构应切实代表金融消费者利益，在金融监管制度设计中与金融机构利益形成一定的制衡。

（二）强化交叉金融创新产品的监管力度，强调利益各方风险共担

次贷危机的爆发暴露了金融创新与金融监管之间的深层次矛盾，也反映了金融创新与金融监管之间恰恰是一个动态博弈的过程。我国不能因次贷危机而因噎废食，禁止金融创新，而是要针对金融创新引发的新风险，相应地加强与改进监管手段，逐步实现从强调行政干预的合规型传统监管模式向以市场和规则为导向的风险型审慎监管模式转变。通过风险型审慎监管对金融创新的发展加以引发、规范，把握好鼓励创新与风险监管的尺度，找准监管切入点，有所为有所不为，防止金融创新产品无限制的派生，脱离实体经济的发展，使金融创新产品的发展规模与实体经济水平相协调，避免由于金融衍生品价格泡沫破灭对金融系统以及实体经济造成重创。

1. 加强对金融创新可能引发系统性风险的全面评估，尤其是压力测试

我国金融监管部门应及时出台相应的规章制度和准入标准，在倡导和鼓励金融机构加快业务创新的同时，密切关注业务创新可能引发的风险点，不断改进风险管理技术，以全局视角加强对金融创新产品链条各个环节的全面风险评估，通过压力测试评估特定的事件或一系列财务变量的变动对整个金融业带来的潜在影响。压力测试不仅要进行基于情景的压力测试，还要开展基于历史的压力测试。

另外,我国金融监管机构还应当关注欧美发达国家金融创新的发展情况,尤其要密切监测我国金融机构对海外创新金融衍生品的投资状况,加强对金融创新的国际监管协调合作,以增强应付全球突发性系统风险的能力。

2. 提高金融创新产品市场的信息透明度,强化交叉创新产品的监管力度

随着金融创新产品链条不断延伸,跨行业金融工具、交叉性业务日益增多,创新金融机构不断涌现,我国金融监管协调面临的形势更加复杂,这要求我国金融监管机构要跟上金融创新的步伐,强化金融创新工具及参与者的信息披露,增强金融市场的透明度。为防范风险的跨业传播,避免在交叉领域出现监管真空,银监会、保监会、证监会应遵循以风险为本的监管原则,加强合作、密切配合,对于涉及系统性、全局性的问题则要加强一行三会之间的有效监管和协调,以不断提升监管效率。

3. 强调创新产品链条参与各方要风险共担

美国要求从事抵押贷款支持证券发起和分销的公司至少承担 5% 其所发行证券的信贷风险,这是针对金融系统中发起和分销的特征提出的方案。我国也应高度关注金融创新产品链条风险的扩散特性,促使发起人在自身创造的风险中承担更多责任。

(三)加快国内、国际金融监管协调机制建设,填补监管真空

沃尔克规则表明,在经历了高度综合化经营之后,对于银行涉猎风险较高的衍生品、对冲基金投资等领域,欧美金融监管当局的态度越来越谨慎。我国面对不可逆转的混业经营趋势,有必要加快国内、国际金融监管协调机制的建设,以进一步弥补监管真空,防范国内风险以及外部冲击。

1. 成立金融监管协调委员会,识别金融系统整体风险

根据我国国情,我国应继续坚持中央银行货币政策和金融监管机构职能相分离的原则,同时应赋予人民银行主监管协调人的地位,建议由人行牵头成立由一行三会、财政部、发改委等机构参加的金融监管协调委员会,进一步加强中央银行与金融监管等机构之间的紧密合作,尤其应当高度重视产业投资集团下设的金融控股公司可能引发的风险传导效应,维护金融体系稳定。

由于金融控股公司的组织结构形式相对比较复杂,更重要的是要对其进行"合并监管",因此有必要确定人行作为金融控股公司的监管主协调人,使其享有特定的协调权力。此主协调制度不仅维护了人民银行在金融稳定方面的特殊权威性,使协调事项和协调责任更加易于操作,而且有利于加强对金融控股公司总部的监管,尤其是对各子公司之间的关联交易以及财务状况实施重点监管,从而降低金融控股公司运作中的潜在风险。

通过立法明确金融控股公司设立的条件、业务范围、投资范围与比例;控股公司及其下属各公司会计报表的并表原则,防止集团内部高财务杠杆的措施;控股公司内部控制制度建设的最低标准,控股公司报告、信息披露的内容、方式与透明度规定;适度"防火墙"设计要求,控制集团内部风险集中度和防止不正当内部交易规定等。针对我国金融控股公司内部交易与风险集中问题,可采取列举形式明确规定限制的对象、范围、规模、程度与责任等,并责令集团如实报告,防止风险传播。

2. 做好金融监管协调的基础性建设,建立金融信息共享制度

为了分析金融体系的整体风险状况,充分获取市场信息非常重要。一行三会应当共同整合一套信息数据交流平台,签署信息数据共享协议,建立信息数据共享机制;监管部门共同制定统一的报表格式,对重复或类似报表实行归口管理;组织开发适合金融监管协调的公文传输系统、电视电话系统、联网系统。

3. 加强国际金融监管协调,推进金融监管技术的标准化与全球化

在加强国内金融监管协调的同时,应加强国内监管机构与国际货币基金组织、世界银行、国际清算银行、金融稳定委员会(Financial

Stability Board,FSB)、巴塞尔委员会、国际会计准则委员会、国际证监会组织、国际保险监管协会等国际金融监管机构的沟通协调。第一,我国积极参与国际监管合作有助于把握其他国家金融监管改革尺度,避免其他国家和地区金融监管环境的改变对我国金融业竞争力造成威胁。第二,我国与其他国家一道加强跨境和跨职能监管,是防范外源性系统性风险的重要措施,减少不必要的差异,克服对具有全球和地区重要性公司的监管障碍,采取更协调的早期补救行动,加强合作,以确保沟通渠道的畅通。第三,我国积极参与全球金融监管规则的制定,熟悉全球统一监管技术细节,逐步实现国内金融监管标准与国际金融监管标准的协调统一,在避免国内监管漏洞的同时,也防范外部风险的冲击。

同时,我国应考虑到遵守国际统一标准会带来一些潜在的风险,应积极与 FSB 展开对话,进一步评估提高我国遵守相关标准和路径的可能。明确我国与其他国家金融结构的差异,在接受 FSB 评估的同时,也要利用相关金融指标展开自我评估,需要考虑的指标包括国内金融资产、国外金融资产与负债比例,组合投资状况,资本流动总额,保费、OTC 衍生品市场、对冲基金、养老金资产、跨境银行资产五个市场在全球市场中的份额。

(四)明确人民银行为系统性风险监管机构,加强大型复杂金融机构监管

我国始终要把系统性风险作为金融监管的重心,根据国际形势、国内宏观环境以及金融业经营的变化,有效防范跨市场、跨领域的潜在金融风险。要将事前防范措施和事后解决机制相结合,细化系统重要性机构衡量指标体系,完善评估工具,最大程度地防范"太大而不能倒"机构给金融系统带来的潜在损害。

1. 确定系统性风险监管机构

鉴于我国金融监管机构设置的特点,应当通过颁布系统性风险监

管法案,明确人民银行为系统性风险监管机构,负责监管整个金融体系的系统性风险,特别是跨市场、跨行业的风险,建立由人民银行负责宏观审慎监管、专业监管机构负责微观审慎监管的金融监管职能构架。

第一,由人民银行牵头来界定系统重要性机构、市场和工具。

第二,确立系统性风险评估的频率。这要与金融体系和金融创新的结构性变革的步伐相匹配。

第三,建立并逐步完善系统性风险的评估框架。此评估框架不仅注重对系统重要性金融机构建立事前防范措施,而且还要建立经过改进的事后解决机制。可视适当时机考虑根据机构引致的系统性风险的大小来收取资本费。

2. 系统重要性金融机构的评估

我国可尝试通过以下关键指标来界定系统重要性金融机构。

第一,规模状况。通过规模指标来反映金融机构提供的金融服务在金融体系中的占比(见表8-3)。

表8-3　金融机构规模的指标分析

核心指标	次级指标
• 资产与负债的市场份额(包括衍生品、担保以及信贷条线) • 信用增强的市场份额(包括债券保险等) • 融资的市场份额(银行之间市场、回购、发行证券以及公开市场融资) • 可以用以出售的交易账簿资产	• 衍生品价值占总资产的比例 • 流动资产与短期负债的比例 • 与监管资本的到期错配问题 • 未实现的利润或损失与一级资本的比例

第二,可替代性。在此机构经营失败的情况下,其他金融机构提供相同服务的程度。

第三,相互关联性。可以利用一些关联性的指标来反映系统重要性机构与金融体系其他部分的相互关联性(见表8-4)。

表 8 - 4 金融机构相互关联性指标

核心指标	次级指标
• 国内及国外分支机构的资产占总资产的比例 • 集团内部的风险暴露（包括衍生品）与总资产、负债的比例 • 压力测试中不同国家的风险暴露 • 在支付清算系统中的份额 • 支付交易中的市场份额	• 离岸以及海外分支机构收入占总收入的比例 • 国外分支机构占东道国金融部门的份额 • 境外衍生品风险暴露与监管资本的比例 • 对金融危机国家风险暴露与股权资本的比例 • 担保品占总资产的比例

第四，杠杆率。杠杆率可以一定程度上衡量金融机构在金融系统中传播风险，以及导致金融资产市场动荡的可能性，也是金融机构之间相互关联性的一个测量标准。杠杆率的测量需要涉及表内、表外资产。

第五，流动性与期限错配的风险。大量非流动性资产的敞口在一定程度上反映了金融机构面临的流动性以及市场风险。如果金融机构持有的错配资产在资产市场中的比重较高，而且与其他机构的关联性较强，此机构一旦面临融资困难则可能导致潜在系统性风险。

第六，复杂性。金融机构经营的复杂性是增大系统波动性的因素之一。我国越来越多的金融集团同时经营银行、保险以及证券业务，综合化经营趋势明显。而且随着产融结合步伐加快，越来越多的大型企业涉足金融业的多个领域，企业"走出去"步伐加快促使越来越多的金融集团跨境运作。金融集团的机构庞大、运作领域多样、投资产品复杂以及跨境操作会带来信息不对称，透明度降低，容易使系统性事件被潜在放大。

3. 加强对大型复杂金融机构监管，防范"大而不倒"

对大型复杂金融机构，除继续完善并表监管外，还要采取以下措施，加强对其日常监管和持续跟踪。一是在资本、杠杆率、流动性、风险管理等方面，对大型机构提出更加严格的要求，并进行严格的压力测试。二是对此类机构强化现场检查和风险监测，增强对大型机构的监管力量。三是采取隔离措施，严防风险在不同业务间传染。四是加强对大型复杂金融机构体外"影子银行"的监管,也应密切关注可能造成系统性风险的大型非银行金融机构。

4. 明确针对系统重要性金融机构的特别处置制度

全球金融危机期间,各国暴露出缺乏应对濒临破产金融机构的处置制度或其覆盖范围有限等问题。政府要么让企业破产,例如雷曼兄弟破产事件;要么政府注资,如美国政府向美国国际集团(AIG)注资,事实已经证明这两种选择的代价都十分昂贵。我国需要着手建立一个由政府起主导作用的有效、专门的针对金融机构的特别处置制度(Special Resolution Regime)。明确危机处置机构与制度安排可扩大政府在危机管理中的有效工具组合范围,避免政府仅能在"无序破产"与"政府注资"之间选择,降低纳税人的经济负担,减少道德风险,降低金融机构潜在破产产生的系统性影响,并通过控制财政成本与系统性影响而提高处置成效(见图8-6)。

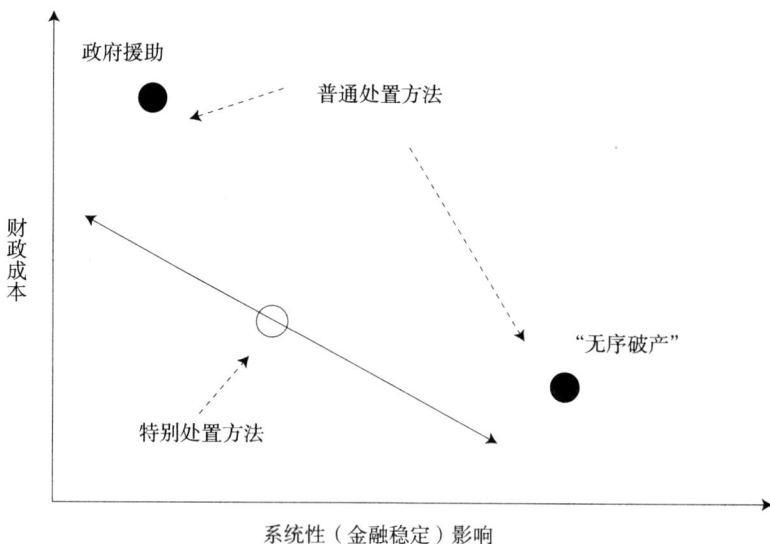

图 8-6 处置制度中的财政成本与系统性影响

资料来源:国际货币基金组织(IMF)。

处置制度需要明确监管门槛,当金融机构逾越门槛的时候,处置当局有权对公司实行控制并开始启动重组程序。在普通破产程序中,设立的是"资产负债表门槛",只有在资产净值几乎为零之后才能启动破产程序。与此不同,特别处置方法是在金融机构出现经济困难的早期阶段,当机构资产净值可能仍然为正值时,允许政府对其进行干预。

(五)加快建立金融危机监测长效机制,鉴别隐患新来源

一般而言,一场金融危机可能会有很多年的潜伏期。尽早甄别系统性金融风险,有利于决策者提前做出政策反应,降低危机损失。金融危机往往是由各种冲击与宏观经济金融脆弱性相互作用的结果,但并不是所有潜在的脆弱性都会引发危机。因此构建早期危机预警系统不仅要识别系统性风险及金融脆弱性,还要将其按政策影响程度排列。

全球性金融危机虽未对我国金融体系产生较大影响,但却通过实体经济的传导链条,对我国经济尤其是制造业形成了显著冲击。我国迫切需要由人行牵头建立一套危机跟踪监测指标体系,及早做好相应预案准备,积极稳妥地应对未来的危机。我国建立金融危机监测长效机制必须从预警方法、预警指标、预警模型、制度安排与管理信息系统等方面入手。在数据库、指标临界值、危机发生的判断标准、预警信号发布、警报发出后的应对措施等方面步步为营,逐个落到实处。只有通过技术和制度两方面的紧密结合,才能够有效地保证金融危机监测长效机制的正常运转。目前,国内外不少学术机构已根据研究需要建立了自身的金融危机监测指标体系,如 IMF 建立了金融压力指数(Financial Stress Index,FSI),摩根大通设立了流动性、信贷和波动指数(Liquidity,Credit and Volatility Index,LCVI),中国银行国际金融研究所课题组构建了金融危机风险指标(Risk of Financial Crisis Index,ROFCI)[①]等,对我国在宏观层面跟踪、管理和应对危机具有一定的参考价值。

---

① 详见附录。

除金融危机监测指标体系之外,还应当特别关注以下几个方面:

1. 法律保障

金融危机监测长效机制的运作仅有完整的指标体系等技术手段是远远不够的,还必须配套合理的法规框架,以法规形式加以确定,保证其延续性、严肃性和有效性。只有制定了相关法律法规,负责金融危机监测工作的机构、人员才能够按章办事。

2. 机构设置

有必要成立专门负责金融危机监测具体工作的常设机构,这是保证金融危机监测工作正常运作的关键。由此机构把每个环节的工作予以落实,该机构除了负责研究开发工作外,还需要负责数据收集管理、模拟研究、预警预报、提出挽救对策等。

3. 金融危机监测信息系统

为及时、准确地提供预警信号,需要设计一个功能齐全的金融危机监测信息系统。在监测指标与模型确定的基础上,需及时开发一套包括数据收集、数据处理、临界值管理、预测信号系统及应急预备政策系统等方面的信息系统。我国应与 IMF、FSB 以及其他国家一道,进一步推动跨境危机预警合作,建立跨境金融危机预警管理工具,其中包括制定跨境金融危机预警合作的原则、组建关键的数据库、金融监管当局签订协同行动意见书等。当跨国金融机构被多个国家视为系统重要性金融机构时,母国应及时向所有这些国家通知风险管理状况。

附录:金融危机监测指标体系研究

经济学界对金融危机监测指标体系的探讨开始于20世纪70年代末,一次次的金融劫难使相关研究不断成为全球金融业争论和探讨的热点问题。可以预见,美国次贷危机无疑将又一次激发国际经济学界对国际金融危机预警机制的研究热情。IMF(2009 年 3 月 6 日)承认对金融危机预警不力,各界也普遍意识到建立一套危机跟踪监测指标体系的必要性、重要性及迫切性。本文在借鉴已有研究成果的基础上，将定性分析和定量分析相结合，尝试构建了一套新的金融危机监测综合指标体系，并合成为一个综合指数，即金融危机风险指标（Risk of Financial Crisis Index，ROFCI），在此基础上提出有必要加强金融危机监测技术与制度建设之间的结合，以建立一套金融危机监测长效机制，为危机跟踪、管理和应对提供决策服务。

一、金融危机预警指标体系的研究综述

（一）已有金融危机监测指标体系的简要回顾与评价

1. FR 模型

Frankel 和 Rose（1996）以 100 个发展中国家 1971—1992 年之间发生的金融危机为研究对象，以年度数据为样本建立了金融危机发生可能性的 FR 概率模型。他们考虑的因素主要为：GDP 增长率、外国利率、国内信贷增长率、政府预算赤字/GDP、实际汇率高估程度、经常项目/GDP、国际储备/进口额、外债总额/GNP、经济开放程度、外债总额、短期外债额、公共部门的债务、贸易条件等。选取一系列有关金融危机、金融危机引发因素的历史数据作为样本数据，运用极大似然估计，得出各个引发因素的参数值，从而根据估计出来的参数建立推测某个国家在未来某一年发生金融危机可能性大小的模型。但是 FR 概率模型仅分析了货币危机发生的情况，没有考虑到各国之间的差异性，而且模型估计中使用的是年度数据，这影响到了模型的实用性。

2. STV 模型

Sachs、Tornell 和 Velasco（1996）为解决 FR 模型国别差异的缺陷，首先确定对危机形成有重要作用的变量，然后选择危机成因类似的一组国家为研究对象，并以月度数据作为样本数据，建立多元线性回归模型。之后用参数估计后的回归模型外推来估计某个国家在未来发生危机的可能性，这个可能性借助危机指数的大小来反映，危机指数用国

际储备减少的百分比来定义。他们认为实际汇率、贷款增长率、国际储备/货币供给等变量与一个国家发生金融危机与否至关重要。Sachs、Tornell 和 Velasco(1996)还根据实际汇率贬值程度、国内私人信贷增长率和国际储备/M2 的取值,确定了两个虚拟变量。

Sachs、Tornell 和 Velasco(1996)的研究中纳入了金融危机传染因素,在研究方法上考虑了国别之间的差异性,综合分析了一国发生货币危机、银行危机和外债危机的可能性,而且使用月度数据以增加样本数据量。但是线性回归模型过于简单,其指标选择面较窄,模型虽然综合考虑货币危机、银行危机和外债危机,但是危机指数的定义仅用国际储备减少的百分比来表示,考虑欠全面。

3. KLR 信号分析法

Kaminsky、Lizondo 和 Reinhart(1997)选择了 15 个月度指标建立了金融危机的信号分析方法。Kaminsky、Lizondo 和 Reinhart(1999)将 15 个指标拓展为 21 个,银行危机也纳入到预警范围。这 21 个指标分别为:(1)货币供给 M2 的乘数;(2)国内信贷额与 GDP 之比;(3)金融自由化的程度;(4)银行储蓄额存量;(5)货币供给 M1 的超额供给;(6)出口额;(7)进口额;(8)贸易条件;(9)实际汇率;(10)国际储备;(11)货币供给 M2 与国际储备之比;(12)国内外实际利率偏差;(13)世界实际利率;(14)外债余额;(15)资本流入流出总额;(16)短期外债余额;(17)国内总产值;(18)国内实际利率;(19)银行贷款与储蓄利率之比;(20)股市指数;(21)已发生的金融危机。

Kaminsky、Lizondo 和 Reinhart 创建的信号分析法通过选择一系列指标并根据历史数据确定其临界值,当某个指标的临界值在某个时间区间被突破,就意味着该指标发生了一个危机信号;危机信号越多,表示某个国家在未来 24 个月发生危机的可能性就越大。

与上述两种方法相比,KLR 信号分析法相对较为完善,操作性较强,指标涉及范围较广泛,而且预测危机的准确度也相对较高,但是这个方法仍然无法确定金融危机发生的确切时间。

4. IMF 使用的金融压力指数（Financial Stress Index，FSI）

IMF 将金融压力时期确定为一个复合变量的极值，该变量被称为金融压力指数。该指数由以市场为基础的实时高频数据指标构建而成，使用相关指标的平均值来计算各国的 FSI，以用于各国金融风险的分析和预测。FSI 主要由以下三部分构成：第一，银行相关的市场变量，主要包括银行业股票 beta 值、泰德利差、收益率曲线等；第二，资本市场相关的变量，主要包括公司债券利差、股市收益和股票收益实时波动率；第三，随时间变化的有效汇率波动率。FSI 对上述指标平均数构成的指数按 0—100 排列，预测未来 1—3 年危机发生的可能性。

FSI 能够按季度较为准确地确定金融压力时期开始、高峰和结束的日期，从而计算出其持续的时间。而且，这样一个指数有助于确定金融压力事件的四个基本特征，即资产价格的大幅变化（股票和债券市场的收益）；突然升高的风险/不确定性（股票和外汇波动）；资产流动性的突然变化（泰德差价）；银行体系的健康状况（银行业股票的 beta 值和收益曲线）。这些指标可以帮助我们确定哪些类型的金融压力曾对产出产生较大的影响，这些金融压力是来源于银行、证券市场、货币市场，还是这些因素的结合。但是 IMF 的美国金融压力指数在次贷危机发生期大幅调升，表明其更多具有重合指数而非先导指数的特征。

5. 摩根大通设立的 LCVI（Liquidity，Credit and Volatility Index，LCVI）

摩根大通设立了一个按日计算的反映金融压力的指数——LCVI，指数涉及反映金融压力情况的多个方面。LCVI 主要包括这样七个指标：第一，美国国债收益率曲线偏差（不同期限国库券、国债发行期与非发行期的滚动标准差）；第二，10 年期美国互换利差；第三，摩根大通新兴市场债券指数（EMBI）；第四，美国高收益债券利差；第五，汇率波动性；第六，股票价格波动性（VIX）；第六，摩根大通全球风险偏好指数。

摩根大通设立的 LCVI 指数按日计算,数据反映比较灵敏,但是其更多地关注市场的流动性、波动性等方面的状况,对于来自银行业方面的金融压力关注度不够。

除上述监测指标体系外,我们通过对高盛、摩根士丹利、美林、汇丰等金融机构的调研整理了相关观点与指标体系,详见附表8-1。

附表8-1 部分金融机构金融危机监测指标一览表

机构名称	关注点	使用的监测指标
高盛证券	美国金融危机发展	1. 美国失业率;2. 美国汽车销售;3. 密歇根消费者情绪指数
	欧洲爆发危机的风险	1. 欧洲外债/GDP;2. 经常账户赤字/GDP;3. 欧洲银行外币贷款比重
美林证券	美元及企业债走势	1. 美国企业申请破产的宗数;2. 投资评级债券息差;3. 美元汇率指数
瑞士信贷银行	金融危机第二波	1. CDS指数变化;2. 新兴市场政府财政赤字/GDP;3. 汇率变动趋势;4. 欧洲银行财务状况;5. 美国国债利率
摩根士丹利	金融危机发展阶段	1. 美国房地产价格变动;2. 美国储蓄率变动
德意志银行	新兴市场危机形势	1. 新兴市场国家贷款/GDP;2. 新兴国家净资金流入/流出数量;3. 主要银行一级核心资本比率
	企业债及房地产市场	1. 企业债息差(credit spread);2. 伦敦交易所富时 EPRA NAREIT 全球地产股指数
瑞士联合银行	亚太区银行体系的健康状况	亚洲银行体系的不良贷款比率
汇丰控股	新兴市场风险	1. 主权 CDS 指数变化;2. 东欧国家 GDP 增长率、失业率;3. 财政赤字/GDP;4. 经常账户赤字/GDP;5. 外汇储备/每月进口货值;6. 短期外债/外汇储备;7. 新兴市场国家的银行贷款/存款比率
渣打银行	不同地区受信贷紧缩冲击的程度	国际清算银行的综合债权占 GDP 比重(BIS consolidated claims/GDP)

资料来源:作者整理。

（二）金融结构的演进需要对金融危机监测指标体系进行完善与修订

1.随着金融结构的演进，市场相关指标在危机预测和衡量中的重要性日益增强

20世纪90年代以前银行在金融市场中占主导地位，金融危机更多地表现为银行危机，危机预测指标以银行挤兑和破产为中心。近十多年来资本市场在经济和金融中的作用日益增强，系统性风险和金融危机则更多源于非银行的市场因素，因此仅以传统的银行资产负债表状况作为危机预测的指标已远远不够，而市场相关指标在危机预测和衡量中的作用更加重要。

2.银行流动性管理模式发生重大变化，市场流动性风险指标作用凸显

近十多年来，银行更多地参与资本市场活动，特别是证券化操作促使银行信贷资产市场化，使市场流动性风险上升。市场交易冻结引发的风险或将取代机构破产成为更突出的系统性风险，这表明即使在银行并未发生大量挤兑和倒闭，甚至资本相对充足的条件下也可能会发生系统性风险甚至引发金融危机。

同时银行的流动性管理模式也发生了巨大变化，银行自身也越来越多地需要通过市场获得流动性，从而更加依赖于金融市场，这使得市场流动性风险指标越来越重要，成为与资金流动性风险指标同样重要的危机预测指标。

3.更多的非银行金融机构高杠杆运作使危机传导机制发生了变化

越来越多的非银行金融机构通过市场获得批发性资金从事长期资产业务，这种高杠杆化运作的特征是一旦出现市场波动，这些机构可能会迅速撤离市场避险，这使得损失和风险的传导速度和力度大大提高、传导链条更加复杂、传导路径更加多样化。在此背景下，反映危机传导以及市场间相关性的指标成为危机预测的重要指标。

4. 反映金融危机监测指数的非线性特征更加明显

金融危机天生具有潜伏期长、难以确认、前期短、发生突然的特征，而上述变化使得危机更具有突发性，更缺少明显前兆，一旦确认已难应对，同时也使得危机预测难度更大。而反映金融危机的指数则更具有明显的非线性，随着金融市场近十多年来的发展，这一非线性特征更加明显，这使危机的预测也更加困难。

二、新金融危机监测指标体系的构建

我们借鉴金融危机监测体系已有的研究成果，把握近年来金融结构变化的关键点，尝试性地建立了一套新的金融危机监测指标体系。

（一）金融危机监测指标体系建立的总体思路

本指标体系的选择和构建基于以下原则和要点：

1. 单项指标的选择

（1）选择具有先导性的指标，以危机前期和发生期为主要监测对象，反映和衡量即期金融压力或脆弱性，同时预测和衡量未来 12 个月内发生金融危机的风险大小。

（2）指标的选择和构建以市场相关数据和指数为主，并且涵盖尽量广泛的市场，包括股票市场、债券市场、货币市场、信贷市场、外汇市场等。

（3）在此基础上涵盖金融机构、宏观经济、货币政策等结构性和周期性因素，立体反映金融体系整体状况，以减少预测误差。

（4）集中选择在金融压力和危机监测实践中被市场普遍证明能够有效预示危机的指标和数据。

（5）在实际使用中，观察单项指标变化的关键是更新数据。本指标体系采用的数据具有以下特性：第一，及时和频繁。公布频率通常不超过一个月，许多数据为日、周、实时数据。第二，公开和易得。基本上为

公开数据,容易从网上收集。第三,权威和一致。基本上是权威机构编制和发布的数据。第四,普遍和常用。基本上为市场普遍和经常采用的数据。第五,简洁和明了。容易为广大金融从业人员和决策人士理解。

2. 指标体系的构建

鉴于没有任何单一指标可以作为先导指数综合反映金融市场状况和预测其未来,因此我们基于单项指标构建指标体系,综合反映金融市场主要参与者对市场现状的评估和对未来的预测。

3. 市场相关指标的局限

流动性和效率等市场相关指标通常基于严格假定,而且这类指标反映的是市场参与者根据历史标准对市场前景的预期,但是在市场更加动态化的情况下这些预期可能会出现误导。

(二)金融危机监测指标体系的定性分析

我们将本指标体系命名为金融危机风险指标(Risk of Financial Crisis Index,以下简称 ROFCI)。ROFCI 由 8 组 12 个指标构成(见附表 8 - 2)。

附表 8 - 2　ROFCI 指标构成

分组	指标编号	指标名称
第一组	1.1	芝加哥商品交易所 VIX 指数
第二组	2.2	10 年期 Aaa 公司债券和同期国库券利差
第三组	3.3	3 月非金融工商企业商业票据和同期国库券利差
第四组	4.4	投资级别公司 CDS 和同期国库券利差
第五组	5.5	KBW 银行股指和道琼 DOW 股指比较
	5.6	5 年期银行债券和同期国库券利差
	5.7	3 月 LIBOR 和同期国库券(TED)利差
	5.8	银行业存款和总资产比
第六组	6.9	JP 摩根美元对主要货币外汇汇率波动性指数

分组	指标编号	指标名称
第七组	7.10	10 年期和 3 月期国库券收益率利差
	7.11	美国经济周期研究所(ECRI)周先导指数
第八组	8.12	联邦基金利率目标和实际利率标准差

注:单项指标的编号原则为:第一个数字为指标组,第二个数字为指标序数。

单项指标的选取及意义如下:

第一组指标:股票市场相关指标

指标 1.1:芝加哥商品交易所指数 VIX

该指标反映和衡量股票市场整体价格波动性,集中反映出股票市场的风险和不确定性状况及趋势。从一个世纪的金融危机历史看,股票市场波动指数是预测危机的可靠指标之一。每次大的危机之前,都会出现该指标大幅上升,而且上升幅度和随后金融市场动荡程度相关。最典型的案例有:1907 年金融恐慌、1929 年大萧条和金融危机、1987 年股市崩盘以及 2007 年爆发的次贷危机。

目前市场上采用最多的是以芝加哥商品交易所基于 S&P500 股票指数期权价格编制的预期 S&P500 未来 3 个月、6 个月波动性的 VIX 指数来预测未来风险的上升程度,因此也被称为"恐惧指数"。该指数最早始于 1986 年,在之后的 20 多年内,该指数在金融危机前期通常会大幅上升,因此可以作为先导指数,直接用于预测股票市场近期走势。

第二组指标:公司债券市场相关指标

指标 2.2:10 年期 Aaa 公司债券和同期国库券利差

公司债券和长期国库券收益利差,以及不同级别公司债券之间的利差是反映公司违约率的重要指标。这些利差扩大,表明公司违约风险上升。

第三组指标:非金融类货币市场相关指标

非金融类货币市场相关指标是反映金融市场流动性状况,衡量企业融资环境和资金流动性的重要指标。商业票据和同期国库券利差反映市场对商业票据违约风险的评估。该利差上升往往表明货币市场压力上升,企业短期资金融资难度增加。

指标 3.3:3 月非金融工商企业商业票据和同期国库券利差

商业票据和同期国库券利差反映市场对商业票据违约风险的评估。该利差上升往往表明货币市场压力上升,企业短期资金融资难度增加。

第四组指标:信用衍生市场相关指标

指标 4.4:投资级别公司 CDS 和同期国库券利差

信用衍生交易市场 CDS 是对违约的直接赔偿,所以其保费变动可直接反映系统性违约和清偿力状况。它比公司债券和国库券利差等基于复杂假定的间接推断指标更优越,它是金融危机前期的重要预警指数之一。

第五组指标:银行业相关指标

银行业健康状况是金融压力衡量和金融危机预测中的核心指标。该指标在 ROFCI 体系中占有主要地位。

指标 5.5:KBW 银行股指和道琼 DOW 指数比较

该指数从银行权益投资者角度反映银行风险状况及预期。银行股价低于股市整体水平,波动性高于整体水平,往往预示投资者对银行业整体前景的预测是负面的。

指标 5.6:5 年期银行债券和同期国库券利差

该指标是银行债券和国库券之间的风险升水。它反映银行债务投资者对银行风险状况的评估及预期。利差上升表明市场对银行风险评估及其预期上升。

指标 5.7:3 月 LIBOR 和同期国库券(TED)利差,也称为泰德利差

LIBOR 反映的是流动性压力程度,体现银行间短期资金拆借的意愿或能力,以 LIBOR 为中心的指标是实践中最为常用的银行间资金

市场状态和预期指标体系。泰德利差在经济衰退和金融危机前通常会大幅上升。

指标5.8:银行业存款和总资产比

银行核心存款充足状态是银行能否持续稳健经营的重要指标。该比例过低或持续下降表明银行资金来源紧缺,资金成本和赢利压力上升,同时也可能表明银行挤兑风险上升。

第六组指标:外汇市场指标

指标6.9:JP摩根美元对主要货币外汇汇率波动性指数

作为开放经济体,美元对其他G7货币汇率的波动性是金融市场状况的重要指标。该指标大幅波动预示金融市场外部压力上升。

第七组指标:宏观经济指标

指标7.10:10年期和3月期国库券收益率利差

在最近的50年内,美国几乎每次经济衰退前期都出现长期国库券利率小于短期国库券利率的收益率曲线倒挂现象。鉴于金融危机和经济衰退的密切关系,以及收益率曲线对银行盈利的重要作用,该曲线状态也成为金融压力监测和金融危机预测的重要指标。

指标7.11:美国经济周期研究所(ECRI)周先导指数

该指数由具有前瞻性的经济指标构成,用于预测经济周期变化。与其他实际经济数据相比,其最大优势是预期性和综合性,在经济衰退和金融危机预警中具有特殊作用。该指数下降延续时间越长、幅度越大、下降成分越多则经济衰退风险越大。

第八组指标:美联储货币政策效果指标

指标8.12:联邦基金利率目标和实际利率标准差

美联储制定的银行间联邦基金利率目标和实际利率之间的标准差,可以反映美联储货币政策在实施中的实际效果。该标准差扩大,表明美联储对银行间货币市场以及金融市场整体的控制能力下降,金融危机风险上升。

（三）金融危机监测指标体系的定量分析

金融危机监测指标体系定量分析的基本思路为：第一，根据每一指标的历史平均水平和市场普遍的观点，确定每一指标的三个压力区域及其不同的含义，并对不同的区域分配分数；第二，在实际操作中，将指标体系中 12 项指标的即期数据和信息与历史上稳定时期、危机时期的水平相比较，以确定每一指标即期所处区域和相应的分数；第三，将每一指标所得分数加总得出总分，该总分为即期 ROFCI 指标，并对总分也确定三个压力区域并赋予不同的含义；第四，对每一指标做分析比较，判断压力的类型和来源，例如流动性、违约、清偿力、股票市场、债券市场、银行等方面；第五，综合以上全部信息，对即期压力状态以及未来 12 个月压力趋势和金融危机风险做综合全面评估；第六，本体系预测期间为未来 12 个月，频率为每月一次。

1. 单项指标的衡量标准

（1）三个区域及其含义。绿色区域：表明该领域运转正常，压力较低，未来风险有限；橙色区域：表明该领域温和异常，压力中等，未来风险上升；红色区域：表明该领域极端异常，压力较高，未来风险高。

（2）每一区域的相应分数。考虑到银行业相关风险对金融压力和金融危机的负面作用更大，赋予银行业相关的 4 个指标更高的分数，见附表 8 - 3。

附表 8 - 3　银行业与非银行业的分数分配

	绿色区域	橙色区域	红色区域
非银行业	2	4	6
银行业	2	6	9

（3）ROFCI 每项指标的区域划分标准。基于历史数据和市场普遍观点，确定了每项指标的区域划分标准，见附表 8 - 4。

附表 8 - 4　12 个指标的区域划分标准

编号	指标名称	绿色区域	橙色区域	红色区域
1.1	芝加哥商品交易所 VIX 指数	<20	20—30	>30
2.2	10 年期 Aaa 公司债券和同期国库券利差	$<100bp$	100—150bp	$>150bp$
3.3	3 月非金融工商企业商业票据和同期国库券利差	$<100bp$	100—200bp	$>200bp$
4.4	投资级别公司 CDS 和同期国库券利差	$<50bp$	50—100bp	$>100bp$
5.5	KBW 银行股指和道琼 DOW 股指比较	KBW≥DOW	KBW<DOW15% 或以内	KBW<DOW 15% 以上
5.6	5 年期银行债券和同期国库券利差	$<200bp$	200—400bp	$>400bp$
5.7	3 月 LIBOR 和同期国库券(TED)利差	$<50bp$	50—150bp	$>150bp$
5.8	银行业存款和总资产比	$>60\%$	50%—60%	$<50\%$
6.9	JP 摩根美元对主要货币外汇汇率波动性指数	<10	10—15	>15
7.10	10 年期和 3 月期国库券收益率利差	$>100bp$	0—100bp	倒挂
7.11	美国经济周期研究所(ECRI)周先导指数	过去 4 周上升	过去 4 周中 1—2 周下降	过去 4 周中 3—4 周下降
8.12	联邦基金利率目标和实际利率标准差	月均每日<0.10	月均每日 0.10—0.20	月均每日>0.20

2. 整体指标 ROFCI 的衡量标准

(1)基于以上单项指标,建立综合指标衡量整体金融压力或脆弱性,预测金融危机概率。若大部分指标同时向红色区域方向变动,速度和幅度都很大,则发生金融危机的概率上升。

(2)将每项指标的分数加总,得出综合指标 ROFCI 的分值。最低分数为 24,最高分数为 84,分数越低表明金融压力越小,即未来 12 个月内发生金融危机的概率越小,反之亦然。为表述方便,假定 ROFCI 分数同时也表示未来 12 个月内发生金融危机的概率数:最低 24%,最高 84%。

(3)ROFCI 评分和区域划分方法。ROFCI 也分为三个区域,见附表 8-5。

附表 8-5 ROFCI 评分的区域划分

	绿色区域	橙色区域	红色区域
分数	24—40	41—60	61—84

绿色区域:若 ROFCI 得分分布在绿色区域,则危机发生的概率≤40%;橙色区域:若 ROFCI 得分分布在橙色区域,40%<危机概率≤60%;红色区域:若 ROFCI 得分分布在红色区域,危机概率>60%。

(四)监测指标体系的检验和修正

预警指标信号与预测期间的实际危机之间关系,见附表 8-6。

附表 8-6

	12 个月内发生危机	12 个月内未发生危机
发出预警信号次数	A	B
未发出预警信号次数	C	D

第一类误差=C/(A+C),表示危机监测中遗漏危机的占比。

第二类误差=B/(B+D),表示危机监测中误报危机的占比。

金融危机监测指标体系质量好坏的关键是区域划分基准的确定。若定得太松,可能遗漏危机,使第一类误差上升,第二类误差减少;若定得太紧,则可能频繁误报,使第二类误差上升,第一类误差减少。所以判断指标质量和修正指标的关键是将两类误差都降至最低。

监测指标体系的检验指标可采用噪音/信号比：

噪音/信号比＝第二类误差/(1－第一类误差)＝[B/(B＋D)]/[A/(A＋C)]

其中：(1－第一类误差)表示预测正确次数在全部危机中的占比。

噪音/信号比是实践中用于检测模型或者指标体系判别能力的常用指标，该值越大，表明监测指标体系的预测能力越差。在本指标体系中，若第一类误差太多表明基准定得太松，应适当收紧；反之则适当放松。目标是将指标的噪音/信号比降至最低。

三、金融危机监测指标体系的运用

(一)运用的难点

由于金融危机属于小概率事件，发生频率低，取样观察机会往往要花上几年甚至更长时间，评估时样本数有限，而且鉴于金融市场的差异性和动态性，其他市场的数据以及本市场的历史数据可能没有太大参考价值甚至可能产生误导，所以对金融危机预测体系的建立、检验和修正难度都相当大，主要难点体现为：第一，如何选择基准作为金融压力程度的标准；第二，如何判断金融压力是否会演化为全面的金融危机；第三，真正具有前瞻性的指标依然有限，许多重要指标具有重合性，即在危机发生之际才显著变动。这次危机便是典型案例，直到危机发生的2007年8月之前一个月，许多重要指标变化程度仍不足以预示危机的发生时机和程度。

(二)指标体系ROFCI在美国的实际运用

1. ROFCI在美国2007年1月—2009年12月期间的运用—监测曲线图及其数据

收集每项指标的月度原始数据，根据上述区域划分和取值标准对每一项指标按月评分，然后加总得到该月的ROFCI总分，并形成以下监测曲线(见附图 8-1)。

(单位:分)

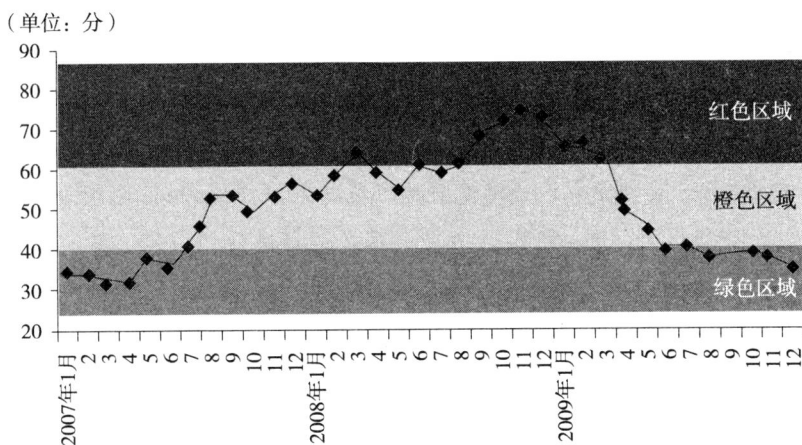

附图 8-1　美国金融危机风险指标 ROFCI(2007 年 1 月—2009 年 12 月)
资料来源:路透,中国银行国际金融研究所。

2. ROFCI 回向评价

(1)ROFCI 整体的先导性。由于 ROFCI 克服了金融市场指标的非线性缺陷,具有一定的前瞻性,所以该曲线更真实地描述了 2007 年以来的美国金融危机前期、发生期整体走势,体现出明显的阶段特征。

第一阶段,金融危机前期(2007 年 1—7 月)。ROFCI 曲线小幅上升,在 1—6 月处于绿色区域,7 月进入橙色区域,对于 8 月份危机的爆发具有一定的预警作用。而且相对于其他指数,ROFCI 非线性的悬崖效应更不显著,前期反映相对明显。

第二阶段,金融危机发生和发展期(2007 年 8 月—2008 年 8 月)。曲线相对稳定地居于橙色和红色区域边界,并反映出其间的两次短暂回落:2007 年 9 月美联储开始大幅降息,同时采取特殊政策注入流动性,10 月指标小幅回落;2008 年 3 月,美联储出手解救贝尔斯登,同时出台了一系列救市举措,布什政府也出台了财政刺激政策,导致指标在 5 月出现短暂回落,6 月则在危机以来首次进入红色区域,7 月小幅回落到橙色区域,8月再次回到红色区域。

第三阶段,金融危机深化,全球金融危机形成和发展期(2008年9月—2009年5月)。2008年9月雷曼兄弟破产,危机恶化并演变为全球性金融危机,ROFCI曲线在红色区域再次大幅上升,并在11月达到这次危机的峰值75。2009年1—2月,由于美国对银行业实施TARF注入资本金,同时继续大力采取特殊措施注入流动性,银行间和公司流动资金市场开始缓解,ROFCI在3月回落到红色区域底部。4月、5月主要受到银行股票价格大幅上升、TED利差大幅下降、美元兑主要货币汇率波动性下降以及经济先导指数上升等因素驱动,ROFCI回落到橙色区域,显示金融市场继续趋稳。

第四阶段,金融危机缓解期(2009年6月至今)。金融市场状况在2009年6月开始继续缓和,VIX继续下降,银行债券和国库券利差继续缩小,先导指数继续上升,ROFCI重新回到绿色区域顶端,未来发生金融危机的概率在2009年12月降到35%。

(2)ROFCI中最具先导性的指数。美国次贷危机爆发于2007年8月,在此之前最先做出反应的指标为:收益率曲线在2006年年中率先进入红色区域;经济先导指数在2006年年中进入橙色区域;银行股票市场表现在2007年年初进入橙色区域;泰德利差在2007年5月进入橙色区域。这几个指标的先导性和市场敏感性相对更强,提前3个月到一年预示了危机发生。

从监测指标的阶段性变化特征看,市场类指标比财务报告类指标更具先导性。例如,银行资本和资金市场相关指标的变动比资产负债表相关指标更加领先和敏感;银行股票市场变动又比债券市场更加领先和敏感,这是因为权益投资者比债务投资者在危机中承担的风险更大,对风险预测更加敏感;资金市场相关指标在危机开始后大幅上升,但随着美国政府一系列措施的实施,流动性风险在2009年年初缓解,而信贷市场相关指标主要是CDS依然维持高位,表明违约类风险依然很高而且可能上升。

3. 对金融压力状态的分析和对未来金融危机的预测

从附图 8-1 可见,美国金融市场健康状况在 2008 年 8 月开始急剧恶化,在 11 月达到峰值,而后开始好转。2009 年 4 月开始脱离危险期,进入康复状态。整体金融压力比 2008 年下半年和 2009 年第一季度明显缓解,并且这一过程进展迅速。到 2009 年 8 月 ROFCI 总分降至 38,同比降 60.5%,指数重返安全区域顶端。9 月维持 38,同比降 79%,表明美国金融市场整体正处在康复初期,并且状态逐步接近 2007 年年初水平。

但对单项指标细分发现,持续缓解的部分主要是股票市场、银行股票市场、流动资金市场和银行间资金市场部分。公司债券利差和 CDS 利差与危机前相比依然较高,表明公司债券和银行信贷违约风险虽然缓解,但依然处于历史高位,而且比其他风险主要是流动性风险回落幅度更慢。

根据以上分析可将美国目前的金融压力情况和未来 12 个月走势概括为:

第一,整体金融压力和金融脆弱性在 2009 年第二季度以来比 2008 年下半年和 2009 年第一季度明显缓解,开始步入安全期的顶端,并于 2009 年 12 月基本达到 2007 年 1 月份的水平。

第二,持续缓解的部分是股票市场、银行股票市场、流动资金市场和银行间资金市场。

第三,主要压力是公司债券和银行信贷违约风险依然较高,公司债券利差和 CDS 利差与危机前相比依然较高,而且比其他风险主要是流动性风险回落幅度更慢。但趋势却是向缓解方向发展(见附图 8-2,8-3)。

第四,未来 12 个月金融危机的概率 35%,危机的主要来源可能是违约率持续上升。

(三)ROFCI 的主要特征

从以上实际运用可以看到 ROFCI 的主要特征为:

第一,由于该指标体系涵盖面较广,和其他单项或同类综合指数相

（单位：基点）　　　　　　　　　　　　　　　　　　　　（单位：基点）

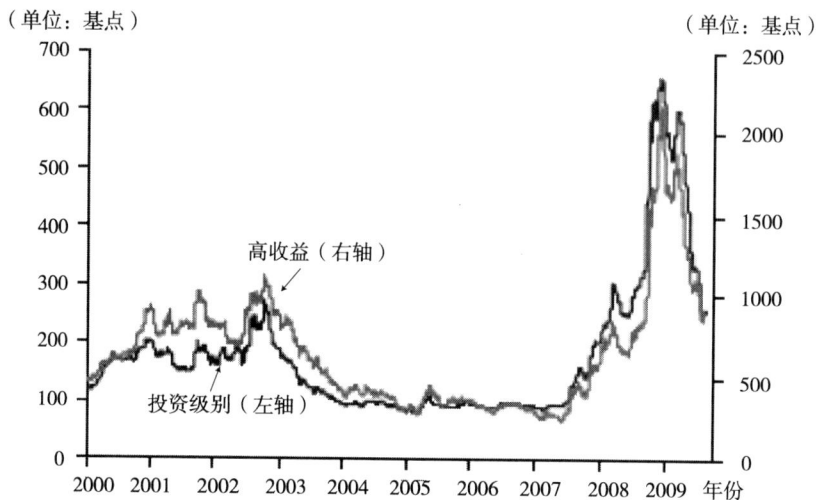

附图 8-2　美国公司债券利差（基点）

资料来源：IIF。

（单位：基点）　　　　　　　　　　　　　　　　　　　　（单位：基点）

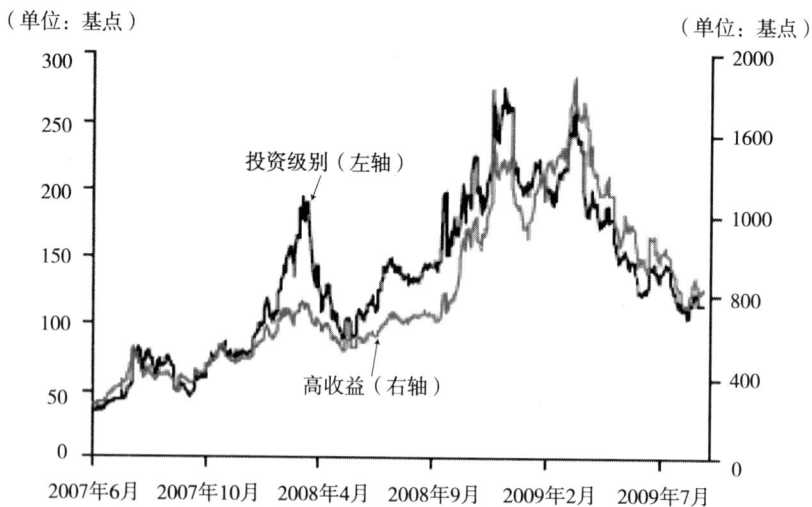

附图 8-3　美国公司 5 年期 CDS 利差（基点）

资料来源：IIF。

比,克服了在实际运用中的非线性弊端,曲线相对具有渐进性,因而不仅可以较好地反映各时期实际金融压力状态,而且可以预测未来金融危机概率。相比之下 IMF 的美国金融压力指数在次贷危机发生期大幅调升,更多具有重合指数而非先导指数特征,TD 美国金融压力指数波动幅度也太大(见附图 8-4、8-5)。

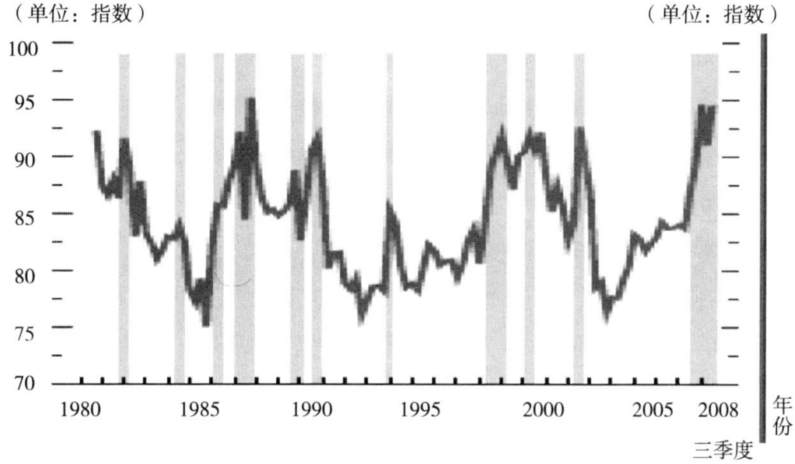

（单位：指数）

附图 8-4　IMF 美国金融压力指数

资料来源:IMF,"World Economic Outlook",2008 年 10 月,灰色区域为金融压力时期。

（单位：指数）

附图 8-5　TD 美国金融压力指数

资料来源:TD 银行金融集团。

第二,ROFCI指标体系涵盖面较广,可在监测综合指数变化的同时,具体观测组成指标的波动状况,便于确定即期压力源和预测未来压力源,评估其是否可能演化成系统性风险,以供决策者更加有的放矢地及早制定应对措施。

第三,鉴于ROFCI中构建单个指标所需原始数据的发布频率均不超过一周,所以也可以根据需要将该月度指标体系构建成周指标体系。

第四,目前监测金融压力的单个指标中具有先导特性的相对较少,而能够直接用于预测的综合指标则更加有限,几乎没有任何一种衡量金融压力的综合指标具有精确预测未来金融危机概率的功能。与即期压力状态衡量相比,对未来的预测更难用一个指标表示。虽然ROFCI中许多指标已包含了市场参与者对多种因素的预测和考虑,但在很大程度上它也仅仅是金融压力的有效衡量指标,而在预测未来金融危机方面,其主要功能是提供一个可靠的分析预测基础,尚无法作为精确的直接预测工具。将该指标体系用于预测未来金融危机时,仍同时需要综合政府政策及其效果、各种经济金融变量之间关系、其他市场表现和走势、各国政府间和国际机构的合作等难以量化的要素进行定性分析和预测,以在即期金融压力衡量基础上对未来金融危机作进一步的综合分析与判断。

参考文献

1. Eisenbeis，Robert A. : "An Analysis of the Systemic Risks Posed by Fannie Mae and Freddie Mac and an Evaluation of the Policy Options for Reducing Those Risks",2006.

2. Green，Richard: "The American Mortgage in Historical and International Context",2005.

3. OFHEO: "Mortgage Markets and the Enterprises in 2006",2007.

4. OECD: "OECD Environmental Outlook to 2030" ,2009.

5. McKinsey&Company: "Pathways to a Low-Carbon Economy",2009.

6. United Nations: "World Economic and Social Survey",2009.

7. U. S. A. : "The Dodd-Frank Wall Street Reform and Consumer Protection Act", http://banking. senate. gov/public/,2007.

8. World Bank: "Reforming Infrastructure: Privatization, Regulation, and Competition",2004.

9. World Bank: "World development report 2010",2010.

10. World Bank: "World Development Report 1994: Infrastructure for Development",1994.

11. UNFPA:《2009 年世界人口报告》。

12. 安格斯·麦迪森:《世界经济千年史》,北京大学出版社 2003 年版。

13. 巴曙松等:《从微观审慎到宏观审慎:危机下的银行监管启示》,《国际金融研究》2010 年第 5 期。

14. 包宗华:《韩国整治房地产投机的启示》,《上海房地产》2005 年第 5 期。

15. 鲍健强、苗阳、陈锋:《低碳经济:人类经济发展方式的新变革》,《中国工业经济》2008 年第 4 期。

16. 陈伟新:《法国城市建设与管理经验和做法》,《国外城市规划》2002 年第 1 期。

17. 陈卫东、周景彤:《世界主要国家和地区住房调控政策经验与启示》,《宏观经济研究》2010 年第 3 期。

18. 程工:《转轨时期基础设施融资研究》,社会科学文献出版社 2006 年版。

19. 丹尼斯·米都斯等:《增长的极限》,吉林人民出版社 1997 年版。

20. 丁伟:《韩国的金融危机及其经验教训》,《经济社会体制比较》1998 年第 2 期。

21. 丁芸:《城市基础设施资金来源》,中国人民大学出版社 2007 年版。

22. 冯光华、刘凡、蔡国喜:《对我国公司债券市场发展的几点认识》,《中国货币市场》2005 年第 2 期。

23. 冯光华、刘凡、蔡国喜:《国外公司债市场运作机制》,《金融时报》2004 年 11 月 29 日。

24. 冯光华:《中国债券市场发展问题研究》,中国金融出版社 2008 年版。

25. 龚明华等:《关于系统性风险识别方法的研究》,《国际金融研究》2010 年第 5 期。

26. 谷茵、王振海:《法国地方财政析论》,《探索与争鸣》2003 年第 11 期。

27. 桂荷发:《中国债券市场发展、开放与问题》,《国际金融研究》2003 年第 9 期。

28. 郭伟伟：《居者有其屋——独具特色的新加坡住房保障制度及启示》，《当代世界与社会主义》2008年第6期。

29. 国际能源署：《世界能源展望2009》。

30. 何德旭、高伟凯等：《中国债券市场：创新路径与发展策略》，中国财政经济出版社2007年版。

31. 黄民：《现代产融结合新论》，中国经济出版社2000年版。

32. 建设部城市基础设施投融资体制考察团：《法国、西班牙城市基础设施投融资体制考察报告》，《城乡建设》2000年第4期。

33. 蒋岚：《印度的基础设施发展现状调查》，《建设机械技术与管理》2007年第5期。

34. 李钢、陈志、金培：《"资源约束下经济增长"的经济学解释》，《财贸经济》2007年第9期。

35. 李海岩、宋葛龙：《城市公用事业市场化改革的观察与思考》，《中国经贸导刊》2005年第2期。

36. 李木祥：《中国房地产泡沫研究》，中国金融出版社2007年版。

37. 李雅菁：《经济增长的源泉：回顾与反思》，《新疆社科论坛》2007年第4期。

38. 刘凡、蔡国喜：《我国公司债市场信用评级制度的创新》，《金融时报》2003年第7期。

39. 卢震：《论科技革命与西方主流经济学的发展》，《山西大学学报（哲学社会科学版）》2003年第4期。

40. 陆正华、陈勇：《德美全能银行与融资成本比较》，《广东金融》1997年第1期。

41. 马白玉：《中国市政基础设施市场化改革研究》，南开大学出版社2008年版。

42. 毛腾飞：《中国城市基础设施建设投融资问题研究》，中国社会科学出版社2007年版。

43. 倪受彬：《论我国金融类国有资产出资人制度的构建》，《社会科学》2007 年第 11 期。

44. 任力：《国外发展低碳经济的政策及启示》，《发展研究》2009 年第 2 期。

45. 任卫峰：《低碳经济与环境金融创新》，《上海经济研究》2008 年第 3 期。

46. 宋栋、冷国邦：《银企关系模式的国际比较与中国银企关系模式的构建》，《世界经济》2000 年第 10 期。

47. 孙国峰：《银行间债券市场的转型和发展设想》，《中国货币市场》2002 年第 9 期。

48. 孙国峰：《银行间债券市场发展与中央银行货币政策调控》，《金融研究》2000 年第 9 期。

49. 孙天琦、高冬民：《目前我国国有金融资产管理研究》，《西安金融》2004 年第 7 期。

50. 谭菊秀、秦月花：《试论历史上的三次技术革命对商业城市发展的多重影响》，《商业现代化》2008 年第 8 期。

51. 王文、崔胜朝：《新加坡淡马锡董事会治理模式的启示》，《现代管理科学》2009 年第 4 期。

52. 吴敬琏、黄少卿等：《无锡经验：中国经济发展转型的个案研究》，上海远东出版社 2010 年版。

53. 徐焕章、魏娟娟：《国际产融结合模式的比较分析》，《财会研究》2007 年第 1 期。

54. 杨学兵、张涛：《银行间债券市场的 SCP 分析》，《金融研究》2003 年第 3 期。

55. 殷克东、安丰东、丁黎黎：《银行间债券市场的流动性问题分析与对策》，《财金科学》2003 年第 5 期。

56. 俞坚：《产融结合模式的国际比较与借鉴》，《投资研究》2002 年第 12 期。

57. 喻桂华：《中国国有金融资产管理模式刍议》，《南方金融》2005

年第 1 期。

58. 张道庆:《美国与法国财政联邦主义比较》,《经济经纬》2005 年第 3 期。

59. 张伟:《城市基础设施投融资研究》,高等教育出版社 2005 年版。

60. 张昕、张宇祥:《典型国家和地区住房保障政策的经验与启示》,《宏观经济研究》2008 年第 3 期。

61. 张志华:《国外地方政府债务的规模控制与风险预警》,《经济研究参考》2008 年第 22 期。

62. 张中华主编:《房地产与资本市场》,中国金融出版社 2009 年版。

63. 中国人民银行营业管理部:《房地产价格房地产泡沫问题——国别研究与实证研究》,中国社会科学出版社 2007 年版。

64. 中国银行国际金融研究所课题组:《金融危机监测指标体系研究》,《国际金融研究》2010 年第 3 期。

65. 中国银行国际金融研究所课题组:《美国金融监管改革对全球金融市场的影响及中国的风险》,《国际金融研究》2010 年第 9 期。

66. 中国银行国际金融研究所课题组:《商业银行应对节能减排的策略和建议》,《金融时报》2008 年 7 月 28 日。

67. 朱心坤:《战后日本银企关系的特征、功能与启示》,《上海金融》1999 年第 4 期。

68. 竺啸奕:《新能源与新产业革命》,《浙江经济》2009 年第 8 期。